艺游未尽

世界艺术名城旅行笔记

吴涛 著

江苏凤凰美术出版社

图书在版编目（CIP）数据

艺游未尽 : 世界艺术名城旅行笔记 / 吴涛著. ——
南京 : 江苏凤凰美术出版社, 2023.10
　ISBN 978-7-5741-0122-7

　Ⅰ. ①艺… Ⅱ. ①吴… Ⅲ. ①游记－世界 Ⅳ.
①K919

中国版本图书馆CIP数据核字(2022)第113659号

出版统筹　王林军
策划编辑　孙　闻
责任编辑　王左佐
特约编辑　孙　闻
装帧设计　李　迎
责任校对　韩　冰
责任监印　唐　虎

书　　名　艺游未尽: 世界艺术名城旅行笔记
著　　者　吴涛
出版发行　江苏凤凰美术出版社(南京市湖南路1号　邮编: 210009)
总 经 销　天津凤凰空间文化传媒有限公司
总经销网址　http://www.ifengspace.cn
印　　刷　天津图文方嘉印刷有限公司
开　　本　710mm×1000mm　1/16
印　　张　18
版　　次　2023年10月第1版　2023年10月第1次印刷
标准书号　ISBN 978-7-5741-0122-7
定　　价　98.00元

营销部电话　025-68155792　营销部地址　南京市湖南路1号
江苏凤凰美术出版社图书凡印装错误可向承印厂调换

旅行的意义

估计有不少上班族跟我一样，每天的工作生活都是机械的重复，平常生活毫无记忆点，因此旅行就变成了标记人生履历的刻度。我可以清晰地记得哪一年去过哪个地方，但对那一年发生的其他事情，则经常毫无印象。

2020 年伊始，由于众所周知的原因，旅行由"日用品"变成了"奢侈品"，"非必须不出境，非必要不出省"，一下子把我自己的行动范围从整个世界缩小到方圆 170 千米内。出境游想都别想，国内游只能是静候"清零"。这与之前的旅行生活形成了鲜明的对比，在路上的那些记忆愈发体现出有多么的珍贵。

表面上看，旅行是为了绚丽的风景、恢宏的建筑、独特的美食、多彩的艺术、丰富的体验……但更为潜在的目的是，旅行让我们有"开盲盒"一般的意外感受，置身其中感知不同的文化，能带给我们更多观察世界的维度，这个维度越多，对世界的理解就越深。旅行的这一作用，没有任何其他方式可以取代。所以我们才说：读万卷书，行万里路。行过万里路才能让书里的知识立体起来，让书里的故事生动起来，让书里的智慧鲜活起来。

我曾经有过将近十年的博物馆志愿讲解员的经历，由于讲解过国际交流艺术展的缘故，我对世界上知名的艺术博物馆充满向往，对欣赏那些最精彩的艺术原作充满期待，也对那些艺术家的生活环境和其作品的创作背景充满好奇，于是我把自己出境游的主题设定为以艺术为主、兼顾其他，这也让我的旅行目的更加清晰，收获更加丰厚。

尽管有明确的主题，但我的"艺术旅行"仍然还是旅行，跟古代的"壮游"和现代的"游学"都不一样。一来我并不年轻，没有功利化的目的，不需要以积累阅历为后续的职业发展提供铺垫；二来我不是艺术领域的专业人士，欣赏艺术只是为了丰富自己的审美视界，我不关心它的技术、不钻研它的学术，将艺术作为生活的一部分，而不是生存的一部分。我想，绝大多数艺术爱好者可能跟我是差不多的。

这本书是我在 2021 年利用无法出行的第二个"间隔年"写出来的，文体其实有些"不伦不类"——有三分之一的攻略、三分之一的导赏，还有三分之一的游记，但无论哪个三分之一，都是非常个人化的分享。在疫情结束前，可以作为"云旅行"的读物，疫情结束后，则可以给大家出行作参考。回顾这些年艺术旅行的点点滴滴，我也有一些心得跟大家分享。

一、主题旅行更好玩

旅行的主要目的是玩，既然怎么玩都是玩，随便玩不是更好吗？非也。

为什么团队游很难让人觉得好玩，其中很重要的一点就是，它们的行程多半没有主题，去一个地方，什么最知名玩什么，基本上就是"组团打卡"。另外，在行程的安排方面，它们也会顾及成本，又有名又免费的景点是它们的最爱。你感兴趣的，团队不会给你更多的时间；你不感兴趣的，你也无法脱队自行安排。所以，尽管把最有名的景点都走到了，导游也讲得不错，可是你仍然会觉得蜻蜓点水、浅尝辄止。

"自由行"可以避免团队游的弊端，但自制行程时就要考虑"玩什么"的问题。没有主题，只是按照景点人气排名次序玩，按照餐厅的攻略去吃，就变成了"独自打卡"。当然相比起团队游来，更具自主性和灵活性，不过没了导游讲解，恐怕还是要做不少功课。我的"香港之游"，当时就是这种玩法，但最终也没留下太深的印象。

后来去巴黎，我在制订行程计划时就开始思考"玩什么"的问题，希望玩得更丰富些。我的筹备时间比较长，在此期间读了一些书，其中最关键的两本书是《蒋勋的卢浮宫》和《走进一座大教堂》。读前者是因为卢浮宫是必去的博物馆之一，做行前功课很有必要；后者则介绍了法国境内的哥特式大教堂，哥特式建筑正是起源于法国。看完这两本书后，我的行程规划思路逐渐清晰起来：把巴黎之行定为"大教堂之旅"。巴黎市中心有因雨果小说而蜚声世界的巴黎圣母院，近郊有哥特式建筑风格萌芽阶段的圣丹尼斯大教堂，而建筑风格成型后的沙特尔大教堂离巴黎也很近，另外两座典型的哥特式大教堂——兰斯大教堂、亚眠大教堂也都不算太远……嗯，就这么定了！

"教堂"是我规划出来的主题。不过实际上，除了巴黎圣母院，我只去了沙特尔，其他计划内的大教堂一概没去。而卢浮宫和奥赛博物馆我却反复去了多次，再加上蓬皮杜艺术中心、罗丹博物馆等，我的旅行主题在旅途中悄悄变成了"艺术"。去了巴黎才发现，对我来说，看画是一件多么有意思的事，旅行真是一个让人发现自我的好手段。从那以后，"艺术"就一直是我旅行中最重要的主题，其他方面都处于次要地位。

所以，符合自己口味的主题并不仅仅是凭思考和想象就能确定下来的，而是要在实际旅途中摸索。有了主题，几年下来，你就会在自己选择的主题方面有很大的收获。在喜马拉雅播客中分享对这些艺术品的感悟时，我虽然不专业，但好在都不是掉书袋、拼资料，而主要是看过原作的真实感受，会有一些比较独到的个人见解。

有了主题，在制订未来的行程计划时会非常省力，可以根据自己的主题轻松选定出行目的地。

我现在出行就会优先选择那些艺术收藏或展览比较好的国家和城市，即使是瑞士这种主打自然风景的国家，我也会提前挖掘出那里最好的美术馆，并将其放在行程的首要位置。

主题的选择是多方面的，除了艺术、建筑，还有自然风光、野生动物、文明遗迹、主题乐园、历史、音乐、舞蹈、戏剧、文学、电影、摄影、美食、动漫、铁路、工业、登山、潜水、长跑……这些都算。当然还可以再具体些，比如我曾经设想过一个"苏轼的一生"之旅，从苏轼的故乡眉州出发，沿他一生曾经居住的地方，如汴梁、凤翔、徐州、黄州、杭州、惠州、儋州等，直到他生命的终结之地常州，一路游过去，我想也许更能深刻感受苏轼的才华和人格魅力，当然，实现这个设想恐怕得等到退休之后了。

二、独自旅行更沉浸

无论怎么以文艺腔赋予旅行以价值，它的本质都还是"玩"。互联网上特别流行一个说法，"去哪儿玩不重要，重要的是和谁一起玩"。我是完全不同意的，如果跟谁一起玩最重要，那干嘛还出去玩，一起聚餐、逛街不也可以吗？这句话关注的根本不是旅行，而是社交，玩的不是出行体验，而是人际关系。这个说法的背后，隐藏的不是对大千世界的好奇，而是对无法遇到合拍同伴的焦虑，抑或是无法应对的孤独。

如果在乎的还是旅行本身，一个人出行反而是最佳选择。即使是同行者以熟人为主的团队游，也很容易让旅行者失去存在感，你需要迁就集体，迁就安排，应付各种人际交往，留给旅行本身的时间基本上所剩无几，我们都变成了"旅行工具人"。

朋友出行、情侣出行、家人出行诚然是增进彼此感情的纽带，但协调、取舍、关照、等待、交流等无疑都会让你很难静下心来去体验目的地的文化、风情，这本质上是"亲友版团建"，很难算是一场深度旅行。更不要说，旅途中一旦产生分歧和矛盾，会放大彼此的不和谐，甚至会严重影响原本应该很快乐的情绪。

相比起来，一个人旅行更容易沉浸其中，没有了繁杂的人际干扰，五感全部打开，所有时间都留给了旅行本身。尤其在有主题的旅行中，还能避免因爱好不同、选择不同、互相妥协引起的不快，在行程上具有更大的自由度。

有人说，旅程中没人说话，不会感到寂寞吗？我的体会是，第一次确实会，后来则不会，再后来更是享受沉默。我不太爱社交，外语能力也不强，旅行主题也不是体验风土人情，所以出境游时基本上是"非必要不说话"的状态。不说话，可以把更多的注意力放在观察和感受上。佛教中有一种修行叫"闭口禅"，也就是止语，通过一段时间的不说话来修身养性，观照自己的内心。我虽非佛教徒，但从实践来体会，一到两个星期的大幅度减少说话，的确有类似于"闭口禅"的修行实效，这当然是值得享受的寂寞。

还有人问，独自出行，什么都要自己操心，不麻烦吗？答曰：麻烦。但麻烦本身就是旅行的一部分，是旅行乐趣的来源之一。刚开始进行出境游时，我会把行程计划得非常详细，甚至到一个地方出了地铁怎么走，我都会在谷歌地图的实景里先"走"一遍。当时有朋友问我，"你计划得如此周密，到了现场还会觉得有意思吗？"其实做行前功课并不影响旅行体验，因为任何功课都不能取代亲临现场，除了验证自己曾经的预期，还能在此基础上生发出新的感受。而且，在旅途中经历的小插曲，有时候会带来一些意想不到的发现和乐趣，甚至不夸张地说，坐错车、迷路都是旅行乐趣的一部分。所以我认为，适度的麻烦其实更好玩。

三、偶尔旅行更快乐

我虽然热爱旅行，但因为要工作谋生，也只能是一年几次。我挺喜欢这种频率，并不会感到遗憾，而且说实话，我也不想成为职业旅行家，我更喜欢把旅行作为平常日子的调剂，让它成为灰暗调色盘上的一抹亮色。旅行虽然美好，但并不适合成为生活的常态，没有波澜的生活虽然没什么意思，但更容易给人安全感、稳定感，而且快乐的旅行也需要有个背景板、参照系，正如绘画中常用的对比法，没有平静庸常的岁月，怎能凸显旅行生活的与众不同？

另外，人的感官也需要休养生息，如果天天摄取信息，接收能力便会下降，甚至对所见所闻逐渐麻木，失去兴趣。2006 年，因工作需要，我在国内的南部、西南、西北部跑了一年，天天在大山里来来去去，一路见识了福建、江西、广东、湖南、广西、贵州、云南、重庆、四川、甘肃、宁夏等地纯天然、未开发的绝美山野风光。回到北京后，接下来有三年我完全没有出游，的的确确存在对风景的审美疲劳，或者说，不那么向往了。

旅行中还偶尔会有一个很特别的收获，我称之为旅行中的"巅峰体验"。它虽有一定的意外属性，但并不是惊喜，而是在旅途中的某一瞬间，你会突然觉得此时、此地、此情、此景达到了一种圆融欢喜的境界，你会觉得旅行真美好、人生真美好、活着真美好，那是整个人被治愈的一刻。而这一切都来源于你对于旅途的全身心投入，要跳出既有生活，甚至跳出自己的社会属性才能感受到。这种巅峰体验，显然需要一个"日常"作为底色。

四、旅行让我对世界充满善意

我不否认，出行多了，对于去过的地方肯定会产生各种各样的偏好，比如我会偏爱伦敦的丰富多元，喜欢荷兰的放松自在，沉醉于瑞士的湖光山色，也享受日本的有条不紊……但这并不意味着不喜欢其他国家。每个国家虽都有各自的不足，但也有各自的优点，要用非黑即白来评价一个国家、一种文化，根本就是不科学的。

　　旅行让我对这个世界充满善意。我喜欢所有去过的地方，感受并欣赏它们的亮点，认识并理解它们的缺憾。我希望我们和它们都能越来越好——经济发展、生活富足、社会安宁、文化繁荣，每当在电影中看到自己曾经去过的地方都很高兴，每当在新闻中看到曾经去过的地方发生灾祸都会很不安……似乎在心理上已经与那些脚步踏过的土地建立了情感链接。只希望有一天重返那些地方时，它们还能保持原来的美丽，或者更加美丽。

　　热爱出境游并不意味着崇洋媚外，相反，越了解世界就越有助于了解自己的国家和文化。这些年的国外旅行见闻让我切实感受到，中国在很多方面拥有自己的特点和优势，在不少领域已经领先，很值得自豪。当然，也能够借此深入观察和体验，思考我们在哪些方面还有完善和进步的空间。

　　越是回望历史，就越是庆幸自己生活在开放的时代，有机会领略世界的多彩。新冠疫情对世界的改变巨大而深远，影响最大的就是旅行，即使财力、签证、假期统统都不是问题，你也无法拥有说走就走的旅行。但这场"世纪禁足"也让我们回头审视曾经拥有的"旅行自由"是多么的可贵，让我们更加期待疫情结束后，会用多么珍惜的目光去重新发现世界、行走世界、感受世界、理解世界，并饱含深情地对着世界说："我来了！"

目录

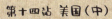

浪漫的印象：
巴黎

艺术之都与"巴黎综合征"

说到哪个城市更适合作为"艺术旅行"的第一站，可能每个人的看法都不一样。有的人倾向于去意大利，因为那里既有古罗马遗迹，也是文艺复兴的发源地，从意大利起步更符合艺术史的发展逻辑；也有人觉得不妨从展览丰富的东京开始，毕竟是近邻，方便且不贵。但我还是推荐巴黎，不只是因为它是浪漫之都、时尚之都，更是因为它坐拥睥睨世界的艺术资源。

从卢浮宫、奥赛美术馆到蓬皮杜艺术中心，其藏品涵盖古埃及、两河流域、古希腊、古罗马遗存，然后是文艺复兴、巴洛克时期的作品，一直到新古典主义、印象主义，再到20世纪现当代艺术，巴黎有一条完整全面的收藏链。此外，还有大大小小的专题或者个人作品的美术馆。巴黎哺育了一大批艺术家：洛可可、新古典主义、浪漫主义、现实主义、印象派、后印象派、立体主义、超现实主义、达达主义、野兽派……一个个新的艺术流派源起于此，兴盛于此，甚至衰落于此。

除了绘画艺术，巴黎还有太多丰厚的文化资源：有以雨果、巴尔扎克、大仲马为代表的文学家，以卢梭、伏尔泰、萨特为代表的哲学家，以柏辽兹、德彪西、拉威尔为代表的本土音乐大师和以肖邦、斯特拉文斯基为代表的"巴漂"音乐家，以及以加尼叶歌剧院芭蕾舞团和红磨坊为代表的舞蹈艺术。巴黎还是摄影技术（达盖尔发明）和电影技术（卢米埃尔兄弟发明）的发源地，拥有摄影大师布列松、"电影魔术师"梅里爱、"法国新浪潮"导演戈达尔、特吕弗等。此外，这里还有缠绵慵懒的迷人香颂，还有《摇滚莫扎特》《罗密欧与朱丽叶》等以"演唱会"风格而广受观众喜欢的法语音乐剧，同时还汇集了哥特式、古典主义、帝国风格、新拜占庭风格以及现当代风格的建筑……

巴黎在便利性和享受性方面也是优越的，发达的航空、高铁和地铁，闻名世界的法式西餐和香槟酒，有腔调的左岸咖啡，可供选购的一众奢侈品品牌……以这样的城市作为第一站，既可以进行专题游学，又可以购物吃喝，既可以很充实，也可以很轻松，随随便便安排行程就可以收获满满。不得不承认，巴黎就是一席丰富到让人消化不良的艺术盛宴，想在世界上找到能与巴黎在文化艺术资源上比肩的城市，恐怕是非常困难的。

常有人吐槽巴黎人骄傲，换你做巴黎人，你不骄傲吗？

虽然巴黎文旅资源这么丰富，但也不必对其产生过高的期待，毕竟世上没有理想国。巴黎既有大城市普遍的通病，也有它独有的缺点（说是游客的"期待落差"更为准确）。比如大街上常会有没被清理的动物粪便，地铁站和车厢总有几分破旧，站台里会有驻留的醉汉散发出熏人的异味（我就在地铁站遇到过一个不停骚扰等车乘客的醉汉）；景区、商场甚至酒店里会有专门向游客下手的小偷和骗子（蒙马特高地、加尼叶歌剧院门口都是重灾区，听说"老佛爷"商场附近小偷很多）；当地人不爱讲英语，不爱笑，给人感觉不太友善；工人动不动就举行罢工，导致景区

巴黎地铁8号线的"自由站"

关门、火车停开，影响整个行程……

　　不少游客对于这些意料之外的事件缺乏心理准备，甚至会产生一种奇特的不良反应——"巴黎综合征"。据说"患者"大多是日本人，因为他们受的教育（或者说被宣传误导）使他们对于巴黎有着太多不切实际的幻想，也因为日本式的周到服务与法国人的浪漫随性存在天壤之别。总之，强大的落差让他们产生了恶心、失眠、恐惧等心理症状。前往巴黎的游客，还是有必要对于可能的失望保有必要的心理准备。

　　其实，不只是巴黎，对于外来者来说，任何一个城市都有它的期待落差。旅行的经验多了，也就渐渐适应和学会如何看待这些落差。如何看待这些与我们生活所在国家或者城市相比存在的不同或者"缺点"，从而获得更为包容和开阔的胸襟，从某个角度来说，这反倒是旅行的另一种收获。

卢浮宫：一本厚厚的艺术通史

📍 卢浮宫（Musée du Louvre）

　　卢浮宫不只是一座宫殿建筑、一座博物馆，它堪称一所艺术学校，一本厚厚的艺术史。很多大画家都曾在这里流连忘返，汲取丰富的艺术营养，成就自己的艺术道路，而艺术爱好者则可以在这里感受艺术魅力，获得精神上的巨大满足。

去卢浮宫先别急着进门，不妨在外面逗留一段时间，欣赏一下这座古典主义宫殿建筑。这是卢浮宫最重要的一件藏品，如同北京故宫博物院的建筑才是其最有价值的国宝一样。卢浮宫最初是八百多年前的一座城堡，后改为宫殿建筑，经过多次改扩建，与西边的杜伊勒里宫用长廊（沿河的一侧，就是我们熟悉的"大画廊"）连接起来，最终形成了一个闭合的庭院。杜伊勒里宫在巴黎公社时期被烧毁，卢浮宫就由封闭式庭院变成了现在的 n 字形（北侧翼为黎塞留馆、东侧中部的建筑为叙利馆、南侧翼为德农馆），像一个人伸出双臂去拥抱来访者。从卢浮宫出发，穿过杜伊勒里花园、协和广场，走过长长的香榭丽舍大街，就来到凯旋门。如果继续向前走到新城区，就是拉德芳斯的"新凯旋门"。这就是巴黎的历史文化轴线。

路易十四时期，国王搬进了凡尔赛宫。法兰西学院、皇家绘画与雕塑学院等一些皇家艺术、文学和科学机构陆续搬进卢浮宫。后来，方形沙龙中又举办了画展——"沙龙展"由此得名。法国大革命后的 1793 年 8 月 10 日，大画廊正式举办了面向公众的画展，由此拉开了卢浮宫作为博物馆的序幕。

由于卢浮宫建筑本身并不是为博物馆设计，所以 n 字形的建筑对于参观者来说并不友好，特别是从一个侧翼前往另一个侧翼时，必须要从中间的建筑绕行。密特朗总统执政时期，卢浮宫进行了改造，华裔建筑大师贝聿铭设计的"玻璃金字塔"横空出世。"金字塔"位于庭院的中间，它本身是用于地下一层采光的上盖和中心入口，而地下一层大厅是游客集散中心，参观者在这里可以直接去往三个馆中的任何一个，两个侧翼之间的交通也无须再经叙利馆绕行，从而使卢浮宫更符合一个公共博物馆的动线要求。当然，"玻璃金字塔"一度引发了很大争议，但是随着时间的推移以及外地访客的认可，这里已经成为巴黎的新地标，也是现代建筑与古典建筑的一次成功融合。傍晚时分，灯光点亮，"金字塔"与旁边水池里的倒影，在宫殿建筑的围合下，如同钻石一般耀眼。

卢浮宫玻璃金字塔

在卢浮宫的北侧翼，还有一座综合了装饰艺术、时装与纺织品、广告艺术的专题博物馆。最近几年，卢浮宫还分别在法国的朗斯和阿联酋的阿布扎比各建了一座分馆，以定期轮换的方式展示这里的精彩馆藏。

　　卢浮宫收藏的是 1848 年之前的古代艺术作品，已有太多的书籍介绍过，我自己也曾做了一个《老吴陪您逛卢浮宫》的音频节目，所以这里就不再细说了。但总的来说，除了所谓的"三宝"（即雕塑《断臂维纳斯》《胜利女神像》和油画《蒙娜丽莎》），我认为在卢浮宫最不能错过的就是法国艺术，尤其是一些大尺幅的画作，因为不太容易出国巡展，所以更需要在原收藏处好好欣赏。

　　我第一次去卢浮宫时，对于艺术欣赏还很不上道，最震撼我的不是《蒙娜丽莎》，而是雅克－路易·大卫的《拿破仑一世加冕大典》。这幅画平时在书上看时，多半只有一只手大小，而在现场一看才发现，竟然是近 10 米高、6 米多宽的皇皇巨作（设想一下，这幅画放平就相当于一个 60 平方米房间的地板面积）。除了有皇帝拿破仑、皇后约瑟芬、教皇庇护七世以及王公大臣、皇亲国戚之外，整个画面有一百五十几个人，也就意味着画家要描绘一百五十几个肖像。画面中有大量无法在画册上看到的细节，甚至在角落里为典礼服务的辅祭男孩，脸上的疲惫都表现得毫不含糊。尽管新古典主义并不是我自己喜欢的艺术流派，但我必须承认，在这样的作品面前很难不为这种严整的技法、均衡的美感、典雅的气质和恢宏的场面所折服。后来印象派等新艺术思潮反对新古典主义，反对的也不是它精湛的技艺，而是学院体系因保守而形成的窠臼和创造力的丧失——这些感受只有看原作才会有。此外，"烛光画家"拉图尔的《木匠圣约瑟》、洛可可画家华托的《舟发西苔岛》，以及浪漫主义代表作——籍里柯的《美杜莎之筏》和德拉克洛瓦的《自

雅克-路易·大卫《拿破仑一世加冕大典》

由引导人民》都是特别值得细品的法国艺术精品。

外国艺术家方面，重点推荐鲁本斯的《玛丽·德·美第奇的一生》组画，位于黎塞留馆三层"美第奇画廊"。整个大厅的二十四幅大画，可以一次性了解鲁本斯的绘画风格，了解玛丽·美第奇传奇的一生。威尼斯画派委罗内塞的《迦拿的婚礼》，是卢浮宫收藏的最大尺幅的油画，卢浮宫把它挂在小小的《蒙娜丽莎》对面的墙上，就是想以此来分流一部分观众的吸引力，但好像还是很容易被忽视。另外，乔托、扬·凡·艾克、卡拉瓦乔、丢勒、伦勃朗、维米尔的绘画和米开朗琪罗的雕塑，都是不容错过的杰作。

奥赛美术馆与印象派：巴黎艺术之魂

如果说卢浮宫的馆藏是底蕴深厚的老牌贵族，那么奥赛美术馆的馆藏就是横空出世的革命者。奥赛美术馆的建馆时间比蓬皮杜艺术中心还要晚，它的建成正好完善了整个艺术史的时间线。卢浮宫、奥赛和蓬皮杜三家博物馆，从时间顺序上把艺术史分成了上、中、下三个时间板块，也构成了巴黎的美术馆三巨头。"三巨头式"的美术馆模式在马德里、伦敦等很多城市被复刻。

奥赛美术馆的建筑也值得一说。它最早是为 1900 年的巴黎世博会而建的火车站，后来因不能容纳更长车身的火车和满足更大的客流需求，在运行 40 年后被停用，接下来又闲置了 40 年，甚至面临着被拆除的命运。马丁·斯科塞斯导演的电影《雨果》中，火车站的主要原型就是奥赛美术馆，特别是那个令人印象深刻的大钟。20 世纪 70 年代末，政府决定将其改造为美术馆。改造工程历时 7 年，设计采取了遵循历史原貌的方案（尤其是外表），因此并没有像卢浮宫玻璃金字塔或者蓬皮杜艺术中心那样饱受争议，当然也就少了些引人注目的亮点和话题。

📍 奥赛美术馆（Musée d'Orsay）

奥赛美术馆收藏有 1848—1914 年的近现代艺术精品，因为拥有众多印象派时期（包含后印象派、新印象派）的顶级画作，奥赛美术馆一经面世便备受瞩目，这座世界上最受欢迎的美术馆之一，在巴黎的旅行打卡地名单中，地位与卢浮宫不相上下。

印象派时期是西方艺术史上最重要的发展时期之一，是艺术由古典走向现代的转折点，其盛名可以与文艺复兴时期相媲美。与古典绘画相比，它看起来更艺术、更新颖、更轻松、更有想象力；与后来的现代主义作品相比，它又更容易看懂、更接近传统的美术作品。因此，印象派的艺术是大众在艺术审美上的最大公约数，一直是艺术欣赏的热点。稍微夸张一点来说，人人都爱印象派！

尽管印象派的历史没那么悠久，但考虑到它在艺术史上的重要地位，我认为它才是巴黎的艺术之魂。如果只能选一座美术馆来作为巴黎艺术的代言，我认为奥赛美术馆比卢浮宫更有巴黎味。

印象派时期既包括莫奈、德加、雷诺阿、毕沙罗、西斯莱、卡耶博特、巴齐耶等这些注重客观光线和色彩的"印象派"画家，也包括注重表达主观情感和内心感受的被艺术史家称为"后印象派"的高更、梵·高和塞尚，还包括被归类为"新印象派"走技术研发路线的点彩派画家修拉、西涅克，以及被誉为现代商业招贴画先驱的"蒙马特之魂"劳特累克和实际上不那么印象主义的"印象派之父"马奈。

奥赛美术馆

如果说印象派打破了旧秩序，摧毁了旧时代，那么后印象派就是创造了新语法，缔造了新时代。他们直接或者间接地影响了后来多种艺术思潮，启发了立体主义、表现主义、野兽派、超现实主义、达达主义、抽象主义等诸多新艺术流派的诞生。其中，塞尚更是被称作"现代艺术之父"。

当然，奥赛美术馆还收藏有学院派的安格尔、卡巴内尔、勒帕热，现实主义的库尔贝、米勒、杜米埃，雕塑家罗丹、马约尔，以及纳比派、稚拙派等出现较晚、为期时间较短的艺术流派艺术家的作品。在奥赛美术馆，我们能遇到一大批近现代艺术史上的名家，能看到一大批在美术教材里出现过的艺术杰作，值得一去再去。

📍 橘园美术馆（Musée de l'Orangerie）

位于对岸杜伊勒里花园一角的橘园美术馆，行政上隶属于奥赛，同样是以收藏印象派时期的名家名作为主。其中最重要的收藏是莫奈创作于1914—1925年的巨幅作品《睡莲》，这一系列占据两个展厅，八幅画合计总长度达91米，画高2米，置身其中，十分震撼。这是莫奈晚年在因白内障导致视觉退化的情况下完成的印象派集大成之作。因为其尺幅太大，所以不易搬运。橘园美术馆也被称为"印象派的西斯廷礼拜堂"。

老吴私享

　奥赛美术馆的餐厅和咖啡馆都相当不错，在世界博物馆"美食界"名列前茅。看累了艺术品后，不妨到这里吃喝、休息一下，劳逸结合，让美术馆游览有更好的体验和感受。

蓬皮杜艺术中心：作为"流体"的人

📍 蓬皮杜艺术中心（Centre Georges-Pompidou）

蓬皮杜艺术中心是巴黎美术馆三巨头的老三，主打现当代艺术。它看起来像是一个巨大的工厂或者未完工的工地，建筑外面裸露着脚手架一样的结构。更加引人注目的是各色管线，它们并不是装饰品，而是输送着真正的"流体"——蓝色管是空调，绿色管是上下水管，黄色管是电气线缆，而红色管是运送人的电梯。在建筑师眼中，参观的游客与空气、水、电一样，也是一种"流体"。这是一个有趣且哲学化的表达，令人激赏和思索。

这座建筑的建成时间早于卢浮宫的玻璃金字塔，因为它的工业风与巴黎文化建筑的浪漫优雅格格不入，所以当时引发的争议也更大，尤其为巴黎市民所反对，在建造过程中屡次受阻停工。而且建筑设计师英国人理查德·罗杰斯和意大利人伦佐·皮亚诺是两个标新立异的外国人，这是骄傲的巴黎人所不能接受的。巴黎之所以要建一座独立的现代艺术博物馆，就是想在与已经拥有现代艺术博物馆和古根海姆博物馆的纽约的竞争中，扳回一局。毕竟，一个只具有古代面貌的城市，可能很美，但是缺乏朝气和活力。

巴黎人称蓬皮杜艺术中心为"炼油厂""文化超市"。对于新奇建筑，反对者一般都是本地人，新事物打破了旧秩序，所以被视为眼中钉。设计者则大多是"外来的和尚"，他们没有太多顾虑，

蓬皮杜艺术中心

容易破除文化藩篱，无视舆论的非议。而成就新奇建筑的主要是游客，他们大都抱着好奇心前来一睹为快，拍照打卡。在网络和社交媒体时代，辨识度比美感更重要。

蓬皮杜艺术中心是一座综合建筑，四楼和五楼是美术馆，其他楼层则是图书馆、工业设计中心等机构和场地，顶楼还设有观景平台。由于管线和承重结构挪到了外面，内部就有了非常开阔和自由灵活的布展空间，参观体验可以说是相当不错。

中心收藏的是 1914 年后的现代艺术作品。野兽派的马蒂斯，达达主义的杜尚，立体主义的毕加索、布拉克、莱热、德劳内，超现实主义的基里科、马格利特、夏加尔，抽象艺术的苏拉热、波洛克、康定斯基、蒙德里安、米罗、德·库宁，波普艺术的利希滕斯坦，雕塑家布朗库西、贾科梅蒂……还有很多我们不那么熟悉的现当代艺术家的作品，也可以在这里见到。

对于现代艺术，很多人觉得欣赏起来有难度。其实，很多作品不出现什么具体的事物，尤其是抽象画，只是用色彩、线条、笔触和独有的表达逻辑造就了一个全新的视觉形象，用这个外在的视觉形象来表达艺术家的构思。构思才是现代艺术最重要的主题，我们要看的，就是这个构思。而且，现代艺术还成为设计的一个重要的基础和来源，很多现代艺术品虽然很难懂，但是将其色彩、造型、构成等应用于工业产品设计、建筑设计、平面设计时，就特别合理且效果非凡。

艺术旅行清单的备选项

除了"三巨头",在巴黎也有相当多大大小小的艺术博物馆不容错过。重点推荐的首先是与荣军院一路之隔的罗丹美术馆(Musée Rodin),这里也是罗丹的故居,不仅有他的《思想者》《地狱之门》《加莱义民》等代表作品,还有他收藏的一些名家画作,以及他的情人卡米尔·克洛岱尔的作品,大家可以比较一下他们创作风格的异同。

另外,还有玛摩丹美术馆(Musée Marmottan Monet),它是全球收藏莫奈画作最多的博物馆,其中以让印象派得名的《日出·印象》和多幅大尺幅《睡莲》为观众所熟知和喜爱。另外,这里也收藏有大量其他印象派画家的作品。

还有毕加索美术馆(Musée Picasso)。毕加索去世后,其继承者为抵偿巨额遗产税上交了大量作品,这些作品由此成为国家收藏,政府专门购买了这栋老宅邸建筑作为展示这些收藏的个人专题美术馆。毕加索最主要的艺术成就都是在巴黎完成的,因此法国有非常好的毕加索作品的收藏。毕加索一生的作品风格多变,有蓝色时期、粉红色时期、立体主义时期、新古典时期、超现实主义时期、田园时期……每个时期的成就都很高,风格差异也很大,甚至无法看出是同一个人所作。有人开玩笑说,他换个情人就换个风格。

另外,像德拉克洛瓦、古斯塔夫·莫罗、布德尔、贾科梅蒂等画家、雕塑家,也都有个人专题美术馆;还有巴黎高等美术学院、路易·威登基金会、联合国教科文组织总部、大展览馆、小展览馆、东京宫等可能被忽略的艺术宝库;巴黎郊区吉维尼小镇的

罗丹美术馆内的思想者雕塑

老吴私享

推荐观看电影《罗丹的情人》,影片不仅讲述了罗丹和卡米尔之间的爱恨情仇,还呈现了罗丹很多作品的创作背景,电影本身也相当精彩。

莫奈花园、奥威尔小镇留下的梵·高最后的遗迹以及他的墓地……这些也都是艺术旅行清单上的重要备选项。

还有一个要特别介绍的，是位于埃菲尔铁塔对岸的专门展示亚洲艺术瑰宝的吉美博物馆（Musée Guimet）。对于中国人来说，这里收藏的由伯希和考古队带走的敦煌文物（文书、绢画等）是非常值得探望的"亲人"；而元代霁蓝釉白龙纹梅瓶仅有三只存世，堪称国宝级的瓷器，另外两只分别在北京颐和园和扬州博物馆（这只更是独享一个展厅的待遇）。再有，柬埔寨吴哥窟的印度教造像，也有不少被"搬"到这里。其中就包括吴哥城入口的"搅动乳海"雕塑，还有女王宫的红砂岩浮雕非常精美，对于曾经去过吴哥窟的人来说，正好是个补充。

地标建筑：镶嵌在历史中的艺术

游览建筑是艺术旅行中最重要的一项，重要程度甚至要超过看画和逛博物馆。即使是不爱艺术的旅行者，也一定会被或美轮美奂、或惊世骇俗的建筑所征服。更何况，有些建筑是历史事件的见证者，是文化名人流连过的印记，是小说故事的发生地，是影视作品的拍摄背景。在这些地方参观游历，自是可以当作与亲友分享的谈资，成为人生美好的回忆。

凡尔赛宫（Château de Versailles）

凡尔赛宫位于巴黎近郊，在 17 世纪晚期建成并取代卢浮宫成为王室居所。这座恢宏的宫殿充分展现了古典主义建筑布局严整、端庄典雅、大气雄伟的风格特点，室内则采用了巴洛克式动感华丽的装饰风格，也发展出了具有鲜明法国风格的洛可可风格——细碎繁复、柔美精致、粉艳奢靡。凡尔赛宫的建筑风格后来也为很多王室宫殿所效仿，比如奥地利的美泉宫、德国的无忧宫、俄罗斯圣彼得堡的夏宫等，甚至北京圆明园里大水法的设计理念，也有来自凡尔赛宫的影响。这座宫殿里发生了太多的事情，它既迎来了波旁王朝的巅峰和没落，也目睹了大革命的汹涌和迅猛，雅克－路易·大卫的政治题材名作《网球场宣誓》中的网球场就在这里。这里也收藏了很多名画、珍宝、工艺品和家具。

凡尔赛宫的园林也是法式古典园林的一个重要代表，强调轴线、比例、秩序，草地和水系严格按几何图案布局，树木和花草也都像是用模具来修剪的，核心思想是"人工美"，与讲求诗意和画境的中式园林、强调自然美的英式园林都大异其趣。凡尔赛宫的外围，还有大特里亚农宫、小特里亚农宫两座小型宫殿，以及一处有着乡村田园风情的"瑞士农庄"，让路易十六的王后安托瓦内特有机会接触自然，颇有点像大观园里的稻香村。

📍 枫丹白露宫（Château de Fontainebleau）

　　枫丹白露宫在弗朗索瓦一世时代形成了较大的规模，融合了意大利矫饰主义和法国哥特式风格的"枫丹白露画派"在此形成，拿破仑称帝后重新修缮并将其作为自己的王宫。现在的宫廷以原状陈列，都是拿破仑时期的遗迹，其中包括囚禁罗马教皇庇护七世的房间，拿破仑被迫签字让位的房间和他被流放时告别枫丹白露的马蹄形阶梯等。

　　在枫丹白露宫里还有一个中国馆，里面的文物和艺术品大多数是英法联军劫掠的圆明园文物。可能正是因为"做贼心虚"吧，这批艺术品既没有放进卢浮宫，也没有收入城里的吉美博物馆，而是"蜷缩"在枫丹白露宫不起眼的角落里，连入口都很难找。前几年，中国馆还发生了盗窃案，丢了二十件文物，并且一直没有破案。

枫丹白露宫的马蹄形阶梯

📍 巴黎圣母院（Cathédrale Notre-Dame de Paris）

　　这是巴黎市内最大的哥特式教堂，也是拿破仑举行加冕礼的地方。特别是大文豪雨果的同名小说发表后，这座建筑几乎成了世界上最知名的大教堂。但我们这个时代还遭遇了另一个让它更加著名的事件——2019 年 4 月的失火。火灾烧毁了其位于建筑中部的代表性尖塔和木质屋顶，但主体结构未受影响，钟楼、玫瑰花窗、管风琴、祭坛等重要的部分和文物也幸免于难。我曾登上过它的钟楼，屋顶的走廊外沿有不少形象有趣或诡异的滴水嘴兽和石像怪，给我留下了特别深的印象。根据目前的消息，它的修复工程已经开工，预计在 21 世纪 20 年代中期完成，让我们期待它重生的那一刻吧。

巴黎圣母院

巴黎圣母院钟塔上的石像怪

巴黎圣母院的花窗

📍 圣心堂（Basilique du Sacré-Cœur）

位于巴黎北部，是电影《天使爱美丽》的外景地之一，它的历史不算悠久，1914年才完全建成。但作为巴黎教堂界的后起之秀，它有自己的优势。位于地势高点上，拥有俯瞰全城的视野，也能被全城居民看见；造型优雅，是新拜占庭式风格，使用白色的石材建造，而且这种石头时间越久、越经历风雨就越白，所以它也被称为"白教堂"。

在奥赛美术馆远眺圣心堂

📍 先贤祠（Panthéon）

这是一座由教堂改成的纪念堂建筑，安葬了包括伏尔泰、卢梭、雨果、左拉、居里夫人、大仲马以及《拿破仑法典》起草者之一特隆谢等最能代表法国历史文化的先贤，因此这里最值得探访的是位于地下室的名人墓室。先贤祠附近就是有悠久历史的索邦大学。索邦大学主楼和先贤祠都有穹顶，看起来还挺像的，我曾因为认错了建筑迷了路。

📍 荣军院（Hôtel des Invalides）

荣军院也就是军事博物馆和拿破仑墓，是军事和历史爱好者不可错过的地方。其中的军事博物馆展出数量众多的兵器和铠甲，包括国王穿过、用过的。当然，博物馆中很大一部分藏品都关于拿破仑时期的战争史。尽管在政治上评价不一，但在军事上，拿破仑一直是法国人的骄傲。

荣军院军事博物馆展出的铠甲细部

📍 加尼叶歌剧院（Opéra Garnier）

加尼叶歌剧院距离卢浮宫不远，同样也是在 19 世纪下半叶建造的。这是一座结合了古希腊、古罗马以及巴洛克等多种风格的折中主义建筑，外立面庄重恢宏，内部装饰富丽堂皇，其华美的大楼梯和绚丽的休息大厅，比起凡尔赛宫的镜厅也毫不逊色。这里以演出歌剧和芭蕾为主，并拥有一支世界一流的芭蕾舞团。画家德加是这里的常客，他最知名的芭蕾舞女系列绘画就是在这里构思和完成的，也正因如此，他的画被设计成歌剧院商店里最受欢迎的周边产品。1964 年，画家夏加尔又为剧场绘制了 240 平方米的巨幅天顶画，其色彩梦幻的超现实主义风格与金光灿灿的巴洛克装饰竟然毫无违和感。

法国经典电影《虎口脱险》里有一大段情节就是在加尼叶歌剧院发生的。歌剧院里还有一个巨大的地下暗湖，再加上剧场曾发生过大吊灯掉下伤人的真实事件，作家勒鲁以此为背景写出了爱情悬疑小说《剧院魅影》。这部作品后来又被英国大师安德鲁·韦伯改编为同名音乐剧并取得了巨大的成功。音乐剧连续三十多年在伦敦和纽约驻场演出，几次来中国巡演也都是一票难求。不过，这部音乐剧并没有在故事的发生地演出过。

加尼叶歌剧院剧场的天顶画

📍 埃菲尔铁塔（Eiffel Tower）

　　如果只能用一座建筑来代表巴黎，埃菲尔铁塔最合适了。它简洁、优雅、浪漫、稳定，而且是当时世界第一高的建筑。但是它其实是个"临建"，法国政府为举办 1889 年世博会，征集高塔方案，其中有一条要求就是在博览会后能很方便地拆除。方案通过后，还遭到了莫泊桑等三百多位文化名人的联合签名抵制。但因铁塔建成后很受欢迎，就取消了拆除计划。据说莫泊桑是铁塔餐厅的常客，有人问他："你不是反对这个建筑吗？"他回答说："对啊，我确实抵制，我在这儿吃饭是因为整个巴黎只有这里才看不到铁塔。"作家的诡辩口才果然非同一般。

老吴私享

　　由于太过火爆，登塔参观票需提前预订。登塔时间建议选下午稍晚时段，这样在登塔后既可以看到白天的风景，也能看到夕阳西下的天际线，以及夜巴黎的灯光璀璨；下塔之后还可以欣赏被灯光照亮的铁塔本身，这样就会有个完整的欣赏体验。

从埃菲尔铁塔上俯瞰

📍 凯旋门（Arc de Triomphe）

这又是个游客打卡地，位于香榭丽舍大街的尽头，戴高乐广场的环岛中央。凯旋门是拿破仑下令修建的，但在三十年后建成时，拿破仑早已下台归西。以它为圆心辐射出 12 条大街，再加上与周围建筑对比的高度，更使得它在地图平面上有众星捧月式的效果，堪称建筑与规划最为契合的设计典范。凯旋门的立面上有以战争为主题的大型新古典主义浮雕；而四个"柱子"内有楼梯可以直达顶部，内部还有博物馆介绍凯旋门的设计和建造过程，顶部则是欣赏巴黎城市风景和其他地标建筑的绝佳位置。

老吴私享

> 如果你时间充裕，不妨在塞纳河岸边走一走。徒步可选择左岸（南岸），路线建议从巴黎圣母院开始，一路沿河向西，欣赏河两岸优美的建筑以及河上数个历史悠久的桥梁。体力好的可以一直走到埃菲尔铁塔，不善走路的可以只走到奥赛美术馆或者亚历山大三世桥。当然，懒人也可以选择乘船巡游，不过按照我个人的经验，方式越轻松，印象就越浅淡。

记得我步行的那个下午，天空由阴沉转为晴朗，我下到河边的步道上优哉游哉地漫步，一路几乎没有游客的喧嚣，偶尔会有极少的人坐在河边的椅子上看风景或者沿河跑步、遛狗，河对岸是漂亮的宫殿，河上行驶着游船……在不到一个小时的时间里，我感受到前所未有的安静和美好，我想拍点照片记录下那一刻，却发现无论如何也无法表达当时内心的喜悦与感动，于是干脆收起相机享受当下，欣然接受这个意外的礼物。

我禁不住对自己说：这一刻，人生是值得的。

塞纳河岸边卖书、卖画的摊位

人间剧场：
伦敦

幽默感和烟火气

2018 年，我在北京新闻广播的《博物馆奇妙夜》节目做了一年的艺术旅行访谈嘉宾，主持人安扬问我去过的城市中最喜欢哪一座时，我毫不犹豫地回答：伦敦。如果现在有人问我同样的问题，我还是这个答案。

伦敦随性，最让我着迷的是它的幽默感和烟火气。

跟巴黎一样，伦敦也是个大城市，也有一条河流穿城而过。但两者不同之处是：巴黎的城市规划感很强，甚至很多楼的高度都差不多，塞纳河两岸的建筑和一些街区都很规整，老城与新区隔开了，现代的高楼大厦也建得远一点。相比之下，伦敦就显得有点乱糟糟的，泰晤士河岸边既有伦敦塔这样的城堡，议会大厦、大本钟这样的新哥特式建筑，也有泰特现代美术馆这种改造的工业风建筑，伦敦眼这种巨型摩天轮直接戳在河边（巧合的是，伦敦眼与埃菲尔铁塔一样都是被保留下来的"临建"），"小黄瓜""碎片大厦"等现代建筑也都在视线之内，你甚至没有办法说清楚哪里才是所谓的市中心。所以在伦敦，你看不到太多的精心设计和统一规划的那种协调美，它有一种自然生长的真实感，就像是拜访一个朋友的家，如果不那么整洁，反倒会让你感到放松、亲切。

其实，要论骄傲，伦敦人并不比巴黎人逊色，但他们通常不会冷脸扮酷，而是以诙谐、辛辣的"毒舌"来展现，这种骄傲也因幽默风趣而显得更接地气，更有亲和力。英国人幽默的语言天分，大概是来自深厚的戏剧文学传统。那些充满智慧的金句，我们可以在莎士比亚的话剧中听到，可以在《福尔摩斯》这样的通俗小说中读到，也可以在诸如《是，大臣》《唐顿庄园》这样的英剧里看到，甚至在英国女王的新闻里我们也能发现，老太太总是控制不住地逗几句闷子。幽默总是有一种举重若轻的作用，让人觉得这个世界上绝大多数事情都没什么大不了的。如果巴黎人说：我骄傲，我骄傲，我骄傲；伦敦人肯定会回：我搞笑，我搞笑，我搞笑。

有人说中国东北人之所以幽默，是因为冬天太漫长，只能待在屋子里唠嗑闲聊，纯粹是练出来的，这是地理环境决定论。那么，英国人耍嘴皮子的原因大概就是经常下雨，下雨了出不去，那就唠嗑练嘴呗。在伦敦玩耍的半个多月里，这说来就来的雨我算是体验到了，而且雨中的老建筑显得阴森可怖，气氛立刻肃杀起来。一旦雨过天晴，伦敦的气质似乎从地狱一下变成了天堂，天空湛蓝，白云多且在低空飘过，一朵朵看起来煞是漂亮。

雨后伦敦的天空上总是有非常漂亮的云彩

被低估的英国艺术收藏

谈到博物馆，英国是当仁不让的，毕竟当人们一说起世界四大博物馆，大英博物馆总是被排在前面，包括牛津大学的阿什莫林博物馆也是世界上最早的公共博物馆。不过，这两座博物馆都是以历史文明类的收藏为主，在绘画、雕塑等艺术品的收藏方面，英国跟法、美、俄、德、西等国家相比似乎还略逊一筹。英国能拿得出手的本土画家，也不算太多。但当我去了伦敦后才发现，可能是因为大英博物馆太有名了，国家美术馆、泰特不列颠美术馆等大馆往往被忽略，而王室虽拥有相当数量的杰作，但不被作为美术馆看待，由此深切地感觉到，英国的艺术收藏被低估了。

📍 国家美术馆（National Gallery）

由于我所说的艺术旅行是以"看画"为主题的，因此先说国家美术馆。国家美术馆位于市中心特拉法加广场北端，是这个广场的主体建筑，而特拉法加广场则是伦敦市民聚集、狂欢的最主要场地，是伦敦最热闹的地方之一。国家美术馆论知名度不及卢浮宫、大都会艺术博物馆和冬宫，也不及马德里普拉多博物馆、维也纳艺术史博物馆和慕尼黑老绘画馆，但其收藏方面并不弱，涵

盖了从文艺复兴到 1900 年左右的欧洲绘画作品。其中最值得看的是尼德兰文艺复兴时期，如画家扬·凡·艾克的《阿尔诺芬尼夫妇像》，他被艺术史公认为油画的发明者，这幅作品也是最早的油画艺术。此外，达·芬奇的《岩间圣母》是卢浮宫收藏《岩间圣母》的晚年版"同款"，梵·高的《向日葵》也可与阿姆斯特丹的那幅相媲美，还有波提切利的《维纳斯与战神》、委拉斯开兹的《镜前的维纳斯》、卡拉瓦乔《以马忤斯的晚餐》、小荷尔拜因的《大使们》等作品都是进入艺术史的名作，布隆齐诺、鲁本斯、维米尔以及印象派等大家也都有代表作在此。而本土大师透纳的《被拖去解体的战舰无畏号》、康斯特布尔的《干草车》、荷加斯的《时髦婚姻》（组画）更是英国艺术的顶尖之作。我个人最爱的是几幅收藏于此的伦勃朗自画像，尤其是他人生最后一年的那幅。从那幅画旁走过的一刹那，仿佛便被画像的眼神牢牢地抓住。在画中，我感受到了伦勃朗人生况味和大起大落后的五味杂陈，有一种说不尽的终极感伤。

泰特不列颠美术馆（Tate Britain）

泰特旗下有四个美术馆，但如果我们只说"泰特美术馆"，一般就是特指泰特不列颠美术馆(也译为"泰特英国美术馆")。这里最好的收藏是透纳和拉斐尔前派的作品。美术馆的一个侧翼都属于透纳，规模堪比个人博物馆，他的名作《暴风雨》以及自画像都在此。而19世纪最令英国骄傲的拉斐尔前派画家罗塞蒂、米莱斯、亨特以及后继者伯恩·琼斯等的主要作品《天使报喜》《奥菲利亚》等都收藏于此。拉斐尔前派的理念是为了艺术而艺术，追求唯美的视觉效果，因此这座馆很受广大女性艺术爱好者的欢迎。

泰特不列颠美术馆

泰特现代美术馆（Tate Modern）

泰特现代美术馆当然也是泰特系列之一，它与巍峨的圣保罗大教堂隔泰晤士河相望，中间通过只限步行的千禧桥连接，旁边则是莎士比亚环球剧院，位置极佳。泰特现代美术馆临河一侧的建筑原为发电厂厂房，改造后成为专门收藏现代艺术的美术馆，馆内保留了一个超大体量的涡旋厅作为多功能的展陈空间，原发电厂的烟囱也保留下来。2016年，在"发电厂"后面扩建的新馆开幕，更让这座现代艺术宝库如虎添翼。泰特现代美术馆收藏了毕加索、达利、马蒂斯、培根、贾科梅蒂、罗斯科、蒙德里安、安迪·沃霍尔等现当代大师的名作，还经常举办大型特展，是世界一线的现代艺术中心。

华莱士收藏馆（Wallace Collection）

华莱士收藏馆规模中等，但藏品很有特色，其中以尼德兰和法国的艺术品为主，还有非常精美的家具、餐具等工艺品。最知名的艺术品包括法国画家弗拉戈纳尔的《秋千》（洛可可绘画的代表作之一）、尼德兰画家哈尔斯的《微笑的骑士》等。英剧《唐顿庄园》有一集的情节是，厨房女仆黛西去了趟伦敦之后，不想再回庄园去，她的理由就是"伦敦有华莱士收藏馆"。这段有趣的情节也说明了，华莱士收藏馆一直是美术馆界的明星。

📍 考陶尔德美术馆（Courtauld Gallery）

考陶尔德艺术研究所（Courtauld Institute of Art）是伦敦大学下属的独立学院，它旗下的考陶尔德美术馆拥有非常好的印象派、后印象派绘画收藏，其中马奈的《女神游乐厅的吧台》、雷诺阿的《戏院包厢》、梵·高的《包扎耳朵的自画像》、高更的《永远不再》都是极具知名度的作品。我最喜欢的是塞尚的《玩牌者》与《圣维克多山》，两幅画都是塞尚风格确立后的典型作品，最能体现他绘画的艺术魅力。

📍 大英博物馆（British Museum）

大英博物馆

大英博物馆虽以历史文明类文物为展陈特色，但这其中有不少文物本身也是艺术杰作，比如来自古埃及拉美西斯二世的半身像、纸莎草画、罗塞塔石碑，来自古希腊帕特农神庙的埃尔金石雕。当然，位于 33 号、95 号展厅的中国文物部分更吸引中国参观者，这里展出了大维德基金会收藏的包括汝瓷、元青花在内的中国瓷器，以及河北易县出土的辽代三彩罗汉像等；位于 91a 号展厅的，每年只展出 6 个星期左右的顾恺之《女史箴图》（唐摹本），更是绘画爱好者心心念念的珍宝。另外，博物馆大中庭原本是个庭院，庭院中央是原来的大英图书馆，后改造加装了现代的玻璃顶，成为欧洲最大的"有顶广场"。

📍 维多利亚与阿尔伯特博物馆（Victoria and Albert Museum）

该馆的名字来自维多利亚女王和她的丈夫阿尔伯特亲王，是一座以收藏工艺品、装饰艺术品为主的博物馆，比如家具、餐具、瓷器、服饰、首饰、剧院舞美等（例如我就看到了音乐剧《狮子王》的服装和道具），但是它也收藏了康斯特布尔的绘画、罗丹的雕塑以及一些中世纪宗教艺术品，总的来说种类比较杂，但因为体量大、收藏丰富、历史悠久，所以还是值得一去的，

你可能会有意外的惊喜。另外，这个馆与自然历史博物馆（就是电影《帕丁顿熊》中要抓捕小熊做成标本的那个馆）、科学博物馆毗邻，阿尔伯特音乐厅、肯辛顿宫、海德公园也都不远，可以集中安排行程。

音乐剧《狮子王》的戏服

老吴私享

伦敦绝大多数博物馆和美术馆都是免费的，当然也欢迎游客在门口的捐款箱里塞上几英镑，助力这些博物馆长久发展，但不论怎样，艺术旅行者确实可以在这里省下一大笔门票开销。

尽管大多数博物馆免费，但通票依然是非常推荐的，它覆盖了包括威斯敏斯特大教堂、圣保罗大教堂、伦敦塔、汉普顿宫、塔桥、邱园、泰晤士河游船、丘吉尔战时办公室、莎士比亚环球剧院等绝大多数游客必去的收费景点，如果买的是包含交通费的版本，还可以用来乘坐地铁和公交。需要提醒的是，通票是连续使用的，所以规划行程时要把使用通票的景点集中连续安排，把免费的博物馆另外集中安排，这样才达到最佳使用效果。

伦敦的博物馆大多都有很高质量的中文语音导览，是我去过的城市中在这方面做得最好的，这对于艺术旅行者来说不只是方便，也极大提升了参观体验。

王室：英国特有的旅游资源

英国王室比较特别，它不仅以君主立宪制的形式在资产阶级革命中留存了下来，而且在英国历史上很多关键时刻，也起到了稳住人心、凝聚力量的正面作用。王室繁缛的礼仪和奢靡的生活方式，不仅象征着传统的延续，而且让民众有一种穿越般的新鲜感。更主要的是，逝去的王朝留下了很多故事，给文艺作品提供了很多素材，比如莎士比亚的历史剧《查理二世》《亨利四世》等；而当下查尔斯三世领导下的王室家族和成员，颇具话题性，为大众提供了太多的谈资。王室本身就相当于一家公司，而围绕着王室几乎形成了一个产业。虽然在西班牙、丹麦、荷兰、日本、泰国等国也都有王室，但就影响力、戏剧性以及作为旅游资源带动的产业价值来说，都没法跟英国的王室相媲美。

王室拥有很多宫殿、城堡等建筑私产，同时也拥有大量的艺术收藏。这些建筑大多数是对外开放的，虽然有一些不是完全开放，而是限时开放或局部开放，但从满足游客好奇心的角度来看，也是足够了。

📍 白金汉宫（Buckingham Palace）

白金汉宫就是正牌王宫，既是女王的住所，也是举办各种国家典礼、外事礼仪的地方。所以这里并不是全年开放的，通常在夏季女王去爱丁堡避暑期间，开放几个月。如果你觉得这里属于非去不可的地方，那么需提前查询白金汉宫官网，把行程安排在它开放的时间之内，并最好提前订票。白金汉宫每次开放，都会有一个专题展览，我去的时候就碰上了"王室成员童年生活展"，展览展出了涵盖九代王室成员包括衣物、玩具、日用品等 150 多件展品，展厅播放的影像里还有查尔斯小时候开的"间谍小汽车"，真是我等平民完全想象不到的奢华。不过白金汉宫除了各个原样陈列的国事厅、宴会厅、办公室或者居室外，最值得推荐的是大画廊，这里收藏了鲁本斯的《自画像》、维米尔的《音乐课》，以及伦勃朗、提香、卡拉奇和雕塑家卡洛瓦等名家的名作，还有英国人特别喜欢的威尼斯画家卡纳莱托的风景画。

跟白金汉宫在一起的"女王画廊"和"皇家马厩"倒是常年开放的，即使去不了白金汉宫，这两个地方也不要错过。其中女王画廊收藏有小荷尔拜因和凡·戴克等人的作品，还展出一种徽章大小的微型油画（英国一度流行这种画），以及餐具之类的工艺品。皇家马厩则要重点推荐，

皇家卫兵

皇家马厩里的黄金古典马车

这里不仅实实在在地养着马匹，而且停放着王室不同时期、不同典礼上使用的多辆马车，其中最漂亮、最气派的黄金古典马车，估计大多数人只在电影里见到过，上一次使用还是女王登基时。而现在用得比较多的新式马车上已经有 LED 灯等新装备了。当然，白金汉宫还有游客打卡看热闹的卫兵换岗仪式。

温莎堡（Windsor Castle）

这里也是女王经常居住的一处行政官邸，位于伦敦郊区的泰晤士河畔，河对岸有著名的伊顿公学。这里是局部开放，城堡内除了一些国家大厅的原样展示外，也有拉斐尔、老彼得·勃鲁盖尔、昆丁·马西斯等名家的作品。此外，重点推荐温莎堡的两个地方，一是玛丽王后玩偶屋，这是一个以 1：12 的比例复刻玛丽王后行宫的缩微工艺品，由 1500 多名匠人耗时 3 年完成；二是专属于王室的哥特式圣乔治教堂，它的规模虽然小于威斯敏斯特教堂，但同样拥有漂亮的天花板（天花板也是英国哥特式教堂的一个特色看点），并且这里也是伊丽莎白二世的丈夫菲利普亲王等王室成员的墓地。

温莎堡

汉普顿宫（Hampton Court Palace）

这里位于伦敦西郊，是历史上最有名的英国国王之一亨利八世的宫殿。亨利八世就是那位结过六次婚，为了离婚不惜与教皇决裂，脱离教廷的国王，是伊丽莎白一世的父亲。他的一生充满传奇色彩，是无数文学作品非常偏爱的主人公，直到现在，这里还有幽灵出现的神秘传闻。在汉普顿宫可以看到亨利八世的生活场景，欣赏都铎风格的建筑。其他让我印象比较深的，有室内墙面上用剑、长枪、手枪等兵器做成的花形装饰，还有法国风格的规则式园林，这种强调雕琢和规划的园林在英国还是比较少见的。另外，汉普顿宫内的皇家礼拜堂虽然规模不大，但也非常漂亮。

汉普顿宫内用兵器装饰的墙壁

汉普顿宫的都铎式建筑

📍 伦敦塔（Tower of London）

　　它的名字虽然叫"塔"，但其实是座拥有多座建筑的城堡，位置就在伦敦地标"塔桥"的北岸。这里最值得参观的是珍宝馆，陈列有王冠、权杖以及登基典礼使用的物品。城堡还曾作为监狱和刑场，亨利八世在此处死了自己的第二任妻子和第五任妻子，"九日女王"简·格雷也是在这里被处死的，伊丽莎白一世曾被囚禁于此……由于是著名的宫廷血腥事件发生地，这里非常受游客欢迎，估计爱看英国历史剧的中国游客也会很喜欢。

汉普顿宫及花园

2014年，伦敦塔前种植了80万朵红罂粟，纪念"一战"100周年

📍 邱园（Kew Gardens）

　　邱园是英国皇家植物园（Royal Botanic Gardens）的主园部分，虽然看起来像个大公园，但它汇集了世界各地的植物类型，相当于"活体植物版"的大英博物馆。邱园位于伦敦近郊，园里有维多利亚时代建成的玻璃拱形温室——棕榈屋，还有一座仿中式建筑的中国塔，更有一处很有意思的"树冠走廊"，人们可以在大树的"树梢"上漫步，以独特的视角欣赏美丽的园景。邱园很适合作为艺术旅行中用来"换脑筋"的调剂，但它面积很大，又不在市中心，如前往游玩需留足时间。

邱园的维多利亚温室前景中的树，不知道是谁给拼了件毛衣

老吴私享

　　英国是个媒体业很发达的国家，有很多介绍英国历史、人文和艺术的优质纪录片。我推荐的是《英国文化的七个时代》（又译《英国的七个纪元》），这部片子以概览的形式梳理了英国历史文化，又有大量的历史事件和细节，很适合作为行前功课，对我的行程帮助很大。另外，像《亨利八世的六位王后》《血腥伦敦塔》等纪录片，对于了解宫廷历史都很有帮助，也容易找到。

　　系列电影《帕丁顿熊》看起来幽默轻松、温馨感人，其中穿插了不少伦敦人文景点，也有一定的参考价值。

📍 国宴厅（Banqueting House）

国宴厅紧邻唐宁街 10 号首相府和皇家骑兵卫队，是原白厅宫的一部分，白厅宫的其余部分在伦敦大火时被烧毁。国宴厅内有鲁本斯绘制的巨幅天顶画，9 幅画加在一起将近 400 平方米，为了让大家看得舒服一点，大厅里放置了桌面镜子，不用仰头也能看天顶画，还放了一些懒人沙发，躺在这些沙发上看画感觉相当舒适。当年，鲁本斯是作为西班牙哈布斯堡王朝外交官的身份来到英国，负责协调英国与西班牙关系，建立友好外交，并由此得到英王查理一世的封爵，他的大弟子凡·戴克则成了查理一世的御用画家。这幅巨大的天顶画就是在这个背景下完成的，但一个顶级艺术家竟能有如此政治成就，整个历史上恐怕也找不到第二位了。不过造化弄人的是，国宴厅外就是后来查理一世被送上断头台的地方……

鲁本斯创作的国宴厅天顶画（局部）

教堂：站在你的墓地上向你致敬

伦敦和其他所有欧美国家的城市一样，大教堂建筑一般都是城市的中心地标。但伦敦的特别之处是，它有多座这种规模的大教堂。

📍 威斯敏斯特大教堂（Westminster Abbey）

它也被简称为"西敏寺"，是座哥特式的圣公会教堂，原来的功能则是天主教的修道院。与它一路之隔的就是著名的议会大厦，议会大厦的名字叫威斯敏斯特宫（Westminster Palace），很多人容易把两个名字弄混。实际上，在伦敦还有一座中文译名非常类似的"威斯敏斯特主座教堂"（Westminster Cathedral），但那里是天主教堂，找的时候注意英文名的差异即可。西敏寺举办过戴安娜的葬礼，也举办过威廉王子的婚礼，最重要的是，这里是历代英国国王举行加冕礼的地方，有一把历代国王加冕礼专用王座，王座之下还有一块来自苏格兰的圣石。值得一提的是，前两年这里委托大卫·霍克尼设计了一面花窗玻璃，让艺术家的糖果色在古老的建筑中绽放新时代的审美。这也是我喜欢伦敦的一个原因，注重传统但并不保守。

玛丽一世、伊丽莎白一世、爱德华五世等国王，以及亨德尔、狄更斯、达尔文、牛顿等文化、科学巨星均埋葬于此，最近一位葬在这里的名人是物理学家霍金。与墓园里的墓地不同，也与巴黎先贤祠的墓室不一样，英国教堂里的名人墓地绝大多数就是教堂内的一块地砖，名人的遗骸或者骨灰埋在下面，地面的石板上刻着他们的名字，就算是他们的墓碑了。如果你在教堂内行走，极有可能"踩"过他们的墓地。这是英国人对逝者表达尊重的方式，跟我们中国人有很大的不同。所以，如果我们前往英国教堂寻访自己喜欢的文化科学名人，可能就要站在他们的墓地之上表达敬意。

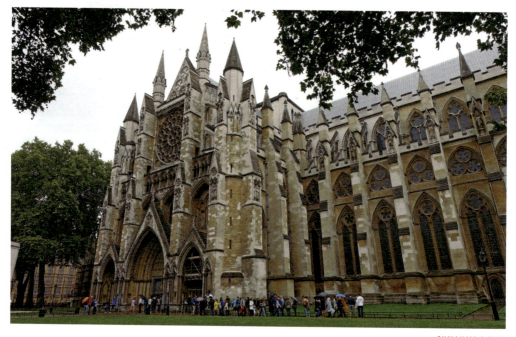

威斯敏斯特大教堂

📍 圣保罗大教堂（St Paul's Cathedral）

这座教堂给我留下了极其深刻的印象，中文语音导览详细且动人，原本打算用 1~2 个小时游览完毕，结果我足足待了半天。最早的圣保罗教堂在伦敦大火中毁掉了，现在这座是建筑家雷恩爵士在 17 世纪末设计并亲自监督建造完成的。圣保罗大教堂是世界五大教堂之一，也是世界上第二大圆顶教堂，兼具文艺复兴、古典主义和巴洛克等建筑风格，当年曾因举办戴安娜王妃与查尔斯王子童话般的世纪婚礼而轰动世界。这里的圆顶是可以参观的，最高处拥有观赏泰晤士河以及伦敦城市景观的绝佳视角。另外，

在泰特现代美术馆顶层看圣保罗大教堂和千禧桥

北耳堂悬挂着拉斐尔前派画家亨特的代表作《世界之光》，很有感染力，教堂内也有亨利·摩尔的雕塑《母与子》这样的现代作品。

跟威斯敏斯特大教堂一样，圣保罗大教堂也有很多名人的墓位于巨大的地下室内。其中体量最大的是指挥特拉法加海战的纳尔逊的墓和在滑铁卢打败拿破仑的威灵顿公爵的墓，大画家透纳和教堂设计者雷恩的墓也都在这里。最让我感动的是大教堂最里面的半圆形后殿，现在辟为专门的"美国纪念礼拜堂"，纪念在"二战"中为保卫英国而牺牲的美军，礼拜堂中央的玻璃罩里面放着一本美军阵亡将士名录。语音导览介绍说，教堂的工作人员每天都会把名录翻动一页，目的是让每个名字都能见见光、透透气。

🔴 圣马丁教堂（St Martin-in-the-Fields）

这里的准确译法应该是"田野里的圣马丁教堂"，所以它还有个简单且聪明的译名叫"圣马田教堂"。圣马丁教堂与国家美术馆一路之隔，规模与前面介绍的两个教堂相比不算大，之所以提到它，是因为这里经常举办音乐会，而且它还有一支附属乐团"田野里的圣马丁乐团"（Academy of St Martin-in-the-Fields）。乐团编制不大，却是世界一流的室内乐团，擅长演奏巴洛克时期与古典时期的音乐作品，还曾为著名电影《莫扎特》《英国病人》录制配乐。如果能遇上他们的演出，最好不要错过。

剧院：最迷人的伦敦

在伦敦，最引人入胜的艺术形式在剧院里。因为伦敦是莎士比亚的主场，也是世界最大的音乐剧中心之一。

莎士比亚环球剧院（Shakespeare's Globe）

上学时，语文课本中的《哈姆雷特》等悲剧充满了对生死的拷问，深刻又感性，让我们觉得莎士比亚高不可攀，很有距离感。但有一次在国内看了伦敦莎士比亚环球剧团的巡演后，我切实感受到他的戏剧是那么生动有趣，由此一下子喜欢上了这位本质上很市井商业、很接地气的戏剧大师。在美剧《权力的游戏》中，处处可见莎翁的影子，尤其是他的历史剧的影响，"血色婚礼"段落就是典型莎式风格。莎士比亚对于英国文化的影响是极其深远的，即使观众已经把他的名作看了无数遍，也不影响伦敦一直有最新版本的莎剧上演。有的导演会在不改变台词的情况下把时代背景替换到现代，看起来竟也十分顺畅可信。英国国家剧院、皇家莎士比亚剧团、莎士比亚环球剧团，都是演莎剧比较多的高水平剧团。

在伦敦，我推荐莎士比亚环球剧院（以下简称"环球"）和它的剧团。环球剧院名字来自莎士比亚当年创办的剧场，不过建筑是 1997 年重建的，设计师和建造者根据研究成果重建了这座与 17 世纪同款的圆形木结构剧场，同时还配套建造了一座介绍莎士比亚时期戏剧生活的博物馆。环球附属的剧团只演莎剧，而且是在这个仿古剧场中以古老的方式来演，比如在白天的演出都使用自然光，而晚上演出时，照明设备也只是用来照亮整个剧场，不用任何灯光效果，也不用扩音设备，全靠演员自身的音量。我个人的感觉是，这种复古的演出看起来虽然比较糙，甚至有点原始，但也是最原汁原味的，最能呈现戏剧本身的魅力。如果担心语言能力不足、听不懂，也可以只参观一下剧场建筑和博物馆，等到这个团有机会来中国巡演时再看。近几年，国内很多大城市都有欧美戏剧高清影像放映，以英国剧目为主，有的剧还在视频平台上线进行付费点播，有中文字幕且不受现场座位影响，观赏效果相当不错，有兴趣的可以去试试。

音乐剧是伦敦另一个让人欲罢不能的剧场艺术。这两年中国的音乐剧市场逐渐火热起来，人们对音乐剧的认知也提升了不少。音乐剧跟以美声唱法为主的歌剧很不一样，它融合了流行、摇滚、爵士、乡村等比较通俗的音乐风格，编入大量现代舞蹈，有时候还会结合一些杂技或者魔术元素，而观众看演出无须正装，穿什么都行。不过音乐剧光热闹好看不行，还要经得起市场的检验。这种剧通常制作精良，一旦成功就会长期驻场演出。

伦敦西区（London's West End）和纽约百老汇是世界上最大的两个以音乐剧为主的剧场群，剧场都不算太大，但真的是一个挨着一个。经典剧目例如《剧院魅影》《悲惨世界》《狮子王》《妈妈咪呀》等都会在伦敦和纽约同时上演，版本完全一样。聚集效应让音乐剧成为一个很大的产业，也让西区成为娱乐中心，是拉动夜间经济的主力军。从制作水平来看，很多音乐剧作品都是从伦敦起步走向纽约的。20世纪晚期最受欢迎的音乐剧作曲家安德鲁·韦伯就也是伦敦人，他的作品《剧院魅影》《猫》《贝隆夫人》《万世巨星》《摇滚学校》等都是音乐剧界的热门剧目，《剧院魅影》更是一直连续演出到现在（2020年因新冠疫情而中断）。

正在上演《狮子王》的兰心剧院

老吴私享

我在伦敦看的是《狮子王》，印象最深的其实不是演出本身，而是当剧终散场时，剧场侧门打开，观众离场，一出门我惊讶地发现自己直接走到大街上了，原来刚才的侧门就紧挨着大街！更有意思的是，门口聚集了一些蹬三轮车的小伙子，招揽散场观众前往地铁站或者入住的酒店……这让我觉得在那儿看演出特别有气氛，特别有烟火气。相比起来，国内的剧场都太像殿堂了，好多地方都恨不得把剧院用广场"供"起来，剧场经常建得很大，人气不够聚拢，观众席离舞台也总是很远，不只是观众看得累，演员演得也累，虽然建筑都很高端大气，但观演的体验并不好。某种意义上来说，这也是戏剧文化底蕴欠缺、产业化不够的原因。

📍 皇家阿尔伯特音乐厅（Royal Albert Hall）与逍遥音乐节（BBC Proms）

皇家阿尔伯特音乐厅位于海德公园附近，建成已经超过 150 年了，是一座非常漂亮且恢宏的维多利亚式建筑，是伦敦 1851 年世博会（第一届世博会）后，由维多利亚女王的丈夫阿尔伯特亲王提议建设的。它能容纳 5000 多名观众，除了音乐演出外，还可以用来举办毕业典礼等大型活动，大厅中央的座位也可以临时拆掉，改成网球场举办比赛。中国观众熟悉的阿黛尔演唱会、郎朗钢琴独奏音乐会、《剧院魅影》25 周年纪念演出等，都是在这个场地里举办的。

在这里举行的最为知名的演出是逍遥音乐节，从 1941 年开始，每年夏天举办八周，一直持续到现在。逍遥音乐节是世界最大规模的古典音乐节，票价低廉，观众可以穿着休闲，站在场地中聆听，甚至边喝饮料、吃零食，像看球赛一样欢呼……总而言之，这个音乐节就是去除古典音乐的高贵感，给观众创造一个嘉年华式轻松氛围的。其实，古典音乐虽然是高雅艺术，但本质也是一种娱乐方式。柏林森林音乐会、维也纳美泉宫夏季音乐会，也都是走这种亲民路线的。

由于设计年代较久且功能多样，论古典音乐的音响效果，阿尔伯特音乐厅算不上最理想的。伦敦交响乐团前几年规划了一个与巴黎、汉堡相媲美的新音乐厅项目，但是因为投资巨大又赶上新冠疫情，这个计划已经终止了，不得不说是十分可惜的。

📍 福尔摩斯博物馆（Sherlock Holmes Museum）

伦敦博物馆曾经举办福尔摩斯特展，标题是"从未存在，永远流传"（The Man Who Never Lived and Will Never Die），这是对虚构人物福尔摩斯非常精准也非常精彩的一个定位。展览虽然结束了，但在伦敦还有一座 1990 年开放的福尔摩斯"故居"式博物馆，位于小说中他的住处贝克街 221B——实际上贝克街并没有这个门牌号，纯粹是为了与小说保持一致而特别设置的。博物馆选择了与小说时代同类型的建筑，二层是福尔摩斯的卧室、书房，房间内的道具设施也都根据小说情节来布置，家具和装饰与那个时代完全一样；三层则还原了小说中几个案情的场景，书迷可以去辨识、对应具体的章节；博物馆隔壁则是出售周边的商店。与之相匹配的，贝克街地铁站内和出入口都有福尔摩斯的图案或者雕塑装饰，走出地铁车厢，便已经感受到浓浓的福尔摩斯气氛了。虽然这里并不是真实的故居，但对于推理小说和影视剧爱好者来很值得一去。

穿着具有年代感服装的检票小哥　　　　　　根据小说还原的福尔摩斯客厅内，一位游客戴着福尔摩斯猎鹿帽拍照

📍 塔桥（Tower Bridge）

这里是最具伦敦地标性质的建筑，因为漂亮的外观和能够开合的桥面而广受游客的欢迎。要特别澄清的是，很多人把它叫作"伦敦桥"，而且会把它与著名儿歌《伦敦桥要塌了》（*London bridge is falling down*）联系在一起，其实这是个以讹传讹的谬误。实际上伦敦桥（London bridge）是另外一座桥，位置在它上游并与它相邻，那首歌里唱的"要塌了"的桥也是那座具有近千年历史的、塌过几次又重建的桥。

英国在美食方面乏善可陈，尤其不重视午餐，但其下午茶还是非常有特色的。杯、壶、盘、碟用精美的骨瓷，茶叶用加牛奶的大吉岭或者伯爵红茶，再配上司康饼、松饼、

老吴私享

同样也推荐一条徒步线路吧：建议从黑衣修士桥出发，沿泰晤士河南岸一路向东，路上会经过泰特现代美术馆以及门前的千禧桥，这里也是欣赏对岸圣保罗大教堂的最佳位置，继续向东会经过莎士比亚环球剧院、博罗市场（Borough Market）、伦敦桥、南华克大教堂（Southwark Cathedral）、伦敦地牢博物馆（The London Dungeon）、伦敦市政厅，中间还有一艘可以参观的贝尔法斯特号轻巡洋舰（HMS Belfast Light Cruiser），终点就是名胜塔桥。塔桥南岸这边还有设计博物馆，塔桥北岸则是著名的伦敦塔。沿途大多数收费景点都在通票的覆盖之中，只是漫步欣赏风景，逛逛小店，在河岸边的咖啡馆里小坐一会儿，也是很美好的。

塔桥夜景

牛津大学基督教会学院大厅

蛋糕等丰富美味的茶点，差不多顶得上半个晚餐了。跟中国粽子的甜咸党大战一样，英国人也会为先倒牛奶还是先倒茶吵得不可开交，都觉得自己的喝法才是最正宗的。

在伦敦旅行，感觉像喝下午茶一样轻松惬意——有腔调，但也不会太过拘泥；很简单，却也能品尝出人生百味；很生活，但也有一种低调的超然……一壶茶、几块点心下肚，疲劳舒展开来了，心情也随着愉悦起来，然后会觉得，好像很多在意的事情其实是无所谓的，也就放下了。这像极了中国赵州禅师对一切问题的回答：吃茶去！

壮游：
罗马、米兰

壮游

在三百多年前，英国的贵族和富家子弟非常热衷一种特殊的旅行——"Grand Tour"，指的是在毕业前进行的一次长途游学，通常由一位家庭教师或者贴身男仆陪伴，游学的目的地是欧洲大陆，更具体地说，主要是意大利。"Grand Tour"直译为"大旅行"，更传神的译法是"壮游"，源自杜甫的同名诗。

游历对于一个人的成长是非常有益的学习方式，这个道理谁都懂，只是长期游历需要银子，一般人也学不起，所以壮游还是个小众的事儿。近些年中国人的腰包鼓了起来，出境游已经变得比较平常，针对学生群体设计的游学夏令营也大量出现，某种意义上来说，这也算是一种物美价廉的集体壮游。另外，前些年出现的"Gap Year"（间隔年）概念，意思是大学毕业后先游历一年再就业，也跟当年的壮游有类似的含义和功能。

除了一般人的壮游，艺术专业人士更是把意大利当作一生必去的艺术圣地。意大利的古典艺术和文艺复兴艺术，滋养了整个欧洲。看欧洲艺术家的生平，很多成功大师的人生经历中，都曾有在意大利游历、留学的经验，比如丢勒、鲁本斯、委拉斯开兹、普桑、透纳等，曾经风格激进的印象派画家雷诺阿，甚至在游历意大利之后，因受到强烈震撼而将画风退回到偏古典的风格。

崇尚意大利艺术不只是个人选择，甚至还有国家行为。法国自路易十四时代开始，即在国内创办罗马大奖，旨在选拔优秀的艺术人才，送往其在意大利罗马的美第奇别墅（Villa Medici）内设置的法兰西学院免费学习四年甚至更长时间，也就是有组织、系统性地学习意大利艺术，获奖者有我们熟悉的弗拉戈纳尔、大卫、安格尔等。罗马大奖的评选持续了三百多年，直到现在，法国政府也有类似的奖励留学项目。我想，这种深度学习的体系，造就了法国的学院派艺术，并为后来法国艺术厚积薄发、新流派异彩纷呈奠定了非常好的基础。

当年壮游目的地之所以选择意大利，是因为意大利在欧洲艺术和历史文化方面，处于一个比较核心的位置。这里曾经是古罗马帝国，是教皇国（现在教皇国缩小为"梵蒂冈"），一度是欧洲的政治和文化中心，因此这里拥有最正统的古罗马遗迹、丰富的中世纪艺术以及大量文艺复兴艺术和巴洛克宗教艺术……在整个西方的艺术史上，意大利拥有一千多年的王者地位。此外，意大利还拥有世界最古老的大学——博洛尼亚大学，人文教育传统极为深厚。更何况，这里还有以古城、神庙、教堂、城堡为代表的鲜活的建筑史。也正因此，意大利是目前拥有世界文化遗产最多的国家。

意大利艺术的表象是华丽的，本质却是拙朴的。它不会让你看不懂，不会在表现手法上天马行空，而是精益求精地磨炼并探究技法，寻求艺术表现的内在规律。因此，与其说画家们是在创作，不如说他们是以匠人精神来打磨，对每一个作品都倾注了太多心力，既没有虚头巴脑的概念，也没有故弄玄虚的表达。对于意大利的艺术，即使没有专业导赏，好还是不好，观者也一看便知。因为有真功夫、硬实力，美术领域的专业人士也大多折服拜倒。因此，意大利的艺术是整个西方绘画、雕塑艺术的基石，是大众审美的"最大公约数"，欣赏的门槛不高，但呈现的境界不低。

须身临其境，须仰视才见

前面说选择意大利作为壮游目的地的原因时，有一个非常具体的因素没有提及，那就是很多意大利精彩的艺术作品搬不走，只能在当地看，其中最典型的就是几乎完全无法移动的湿壁画（Fresco）。虽说意大利的蛋彩画和油画都精彩绝伦，但我坚持认为它的湿壁画更值得欣赏，更有魅力，不只是因为它不可移动的特质及与原生环境的和谐，更在于它不可言说的美妙。

湿壁画是在未干的墙面上绘制的画，颜料被"吃"进墙壁之内，一旦干燥就无法修改，因此必须一次成功，这对于画家技术和艺术造诣的要求都极高。绘制巨大尺幅的壁画和天顶画是一个浩大的工程，画家每天只能进行一小块面积的作业，日积月累才得以完成。湿壁画颜色鲜亮、通透，其不反光的特质带来一种特别的素雅，而墙壁和天花板的巨大面积以及建筑本身的装饰，都让湿壁画又有了其他艺术难以企及的恢宏和史诗感。

📍 梵蒂冈博物馆（Musei Vaticani）

进入梵蒂冈，就已经出了意大利的国境了。这里是世界上最小的国家，但没有边境管控，也不需要签证。

梵蒂冈博物馆有一条引导观众的单向动线，其中"拉斐尔房间"就在线路的后半段，共分为四室，全部绘有文艺复兴三杰之一拉斐尔的壁画作品，其中最负盛名的就是《雅典学院》。在这幅画中，拉斐尔把不同时期的西方先哲和大师集中到了同一个空间，包括柏拉图、亚里士多德、欧几里得……以及画家自己，你能找到哪个是拉斐尔本人吗？看过细节之后，也别忘了再从整体上感受一下他神乎其技的透视法——拉斐尔依借房间墙壁的造型，画出了一个墙外的"空间"。

西斯廷礼拜堂（Cappella Sistina）则是参观线路接近终点的地方，也是整个参观的高潮。观众一进礼拜堂的小门，都会不自觉地仰头一看，然后情不自禁地发出一声赞叹——那是米开朗琪罗画了4年多的天顶画《创世纪》，然后慢慢边看边移动到礼拜堂中央，再回头看向入口的那面墙，多半又会发出赞叹——那是他画了7年多的壁画《末日审判》。让米开朗琪罗画壁画其实有点强他所难，毕竟他是个雕塑家，他自认为对画画并不擅长，接受这个委托非常勉强。但就是

《雅典学院》局部实拍

这个"不擅长画画"的人，创作出了艺术史上最伟大的天顶画和壁画作品。礼拜堂两侧的窗下，还有多幅由波提切利、吉兰达约（米开朗琪罗的老师）、佩鲁吉诺（达·芬奇的同门）等艺术家绘制的壁画。西斯廷礼拜堂也是每次举行教皇选举的投票地。

当然，参观线路上还有著名的《拉奥孔》《贝尔维德勒的躯干》等雕塑名作。

《拉奥孔》

圣彼得大教堂（Basilica di San Pietro in Vatican）

由于与梵蒂冈博物馆均在梵蒂冈之内，所以在此一并介绍。圣彼得大教堂是世界上最大的教堂，是天主教教廷所在地、圣彼得埋葬地，当然也就是信众们的圣地。教堂及广场建筑并不是一次性设计完成的，而是先后由布拉曼特、拉斐尔、米开朗琪罗、贝尼尼等人分阶段设计建造。教堂穹顶可以登上去，是俯瞰罗马的最佳位置。

教堂内部除了华丽恢宏的装饰外，也有很多艺术杰作值得欣赏。首先是进门后右边的雕塑《圣殇》，这是米开朗琪罗年仅24岁时的杰作，已经在情感和美感两方面充分体现了艺术的感染力。另外，大教堂主祭坛的青铜华盖、最里面的圣彼得宝座，都是巴洛克雕塑家贝尼尼设计的艺术珍宝。

米开朗琪罗《圣殇》

圣天使桥与圣彼得大教堂

老吴私享

沿着大教堂广场正对着的大路一直走到台伯河边，就是圣天使堡和圣天使桥，过了桥沿着台伯河岸向东，回头又能看到圣彼得大教堂的穹顶，是散步和摄影的好地方。

从圣彼得大教堂穹顶上俯瞰罗马

📍 博盖塞美术馆（Galleria Borghese）

此处原为博盖塞家族的宅邸，位于巨大的博盖塞公园之内，须预约门票且按时段分批参观。这里收藏有提香的《神圣的爱和世俗的爱》、卡拉瓦乔的《水果篮与男孩》《手提歌利亚头颅的大卫》以及多位大师的名作，但最为吸引人的是，这里收藏了一批贝尼尼的雕塑代表作，包括《普鲁托和普洛塞尔皮娜》《阿波罗与达芙妮》《大卫》等。贝尼尼赋予大理石富有弹性的肌体，同时，又以动感的姿态引领了巴洛克的华丽风潮，技艺之高超令人叹为观止。

📍 巴贝里尼宫（Palazzo Barberini）

这里是国家美术馆的一个部分，另一部分是科西尼宫（Galleria Corsini）。建筑是由贝尼尼和他的竞争对手波洛米尼共同完成的。巴贝里尼宫收藏有卡拉瓦乔的《犹滴砍下荷罗孚尼之头》、拉斐尔的《福尔娜瑞娜》、小荷尔拜因的《亨利八世》等名作。另外，大厅里还有一幅科尔托纳的天顶画《神意的胜利》，是巴洛克时期华丽风格的天顶画代表作，画家利用"缩短法"仿佛在天花板上创造出一个绚丽、高远的天国。

📍 潘菲利宫（Palazzo Doria Pamphilj）

潘菲利宫位于威尼斯广场附近，是罗马规模最大的私人美术馆，收藏相当精彩。其中有卡拉瓦乔的《抹大拉的玛丽亚》《逃亡埃及途中的休息》等名作，但最值得一看的是委拉斯开兹画的《教皇英诺森十世肖像》，英诺森十世就来自潘菲利家族，所以这幅画就是他个人的收藏。画中

潘菲利宫

教皇不怒自威的表情和冷酷、强悍的眼神令人印象极其深刻。这幅画在我最喜欢的肖像画中排名前三，超过了《蒙娜丽莎》，我个人认为它是一幅国宝级的绘画作品，单为这幅画来一趟潘菲利宫都值得。潘菲利宫还有一座贝尼尼的英诺森十世半身雕像，也可以用来与绘画对照欣赏。

黑珍珠与白珍珠

在前文中，有两个名字我提到了很多次，一个是卡拉瓦乔，一个是贝尼尼，他们都是巴洛克艺术的代表人物。由于他们的作品散落在罗马的各处，有的在美术馆，有的在教堂，要想看全就得去很多地方，像是一颗颗没有串起来的珍珠。罗马是拥有两位艺术家最多和最好作品的地方，将这些杰作一一收集打卡，是在罗马艺术旅行中的一大乐事。

卡拉瓦乔被我戏称为"黑珍珠"，因为他绘画的特点就是多使用"地窖光"——在暗如黑夜的背景下，一道强光投向画中的主角，产生强烈的明暗对比。他自己的人生也很黑暗，既是背负人命、亡命天涯的逃犯，又是天赋异禀的艺术家。我对他的总结是：卡拉瓦乔既是阴影里浓密的黑，又是暗夜中闪亮的光！所以叫"黑珍珠"感觉还挺适合的。

除了前面提到的美术馆，卡拉瓦乔的其他主要作品一般都是在教堂的小礼拜堂里：代表作《圣马太蒙召》《圣马太的灵感》和《圣马太的殉难》等三幅画在圣路易吉教堂（San Luigi dei Francesi）；《圣保罗皈依》《圣彼得殉道》在波波洛圣母教堂（Santa Maria del Popolo）；《巡礼的圣母》在圣阿戈斯蒂诺教堂（Sant' Agostino）；《施洗者约翰》在卡比托利尼博物馆……卡拉瓦乔的粉丝可以去一一探访。

卡拉瓦乔《圣马太蒙召》

与卡拉瓦乔相比，贝尼尼恰好可以叫作"白珍珠"，他的雕塑大多是白色大理石材质，温润、细腻的表面像是吹弹可破的肌肤，有一种天然的圣洁质感，再加上贝尼尼精妙的造型、戏剧化的表达，白石头仿佛获得了生命，灵动了起来。

他的雕塑代表作《圣特雷莎的迷狂》在胜利圣母教堂（Santa Maria della Vittoria），《四河喷泉》在纳沃纳广场（Piazza Navona），雕塑中的四位老人分别代表欧、亚、非、美四大洲的四条河流，对应多瑙河、恒河、尼罗河、里约·德·拉·普拉达河。他设计的奎里纳莱圣安德烈亚教堂（Sant' Andrea al Quirinale）里也包含雕塑，另外，距这里几步之遥的圣夸特罗丰塔纳教堂，则是他的竞争对手波洛米尼设计完成的，两座教堂风格相差很大，大家可以对比着看。

贝尼尼《圣特雷莎的迷狂》

废墟与圣殿

罗马曾供奉万神，后来又被基督教一统天下，精神的世界纷纷扰扰。

罗马虽号称"永恒之城"，但初来乍到的游客，可能会有一点失落——它宏大却世俗，华丽却难掩陈旧，治安也有些混乱，与想象中罗马帝国曾有的荣光有点联系不起来。跟斗兽场一样，罗马本身就有一种"废墟感"。不过，倘若多逗留一些时日，你又会习惯甚至喜欢上这种废墟感，喜欢上生活在电影里的穿越感，喜欢上真实罗马的热闹、随性，甚至有几分不靠谱的轻松感。

斗兽场（Colosseo）区域

作为罗马的头号地标，斗兽场对于游客来说是必去之地，关于它的介绍有很多，这里不再赘述。罗马斗兽场与帕拉丁山（Monte Paladino）、古罗马广场（Piazza Romana）为一张联票都可参观的景点，其中帕拉丁山与古罗马广场是连在一起的，但二者与斗兽场是隔开的。如果第一站去的是斗兽场，那么第二站建议从帕拉丁山一侧的入口进入景区，距离上相对近一些，排队也不用太长时间。第二站按照先帕拉丁山，后古罗马广场的顺序游览，然后从靠近卡比托利欧广场的出口出去，就是图拉真纪念柱和广场。如果时间还充裕，就可以去卡比托利尼博物馆（Musei Capitolini，国内多译为"卡比托利欧博物馆"，但根据意大利语发音译为"卡比托利尼"更合适）。

斗兽场

卡比托利尼博物馆由几栋建筑组合而成，从右边的保守宫进入，参观完展厅，再通过中间建筑的地下通道来到左边的新宫，参观结束后离开。特别要说的是，因为这几栋建筑都在山上，所以连接两部分的"地下通道"其实也在比较高的位置。此处有一个面向古罗马广场的观景台，可以对整个古罗马广场一览无余，是欣赏这座世界上最知名废墟的绝佳位置，一定不要错过。卡比托利尼博物馆收藏了不少古罗马的雕塑和其他文物，其中包括《马可·奥勒留骑马像》《君士坦丁大帝头像》《挑脚刺的男孩》，以及表现罗马城历史的《母狼育婴》等著名雕塑，是古罗马艺术的宝库。

老吴私享

　　罗马一卡通（Roma Pass）的3日票可以乘坐公共交通，选定的前两个景区（不含梵蒂冈博物馆）免费，之后的景区可以打折，将斗兽场区域作为第一个免费景区比较划算，因为可以节省不少排队的时间。

　　如果不使一卡通进入斗兽场，在买票时选择购买包含语音导览的套票，就可以在买票环节避开排长队，而且语音导览也是有实际用处的。

在卡比托利尼博物馆观景台上俯瞰古罗马广场

📍 万神殿（Pantheon）

　　这是至今唯一保存完整的一座
罗马帝国时期建筑，始建于公元前
27 年，后因火灾损毁，又于公元
126 年左右重建。它拥有世界上最早
的巨大穹顶，在建筑史上具有非常重
要的地位。在漫长的历史中，它曾一
度被改为天主教堂，也是很多君主的
陵墓，后来则成为伟人们的公墓，拉
斐尔死后就被葬在这里。

万神殿

扔一枚硬币，再次回到罗马

很多人向往罗马，不一定是出于对文化艺术的热爱，而是源自一部经典的好莱坞电影《罗马假日》，我到现在都记得初看此片时的第一印象——奥黛丽·赫本太过惊艳，她与格里高利·派克饰演的记者之间的爱情令人不胜唏嘘。电影故事以古老的罗马作为背景，如今也成为罗马的最佳旅游宣传片了，直到现在都有按照电影场景设计的行程线路。影片中的很多场景都在前文中提到过，这里就再补充几个。

📍 西班牙广场（Piazza di Spagna）

广场上有个"破船喷泉"，很多人在这里取水喝。广场对面的台阶是《罗马假日》中两位主角吃冰激凌的地方，不过因为不少游客随手扔垃圾导致环境污染，此处已经禁止饮食。台阶的上面是圣三一教堂，也是一座漂亮的建筑。整个广场周边商业发达，是个逛街玩耍的好地方。

老吴私享

在西班牙广场附近，距离破船喷泉几步远的地方，有一家建于1760年的"古希腊咖啡馆"（Antico Caffé Greco）。这是罗马最古老且最知名的咖啡馆，大家可以来这里吃东西，也可以只在柜台点一杯地道的意式浓缩咖啡（Espresso），像喝白酒那样一口闷掉——味道不是那么苦，可能还有一点点酸，但是有种醇厚的香味。我之前喝咖啡会很排斥酸味，但是在意大利喝浓缩咖啡时，觉得那种适度的酸味反倒提升了味道的层次，有一种清爽的回韵在口中盘旋。当然，如果你还没有尝试过浓缩咖啡，可能会受不了它比较苦的味道，点一杯卡布奇诺也是可以的，意大利也不是人人都喝Espresso。

📍 真理之口（Bocca della verità）

这里因为《罗马假日》中的一个搞笑情节而为人们所喜爱，不过在此排队拍照的人很多，要有心理准备。

《罗马假日》中的真理之口

📍 科隆纳宫（Palazzo Colonna）

《罗马假日》中，公主恢复了真实的身份，正是在这里召开的记者招待会，与男主角依依惜别。这是一段非常伤感的情节，这里也是电影最后一场戏的拍摄地。科隆纳宫只在每周六上午面向散客开放半天，能不能去成要看行程时间。除了漂亮的宫殿外，这里也是一座美术馆，卡拉奇的《吃芸豆的人》是其最佳藏品。

📍 许愿池（Fontana di Trevi）

喷泉是罗马古城常见的街景，也是重要的基础设施。喷泉除了提供水源，也大多有非常美丽的雕塑。而许愿池之所以特殊不只是因为它的造型，而是因为来罗马的人都忍不住模仿《罗马假日》的情节，在这里举行一个仪式——背对许愿池，用右手从左肩头向池中扔出一枚硬币，就会"再次回到罗马"。由于旅游业发达，许愿池每年收益巨大，早变成了"聚宝池"。我的一位朋友在罗马旅游时，正赶上许愿池工作人员捞硬币——每天一大早喷泉池换水时，会有一个专门的类似吸尘器的设备，将硬币吸出并过滤收集起来。这些钱会由专门的慈善机构打理，为困境中的人提供帮助。

许愿池

我当然也去扔了一枚硬币许下愿望。对于这样一座古老丰富、美丽浪漫的永恒之城，谁会不想再一次回到这里呢？

米兰，古典与时尚

现在，让我们转场到意大利第二大城市米兰。要论文化艺术旅行资源，这里可能比罗马、佛罗伦萨和威尼斯略逊一筹，但米兰更现代、更发达、更时尚。它拥有世界近半数的奢侈品牌，有米兰时装周，有足坛的米兰双雄，有世界歌剧的殿堂，有意大利境内最发达的地铁及有轨电车网络……

设计旅行行程的过程中，有时候要调整一下节奏，变换一下内容。一直在古代艺术文化中漫游，虽然内容丰富，但时间长了也会疲惫，适时回到当下，可以让精神在饕餮之后短暂小憩。米兰很适合作为这样的调剂，尽管它也有很多古老的艺术和遗迹，但与其他几座古城相比，它的氛围会让你感觉轻松很多。

说到米兰的艺术，有两个人与这里密切相关。一个是前面提到的卡拉瓦乔，虽然说他的主要作品都在罗马，但他的童年就是在米兰以及附近的小镇度过的。另一个画家则是艺术史上熠熠生辉的达·芬奇，与卡拉瓦乔不同，他不是米兰人，但米兰是他生活最久的地方，而且那段时间也是他艺术的巅峰时期。达·芬奇并不是个纯职业画家，他本质上更算是个工程师，热衷于搞设计、工程、发明创造，他留下来的油画很少（这也是他画作珍贵的原因之一），但留下来的设计手稿非常多，其中包括各种发明创造，甚至还有一些装甲车、飞行器之类的设计。在 BBC 的一个纪录片中，受访的现代科学工作者认为，达·芬奇设计的飞行器只需经过些许的改进，就能真的飞起来。

圣玛利亚感恩教堂（Santa Maria delle Grazie）

这可能是米兰艺术旅行中最值得去，但也最容易错过的地方。说最值得，是因为达·芬奇的壁画《最后的晚餐》就在这座教堂之内，绘在教堂餐厅的墙壁上；说最容易错过，是因为它比较难约。它的官网提供半年内的预约，但如果你的行程确定得比较晚，恐怕就不太容易约到。有朋友分享的经验是，有些旅游票务的代理商有可能会买到票，自己约不到的话可以试试这个渠道；另外，也可以到现场碰碰运气。

《最后的晚餐》于艺术上的成功在于，它创造了一个经典的群像和戏剧性场景，不仅精准，而且生动。但是，它在技术上是"失败"的——它斑驳的样子就是明证。不同于其他画家，本质上是工程师的达·芬奇更热衷于搞技术创新，他当时利用自己研发的新型颜料和画法创作了这幅壁画，但这种颜料并不持久，甚至在达·芬奇去世之前就已经开始脱落。后来又经历多次战乱，这幅画也曾被多次修复，所以它能维持到现在的程度实属不易。如果达·芬奇没那么爱创新，还是使用传统的湿壁画技术，那么现在的效果可能会好得多。不过我猜这幅画刚完成时一定是极好的，达·芬奇一定是为了有更好的效果才采用了新的颜料。

布雷拉美术馆（Pinacoteca di Brera）

布雷拉美术馆是米兰最大的艺术博物馆，这里兼顾不同画派、不同时期的诸位大师，比较知名的藏品有拉斐尔的《圣母的婚礼》、卡拉瓦乔的《以马忤斯的晚餐》、新古典主义画家海耶兹的《吻》，以及乔凡尼·贝利尼、委罗内塞、莫迪里阿尼、莫兰迪等人的作品。个人最推荐的是乔凡尼·贝利尼的姐夫，即早期文艺复兴时期的画家曼特尼亚的《基督之死》，他以脚部位置为视点，用非常高超的缩短透视法，画出了躺在床上的基督。

📍 安布罗西阿纳美术馆（Pinacoteca Ambrosiana）

　　这座美术馆的规模比布雷拉小一些，但是收藏有达·芬奇的《音乐家》和《戴珍珠头饰的夫人像》、拉斐尔的《雅典学院》（草稿），以及被认为是美术史上第一幅静物画的卡拉瓦乔的《水果篮》。值得一提的是，这座美术馆同时也是一座古老而美丽的图书馆，珍藏有达·芬奇的《大西洋古抄本》。

📍 斯福尔扎城堡（Castello Sforzesco）

　　这是斯福尔扎家族的住所（达·芬奇在米兰主要就是为斯福尔扎家族工作），现在开辟为美术馆、乐器博物馆等，其中的美术馆收藏有很多大师名作，最知名的、独占一个展馆的艺术品是米开朗琪罗未完成的遗作《圣殇》（他先后雕了四个版本，最早的版本就是罗马圣彼得大教堂的那座）。

斯福尔扎城堡

天国的咏叹调

📍 米兰大教堂（Duomo di Milano）

　　哥特式建筑风格起源于法国，逐渐形成了包括尖券、飞扶壁、花窗玻璃以及尖塔等在内的基本要素和样式。在世界五大教堂中排名第二的米兰大教堂，则在传统的哥特式建筑基础上，做出了自己的风格，尤其是后来巴洛克风格兴起后，它增加了很多装饰性设计。

　　米兰大教堂拥有数量最多的尖塔，达到了惊人的 135 个，而且每个塔尖的上面都有一座圣人的雕塑，再加上它的屋顶可以参观，游客在楼顶不仅可以欣赏城市风景，而且更主要的是离尖塔顶端的雕塑近了很多，一眼看过去，犹如身处圣人林立的天

米兰大教堂

国，极其震撼，难怪宗教如此仰赖艺术，确实能从感性上征服人的心灵。而实际上，不只在尖顶，在外墙面、教堂内部各处都布满了雕塑，一共有六千多座，因此米兰大教堂也是世界上雕塑最多的教堂。教堂里面拥有几列高大、厚重的树形石柱，仿佛一片石头森林。另外，整座教堂的外立面是白色的大理石，远远地看起来像一座白色的山，这样一座建筑花费 520 年才建造完成，被马克·吐温赞誉为"大理石的诗"。2020 年 4 月，在新冠疫情期间，歌唱家波切利就在米兰大教堂举办空场独唱音乐会，通过互联网直播，为困境中的人们带来慰藉。

大教堂塔尖上的圣人像

大教堂本身还有一个博物馆，主要是介绍大教堂本身的设计、建造、雕塑、装饰等，也值得一看。

斯卡拉歌剧院（Teatro alla Scala）

除了绘画、雕塑和建筑，意大利在古典音乐方面也有着自己独到的贡献。除了以维瓦尔第为代表的巴洛克音乐，另外更广为人知的则是以作曲家威尔第、罗西尼和普契尼为代表的歌剧艺术，很多的艺术歌曲都要用意大利语演唱，意大利有诸如帕瓦罗蒂、波切利等世界级的歌唱家。米兰的斯卡拉歌剧院就是这个歌剧王国的殿堂，是每一个歌剧演员都梦想的舞台。

除了上演歌剧，斯卡拉歌剧院也有一支管弦乐团和一个芭蕾舞团，都是世界一流水准。如果怕歌剧听不懂或者欣赏不了，音乐会和芭蕾演出都是不错的选择，都不涉及语言问题。歌剧院本身在非演出时段也可以参观，内部还有一个小的博物馆，主要展品是一些经典剧目的服装和道具等。

埃马努埃莱二世长廊（Galleria Vittorio Emanuele II）

在米兰大教堂广场与斯卡拉广场之间有一大片玻璃拱廊式的商业街区，就是埃马努埃莱二世长廊，长廊中遍布着蜚声世界的奢侈品精品店——包括普拉达（Prada）、古驰（Gucci）、阿玛尼（Armani）等，当然也会有很多餐馆、咖啡厅。两条主要长廊相交处，有个阔大漂亮的穹顶。这座建筑约在 150 年前建成，是当时流行的新古典主义风格，即使什么都不买，这里也是很值得一逛的地方。

第四站　意大利（下）

壮游：
佛罗伦萨、威尼斯

文艺复兴的两张面孔

文艺复兴是西方艺术史的一个重要时期，艺术从此走向以人为本的人文主义，在技法和思潮方面解放了艺术家们的创造力。虽然这个时期画家们还在画宗教题材，但是画中的神或者圣人，已经更接近于"人"了。因为技艺高超、内容易懂，直到现在文艺复兴依然是最受欢迎的艺术时期之一。

一般来说，文艺复兴时期的艺术大概可以粗略划为三个分支："尼德兰画派""佛罗伦萨画派"和"威尼斯画派"。如果从中再选出一个最强者，那就非"佛罗伦萨画派"莫属了。所谓的"文艺复兴三杰"——达·芬奇、米开朗琪罗、拉斐尔都属于佛罗伦萨画派。

虽然都属于文艺复兴这个大时代，但实际上三个分支的绘画风格并不一样：尼德兰画派画风精细，内容浩繁，想象力丰富；威尼斯画派注重感官享受，色彩绚丽，商业性强；而佛罗伦萨一派则颇有武林名门正派的气质，功力深厚，讲究技法，强于再现，创作态度也较为严肃。

佛罗伦萨（英文Florence，其实另一译名"翡冷翠"更接近意大利语Firenze的发音）意为"花城"，我不懂意大利语，但单从英文名字就能看出与花（Flower）之间的关系，其他还有：古罗马神话中的花神叫芙罗拉（Flora），佛罗伦萨的大教堂叫"圣母百花大教堂"……而威尼斯则是享誉世界的水城，这座城本身就是靠在潟湖里打木桩造陆地，慢慢"长"出来的无数个大小各异的人工岛。水城的交通网络就是大大小小的水道，以及穿行其中的小艇"刚朵拉"，也由此形成了极具特色的风情，成就了世界最美的城市之一。

一个是花，一个是水，文艺复兴的两张面孔，呈现了两种不同的美。

凝固的圣地

文艺复兴之前的绘画史，几乎都是粗略简单的。中世纪的宗教画形象呆板、造型神秘，主要内容为圣经故事和宗教人物，本质上就是给信徒讲故事的"连环画"，并没有更多的艺术追求。而文艺复兴之后，艺术突然间变得有趣丰富起来，最主要的变化是，人物画得越来越逼真了。画家们研究解剖学，探索透视法，想尽一切办法画得更美、更像、更走心。而文艺复兴艺术家聚集的圣地，就是佛罗伦萨。这里不只有三杰，还有三杰之前的契马布埃、乔托、佛朗切斯卡、安吉利科、马萨乔、利皮父子、波提切利等一众巨匠。佛罗伦萨本身像是一座凝固了的城市，市中心保持着几百年前的旧风貌，我们甚至可以认为，当年达·芬奇走过的街道，与我们现在走过的，并没有太大的区别。

📍 乌菲齐美术馆（Galleria degli Uffizi）

"uffizi"在意大利语中是"办公室"的意思，发音与拼写都与英文"office"颇为近似。这栋建筑曾经是佛罗伦萨共和国政府办公场所，美术馆由此得名。除了大家熟悉的三杰的作品——达·芬奇的《三王来朝》、米开朗琪罗的《圣家族》、拉斐尔的《金枝雀圣母》外，这里的镇馆之宝还有波提切利的《春》和《维纳斯的诞生》，虽说他与达·芬奇师出同门，但两个人的绘画风格迥异。波提切利在绘画上把线条用到了极致，绘出了面孔清晰的美；达·芬奇则认为并不存在线条，因此发明了"晕涂法"，形成了一种特别的神秘感，从欣赏的角度来看是各有千秋，正好可以对比着欣赏。另外，提香的代表作《花神芙罗拉》《乌尔比诺的维纳斯》也收藏在这里，他笔下的女性丰腴华贵。另外还有一幅女画家真蒂莱斯基的《犹滴砍下荷罗孚尼之头》，画中的犹滴手起刀落，果敢强悍，如果你在罗马看过卡拉瓦乔的版本，对比一下也许会觉得，还是女人更懂女人啊。

从乌菲齐美术馆看旧桥，桥的最上层便是瓦萨里走廊

老吴私享

美第奇家族的科西莫一世曾经有一条从旧宫出发，经过乌菲齐美术馆，再通过老桥建筑的二层，一直到河对岸皮蒂宫的极长的专属通道——瓦萨里走廊。瓦萨里是为文艺复兴诸位大师写下传记的美术史大家。这条走廊让执政者避开与市民的接触以保证人身安全。目前瓦萨里走廊已经开放（很可惜我去时还没有开），并在走廊里设置以自画像为主的展览，但其因限制客流需要预约。而皮蒂宫也隶属于乌菲齐美术馆，如果参观者提前做好计划和预约，就完全可以把三者安排在同一天参观。

📍 学院美术馆（Galleria dell' Accademia）

去这里是为了看米开朗琪罗的雕塑《大卫》原作——从知名度来讲，我们可以将其称为"雕塑界的《蒙娜丽莎》"。注意，在原安放位置领主广场旧宫门前的《大卫》是复制品，在阿尔诺河对岸山上米开朗琪罗广场的就更是复制品了。我记得在寻找学院美术馆入口时，旁边的门上贴着一个手写指示，翻译成中文大概是"大卫美术馆→"，应该是被问路的游客弄烦了，直接把答案公布了，而且怕大家不理解，还把美术馆改了名。

"大卫美术馆"指路牌

在《大卫》雕塑的前面，还有几座米开朗琪罗未完成的作品，也不要错过。

米开朗琪罗曾经说过一句话，大意是：人像本来就在石头里，我只是把他们解救出来。米开朗琪罗对艺术是谦卑的，他并不是把艺术当作一种创造，而是将其视为一种劳作。正因为对深藏于石头中灵魂的深刻领悟，他的雕塑才格外具有精神性。也正因此，他的未完成作品特别值得品味，那些雕塑似乎正在被解救的过程中，我们仿佛能看到在石头中挣扎快要获得生命的人。

📍 巴杰罗美术馆（Museo Nazionale del Bargello）

这座中世纪的建筑本身就很有看点，曾经作为警察局使用。这里的一层收藏了米开朗琪罗的几座雕塑，但在他的作品中知名度不算一线。二层有两座《大卫》非常著名：一个是多纳泰罗的作品，这座青铜雕塑被认为是中世纪之后的第一座裸体圆雕，他雕的大卫与真人大小相同，左手叉腰，右手握宝剑，低头看着脚下的歌利亚首级，身体有明显的少年感，跟后辈米开朗琪罗的肌肉版大卫相比，甚至有些雌雄同体的阴柔感，像是现代人所说的"花美男"，这件雕塑对于艺术具有划时代的转型意义；另一个是韦罗基奥的作品，这版大卫虽穿着衣服，但不论是人的气质还是着装也都有些阴柔，值得一提的是，很多人认为这个作品是以他的学生达·芬奇为模特雕的，那时的达·芬奇还是个少年。另外，这里还收藏有圣母百花大教堂洗礼堂铜门设计竞赛中，吉贝尔蒂与布鲁内莱斯基分别设计的参赛作品——铜浮雕《以撒献祭》。最终吉贝尔蒂赢得了设计比赛，并雕出了《天堂之门》的最终作品，这也是艺术史上非常知名的一段公案。

学院美术馆中的《大卫》原作

巴杰罗美术馆中的两座《大卫》

📍 圣马可修道院（Convent di San Marco）

　　这座修道院在陈丹青主讲的《局部》第一季中有专门的一集介绍。这里有两大看点，其一是画家安吉利科的湿壁画，尤其是二楼一上楼梯就能看到的《受胎告知》，这幅画在马德里普拉多博物馆有一幅油画的版本，而更为素简优雅的湿壁画版本就在这面挪不走的墙上，非常好看。特别值得一提的是，画中圣母房间的柱廊等结构，观众可以在一楼看到"实物"，也就是说安吉利科采取了"就地取材"的方式来作画。修道院每个小房间内，也都有一小幅湿壁画，由于略为小众，

安吉利科湿壁画《受胎告知》

游客不多，参观者可以在此充分感受湿壁画的艺术魅力。

另一个看点是，二楼有一个非常小的卧房，是原圣马可修道院院长、多明我会修士萨伏那洛拉的住处。他曾经领导平民赶走了统治佛罗伦萨的美第奇家族，取而代之成为佛罗伦萨的执政者，但后来又因为极端化宗教统治（禁止生活享乐，焚烧艺术珍品等），被曾经拥戴他的人民群众推翻，最终在领主广场被送上了绞刑架、焚尸。从他的房间的狭小和简朴可以看出，他本人就是个狂热的禁欲主义者，是一个有道德洁癖的妄人。曾经是美第奇家族御用画家的波提切利，不知道是因出于生存考量的政治站队，还是真的被萨伏那洛拉的信条所征服，转而成为他的追随者，他曾在焚烧艺术品的行动中亲自烧毁了自己的多幅作品。而在萨伏那洛拉倒台后，他就成了整个佛罗伦萨的笑柄，晚年基本上不再作画了。

权力与艺术——美第奇家族

我们前面多次提到了美第奇这个名字，美第奇家族是佛罗伦萨共和国（后为托斯卡纳大公国）的统治者，家族成员中有四人当过教皇（其中一位是远房亲戚），还有两位女性成员与法国王室联姻成为王后。他们曾受到信赖和爱戴，也曾被抛弃和放逐。他们家族起起落落的历史，堪比一部《权力的游戏》。美第奇家族起家于制药（美第奇的意大利语意思就是医生，而药和医学的英文是 medicine），后来涉足银行金融业，取得巨额财富，终于凭首富地位取得了佛罗伦萨的最高权力。

美第奇家族更为人所知的，是对于艺术的痴迷和投入。我们所听说过的佛罗伦萨文艺复兴艺术家，绝大多数是这个家族以委托创作的方式来资助和扶持的，从文艺复兴早期一直持续到矫饰主义、巴洛克时代。美第奇家族是艺术史上最大的艺术赞助人，虽然不参与创作，但却是不可或缺的角色，其中最知名的是老科西莫和他的孙子洛伦佐。不夸张地说，没有美第奇家族就没有文艺复兴时期的艺术，至少是无法达到现在的高度。我们也可以认识到，艺术与金钱一直存在着密不可分的关系，过去提供金钱的是委托者、赞助人，现在则是画廊经纪人、展览馆、拍卖行等。财富，虽不是造就高质量艺术作品的必然因素，但至少是艺术发展的推动力。

📍 旧宫（Palazzo Vecchio）

此为 14 世纪建成的城堡式建筑，钟楼高 94 米，是原佛罗伦萨共和国的办公楼，现其中一部分仍为市政厅使用，包括议会大厅——也叫"五百人大厅"。旧宫门口的《大卫》是复制品，但位置是原来的位置，中庭的部分是可随意出入的公共区域。

领主广场上的旧宫

📍 领主广场（Piazza della Signoria）

这是旧宫门前的广场，是佛罗伦萨的市中心，游人如织。广场中心喷泉附近的地面上有一处圆形铜牌，标记着萨伏那洛拉被处决的地方；广场上还有托斯卡纳大公科西莫一世骑马的雕塑。在广场一侧与旧宫相邻的敞开式建筑是佣兵凉廊（Loggia dei Lanzi，又译为"兰齐敞廊"），廊内有多座著名雕塑：切利尼的《珀耳修斯与美杜莎》和詹博洛尼亚的《劫夺萨宾妇女》等。

📍 美第奇家族礼拜堂（Cappelle Medicee）

这里是圣洛伦佐教堂（Basilica di San Lorenzo）的一部分，有单独的入口。这里最吸引人的地方是洛伦佐和他弟弟朱利亚诺的墓，墓室内有米开朗琪罗为他们雕塑的人像，以及用于装饰的四座雕像《昼》《夜》《晨》《昏》。这些都是米开朗琪罗的代表作品，非常值得仔细欣赏；圣洛伦佐教堂内则有雕塑家多纳泰罗的墓。

朱利亚诺·美第奇之墓和雕塑《夜》(左) 与《昼》(右)

花城

　　前面提到，佛罗伦萨的意思是"花城"，城中大教堂的名字是"圣母百花大教堂"。这里我们要提到一个人——布鲁内莱斯基，他原本是个雕塑家，在跟吉贝尔蒂的竞标项目中败北后，改为从事建筑行业。他曾以现场演示的方式系统阐述了线性透视法理论，而透视法恰恰是文艺复兴绘画的一个重要理论基础，包括达·芬奇都不厌其烦地在《最后的晚餐》等作品中通过"灭点"来实现真实空间感。也正因如此，由布鲁内莱斯基设计的大教堂穹顶被称为"文艺复兴时期的报春花"。

📍 圣母百花大教堂（Basilica di Santa Maria del Fiore）

　　这座教堂历经 172 年建成，教堂入口一侧的钟楼是由著名画家乔托设计的，因此叫作"乔托钟楼"，是观赏教堂穹顶最近的地方。大教堂建设的最大难点是原来设计的穹顶，历经多年，用了多个方案也没能建成。布鲁内莱斯基的方案非常复杂，他可以在不用脚手架的情况下完成八瓣形、双层结构穹顶的建造，从而规避了工程的最大难题。直到现在，圣母百花大教堂仍然是世界五大教堂之一。跟很多大教堂一样，穹顶可以登上，登顶路线正好位于两层穹顶间的夹层，可在登顶过程中感受一下这个特有的结构。大教堂内，瓦萨里画的穹顶天顶画《末日审判》也极为精彩。

圣母百花大教堂

圣母百花大教堂前面的洗礼堂（Battistero San Giovanni），建成时间要更早。这座洗礼堂的东门便是我们说过的吉贝尔蒂的浮雕《天堂之门》（复制品），内部的马赛克天顶画则是中世纪风格。大教堂还附有博物馆，收藏有《天堂之门》的原件和米开朗琪罗的四座《圣殇》中的第二座。

📍 圣十字教堂（Basilica di Santa Croce）

教堂内有文艺复兴早期大师乔托创作的关于圣方济各生平的湿壁画。这里还有米开朗琪罗、马基雅维利、伽利略、罗西尼等文化名人的墓，以及但丁的纪念堂。佛罗伦萨还有但丁故居，文学爱好者可前往，这里不做赘述。

圣十字教堂

说到圣十字教堂，还有个很有趣的"病"——据说法国作家司汤达在参观完这座教堂后，出现了心跳加快、头昏眼花、产生幻觉的症状。医生诊断认为这是因为过度密集地欣赏艺术珍品，情绪始终处于激动状态，在持续的强美感刺激下产生了心理反应。后来这个症状就被称为"司汤达综合征"（因为是在佛罗伦萨发生的，所以也被称为"佛罗伦萨综合征"）。这与我们在巴黎篇中提到的"巴黎综合征"症状有点像，但成因很不一样，那个是过于失落，这个则是过于激动。

在佛罗伦萨进行艺术旅行，很容易因为信息过载、风格类似、主题雷同而陷入审美疲劳，再精彩的艺术也不能经常看，就和"再好吃的饺子也不能顿顿吃"是一个道理。所以，艺术旅行的规划是要有取有舍、张弛有度的，不要指望在一次行程中看完所有的地方、所有的作品，这既不可能，也没有必要，要学会适当放弃，状态饱满才能保证旅行的质量。

佛罗伦萨老城很小，如果住在城区，基本上步行即可。有一条散步路线推荐一下：下午时分从领主广场出发，向南经过著名的旧桥（Ponte Vecchio，又译为"老桥"）来到阿尔诺河南岸，过河后向东走，然后爬一座小山来到山顶的米开朗琪罗广场（Piazzale Michelangelo）。傍晚时分，游客云集于此，可以在这里回望佛罗伦萨古老的城区。夕阳余晖把建筑映成浓艳的金色和红色，前景是旧桥和阿尔诺河，耳畔则是广场上艺人精彩的音乐演出，从小贩那里买一瓶啤酒，坐在台阶上看晚霞褪尽，看远处圣母百花大教堂傲然矗立，方才发觉，佛罗伦萨竟然是如此的美，果然不负"花城"之名。我想，当年的司汤达如果也这样安排行程，应该就不会有那个"司汤达综合征"了吧？

两个铁球同时着地

比萨距离佛罗伦萨很近，乘火车只需一个多小时。能起早的话，用一个上午就能看完比萨奇迹广场（Piazza dei Miracoli），包含比萨大教堂（Cattedrale di Pisa）、洗礼堂（Battistero di San Giovanni）、斜塔（Torre di Pisa）、墓园（Camposanto）和附属博物馆。

这是一组罗马式建筑。"罗马式"（Romanesque）也译为"罗曼式"，大概的意思就是"受罗马影响的"，主要的特点是采用了古罗马的圆拱结构，是一种介于拜占庭式和哥特式之间的建筑风格，分布地域遍及整个西欧、南欧地区。比萨大教堂、洗礼堂、斜塔、墓园这组建筑使用白色大理石建造了连列式的小圆拱立面，是罗马式建筑的典型特征。

当然，最吸引游客的还是比萨斜塔。因其斜而不倒，游客可以登塔远眺而获得非常独特的体验，绝大多数游客都会在广场上想出各种姿势与斜塔合影。对于中国人来说，可能大都学过《两个铁球同时着地》这篇课文，讲的是伽利略为了证明自由落体定律，在比萨斜塔上同时脱手放下两个铁球，一个重 1 磅，一个重 10 磅，结果它们同时落地，从而否定了亚里士多德的假说。

比萨斜塔

斜塔高度为 54.45 米，在建造过程中即发生了倾斜，众多游客的到访更是加大了它的斜度，后经过加固工程并向游客重新开放。我是一大早乘火车前往，下了火车后步行去奇迹广场只有十几分钟，在售票处买了第一批的套票，然后在斜塔处等候第一批登塔。不知道是因为旅游团来得都晚还是本就如此，第一批买票和登塔的人并不是很多。登塔时确实能够感受到它的倾斜，但是影响不大。可能是由于早期建筑技术的不完备，塔类建筑很容易出现倾斜现象，我在威尼斯的彩色岛、荷兰代尔夫特也曾经看到过非常明显的斜塔。咱们中国也有不少斜塔，比如著名的苏州虎丘塔，据说倾斜度跟比萨斜塔差不多，但比比萨斜塔要大两百多岁。

游客罕至的比萨墓园也值得去看看。这里的长廊墙壁上有布法马可的湿壁画《死神的胜利》《地狱》等，这些壁画主题是生老病死，恰是当时的欧洲正经历着黑死病这样的大瘟疫。我想，作为经历了"新冠疫情"的现代人，一定会有很多感同身受的地方。（有人说《死神的胜利》现被挪入大教堂附属的博物馆内，如果在墓园没看到，可以去博物馆试试。）

威尼斯的标志——飞狮

飞翔的金狮

我们都知道威尼斯电影节是世界四大电影节之一，最高奖项叫金狮奖。为什么是金狮奖呢？威尼斯的主保圣人是圣马可（就是写了《马可福音》的那位），所以威尼斯的大教堂就叫圣马可大教堂，教堂祭坛下埋葬着圣马可的遗体。而圣马可的标志是长着翅膀、脚下踩着书的狮子，在圣马可广场的入口处（码头）有个石柱，柱头上的雕塑就是飞狮。因此，威尼斯电影节就选用了城市的标志"狮"作为最佳影片奖项的名称。

圣马可大教堂（Basilica San Marco）、圣马可广场（Piazza San Marco）、钟楼（Campanile di San Marco）

毫无疑问，这些名胜都与圣马可有关，它们是一个整体。相比之前介绍的几座意大利城市的大教堂，这座圣马可大教堂更为古老。它初建于 9 世纪初，遭遇火灾被毁，之后的第二座也因规模不够大被拆除，现在大家看到的是第三座，建于 11 世纪。它是一座以拜占庭式风格为主，兼具古罗马、哥特式、文艺复兴等风格的建筑。拜占庭建筑的主要特色在于穹顶（常为多个）、马赛克镶嵌画，以及常用金色装饰。教堂内祭坛处有一座金色围屏，镶嵌有珍贵的宝石。教堂里还有不少十字军东征时从东方劫掠来的战利品，大门上圣马可的坐骑——镀金铜马（复制件）就来自君士坦丁堡（今土耳其的伊斯坦布尔），曾被征服者拿破仑弄到了法国，后来回到了威

圣马可大教堂

尼斯。铜马原件收藏在教堂内的博物馆里，因此，收费的博物馆和珍宝馆还是值得一看的。参观大教堂有点麻烦，教堂内禁止拍照，需存包才能进入，存包处在教堂北侧的胡同里。

圣马可广场就在圣马可大教堂前面，是威尼斯旅游的中心位置。广场四周的建筑是新老市政厅以及教堂正对面的科雷尔博物馆。在这些建筑的一楼有很多商店和餐馆、咖啡馆，其中就有雪莱、莫奈、卓别林等文化名人光顾过的、拥有三百年历史的花神咖啡馆（Caffè Florian），室内是华丽优雅的古典主义装饰，室外区域在晚上还会有音乐演出，但需要另外付一定的费用。当然，如果你站在服务区的外面听，也没人管你。几家彼此相邻的餐厅、咖啡馆都有音乐演奏，有意思的是它们之间有一种你一曲、我一曲交替演出的默契。圣马可广场的晚上有一种静谧之美，值得专门过来转转。

钟楼是广场上最高的地标建筑，高度近百米，但内部设有电梯，免去了攀爬楼梯之苦。在钟楼上可眺望广场、教堂、潟湖等，威尼斯这么美的城市，确实要站在高点观赏才更满足。

老吴私享

在旅行过程中，总是有各种登高观景的地方——钟楼、高塔、电视塔、教堂穹顶、摩天大楼甚至是山顶……我个人的体会是，这种高度带来的"上帝视角"，没有一次让人失望过。所以每次遇到这样的观景台，只要天气不是过于恶劣，就都尽量去体验一下。有了拍摄无人机后，我感觉这相当于一个随身携带的"观景台"，可以在任何不禁飞的地方为我们提供一个无敌的高处视角。

圣马可钟楼与总督府

在钟楼上俯视圣马可广场

📍 总督府（Palazzo Ducale）

总督府与圣马可大教堂毗邻，靠近潟湖码头。威尼斯共和国时期的执政者为总督（英文为 Doge），因此总督府就是最高统治者的官邸和办公场所。它的建筑风格基本上属于哥特式，因此一二层的长廊均由尖券结构构成，楼顶边缘也有多个尖状装饰，但立面上的纹饰则受到伊斯兰建筑的影响。总督府内最值得欣赏的是大会议厅，里面有一幅世界最大尺幅（22 米 ×7 米）的油画——丁托列托的《天国》，天花板和其他墙壁上也满是巨幅油画。总督府的庭院也很漂亮，另外，要想走进著名的叹息桥（Ponte dei Sospiri），也只能在这里实现。叹息桥是由总督府通往相邻监狱的一座全封闭式的小桥，只有面向潟湖一侧有两个小窗，服刑的犯人在前往监狱的路上通过窗口看到外面的繁华和自由，不由得发出一声叹息——这就是"叹息桥"名字的由来。牛津大学也有一座仿造的叹息桥，不过那声叹息大概是因为挂科吧。要想看到叹息桥美丽的外观，站在总督府外、潟湖边的那座稻草桥（或译"麦秆桥"）上才可以。

叹息桥

老吴私享

威尼斯的出行方式只有两种——步行和乘船。船主要是公交船，也有水上出租车——摩托艇，还有私家船，我甚至还看到了救护船和消防船。船的驾驶也需要遵守交通规则，超速会被罚款、扣押船只。至于体现威尼斯风情的人力小船——刚朵拉，与其说是交通工具，不如说是旅游项目。建议购买包含公交船票的威尼斯卡，但它的优惠组合种类较多，每一种的优惠程度和时间都不一样，购买之前需仔细研究，搞清楚了再买。

画中看画

在文艺复兴时代，威尼斯拥有一批非常杰出的画家。早期有贝利尼父子三人，他们的下一辈是卡尔帕乔、乔尔乔内和提香，而提香和他的两个极其善于绘制大幅作品的学生委罗内塞、丁托列托被称为威尼斯画派的"三杰"。巴洛克时代以后，威尼斯艺术则有提埃波罗、风景画家卡纳莱托作为代表。

纵横的水道以及漂亮的老建筑，让威尼斯拥有一种无法复制的、如画作般的美丽，有专家还特别研究过，水面对于天空的反射，会让画家看到相比于陆地城市更为丰富的光与色，从而让威尼斯艺术有着更加绚丽的效果。而优越的地理位置和发达便利的国内外交通网络，让这里能以更加便宜的价格获取来自东方的颜料，我想这大概是威尼斯艺术色彩丰富的另一个原因。这里是意大利最早使用油画技法的地方，还创造性地把木板油画改进为布面油画。另外，威尼斯商业发达，莎士比亚就曾以此为背景写出了《威尼斯商人》。富庶、繁华让威尼斯的艺术更加接地气，更注重感官享受，即使是神话和宗教题材，也被他们画成了火热的生活，比如提香笔下艳丽、丰腴的女性和委罗内塞笔下的豪门宴飨。

学院美术馆（Gallerie dell' Accademia）

这应该是威尼斯艺术旅行最不能错过的一个美术馆了。该馆主要收藏威尼斯画派的杰作，上面提到的大师都有作品收藏于此。艺术史书上常提的乔尔乔内的《暴风雨》，被认为是艺术史上第一幅风景画，提香的《圣殇》、委罗内塞的《利未家的宴会》以及贝利尼家族的很多作品也都在这里。我推荐几个知名度稍逊一筹的画家和作品，一是维托雷·卡尔帕乔（Vittore Carpaccio），他与乔凡尼·贝利尼是同一时代的画家，他的画透视法精准、构图巧妙、注重细节，画中人物众多、场面宏大，且充满有趣的故事性元素，作为场景出现的城市建筑、室内陈设都被描绘得极为逼真，画作尤为耐看。在学院美术馆有他的独立展厅，主要代表作《里亚尔托的圣迹》、组画《圣乌尔苏拉传》都值得细细品赏。另一个是18世纪的风俗画家彼得罗·隆吉（Pietro Longhi），他的画尺幅不大，喜欢画贵族和市民真实的生活场景，甚至连拔牙、看马戏都有所描绘，主题通俗但并不庸俗，画风在生动中带着一种娴雅的气质。

另外，也推荐大家多看看卡纳莱托的画，他画了很多威尼斯的风景，在当时是很多来威尼斯壮游的有钱人最爱的旅游纪念品。他使用了暗箱投影的方式作画，基本上类似于照相机的工作方式，精准地记录了威尼斯的真实原貌；如果有可能，甚至可以按图索骥去找他画过的威尼斯风景——圣马可大教堂、广场、总督府……你会惊奇地发现，与近三百年前相比，威尼斯几乎没有太大的变化，像是一个速冻了的城市。

除了学院美术馆，威尼斯画派的作品也散落在很多教堂、宅邸和会馆中，因为当时的画家大多有自己的工作室，所以署名委罗内塞、丁托列托的画作极多，有一种看不完的感觉。下面这些地方也都有很多威尼斯画派的作品——金屋（Galleria Franchettialla Ca'd'oro）、雷佐尼科宫（Ca'Rezzonico）、圣罗科大会馆（Scuola Grande di San Rocco）、圣乔凡尼保罗教堂（Basilica di San Giovanni e Paolo）等，没有十天半个月的额外行程是看不完的。

♀ 佩吉·古根海姆收藏馆（Peggy Guggenheim Collection）

这是一个并不那么威尼斯的美术馆。它的主人不是威尼斯人，收藏的作品也基本不是威尼斯艺术，但是它的存在让威尼斯的美术馆有了现代味。也正因为这点不同，这里非常适合作为艺术审美的调剂和转换，让艺术旅行更为放松，绝对不容错过。在我们都熟悉的"连锁店式"的古根海姆博物馆（美国纽约、西班牙毕尔巴鄂、阿联酋阿布扎比等地均有分布）中，佩吉·古根海姆收藏馆是个相对独立的存在，比如它的名字就特别强调了博物馆的主人是位女性收藏家。佩吉·古根海姆是古根海姆基金会创始人所罗门·R·古根海姆的侄女，曾与超现实主义画家恩斯特有过一段婚姻，是抽象表现主义画家波洛克的主要赞助人，跟很多现代艺术家也十分熟识，在收藏现代艺术方面也具有独到的眼光。这里是她晚年的私宅，去世后便辟为博物馆，展示其精彩的藏品——毕加索、康定斯基、蒙德里安、马格利特、基里科、杜尚、马列维奇、达利、贾科梅蒂、夏加尔等名家的名作。

值得一提的是，"威尼斯双年展"是展示当代艺术和建筑的重要盛会，是世界三大艺术展之一。这也是威尼斯保持活力、展示年轻风貌的一面，是艺术旅行规划中一个不错的选项。

桥、岛、河、湖、海

♀ 威尼斯潟湖（Laguna Veneta）

乘火车前往威尼斯，快要到达时会有一种列车开往大海里的错觉。威尼斯原本没有土地，而是一片咸水潟湖，它是亚得里亚海边缘的一片浅水区，由于沙洲的存在，与大海不完全隔绝或阶段性隔绝，因此这片土地实际上是人工造出来的群岛。有纪录片曾介绍过，当时的人为了躲避陆地上的税收，便在潟湖的滩涂上打木桩、填石土，后来者再将范围一步步延伸扩展，慢慢就形成了现在的规模。威尼斯虽然兴盛于水、美丽于水，但它也饱受海水倒灌之苦。正是因为潟湖的地理特征，加上暴雨、潮汐、气候变化等影响，近些年经常能看到威尼斯发生内涝，更有游客在圣马可广场里"看海"的新闻。特别是 2019 年，城里水位更是达到了 187 厘米，是 50 年来的最高纪录，洪水导致市区 85% 的面积被淹没，大量建筑文物受损。为了解决水患，意大利政府斥巨资搞了一个颇具有科技含量的"摩西工程"——在潟湖四个海水入口安装 78 个巨大闸门，以此来调节海水的出入，避免水城再被水淹。现在，该工程已经完工，闸门已经启用，据新闻说达到了预期效果。

📍 大运河（Canal di Grande）、里亚尔托桥（Ponte di Rialto）、学院桥（Ponte dell'Accademia）

大运河其实不算景点，因为来到威尼斯你就会置身其中。与其说它是河，不如说是街，大运河是威尼斯的主河道，功能相当于香榭丽舍，它和与之相连的近两百条支流和两千多条水巷，组成了威尼斯的交通网。如果从空中看，大运河呈"反 S"形，这个形状让整个运河变得很长，自然就增加了更多的商业和景观建筑。威尼斯有数不清的桥，因此也有另一个名号——"桥城"。但从火车站到圣马可广场的近 4 千米长的运河上只有三座桥，我想大概是为了通过更大的船只，毕竟大运河是交通主干道。由于威尼斯的主要交通工具是船，很多时候是出门就上船，且公交船在行驶线路上会在两岸交替停泊，间接形成无数个摆渡，因此实际出行并不会觉得有多么的不便。

里亚尔托桥是大运河上最大、最漂亮的石制廊桥，位于大运河中段的第一个大转弯处，桥上两侧有售卖纪念品的商铺。这里是威尼斯除了圣马可广场之外的另一处地标，也是很多画家笔下的绝美风景，常因为足够漂亮被其他地方模仿。它在历史上也经历过几次重建，从卡尔帕乔的画中我们能看到更古老的、木制的里亚尔托桥。

学院桥位于大运河末端的第二个大转弯处，是一座朴实无华的木结构桥。学院桥旁边就是学院美术馆，通过画家卡纳莱托的《石匠的院子》可知，18 世纪中期这里还没有桥。学院桥不像里亚尔托桥一样具有风景属性，它其实是提供了一个观景最佳位置，从这里看向运河出口处的安康圣母教堂，每当夕阳西下时，深蓝的水面泛起金色的反光，非常美丽。

学院桥上的风景

老吴私享

　　推荐一部BBC的纪录片《弗朗西斯科的威尼斯之旅》。虽是英国拍摄，但主持人弗朗西斯科本身就是威尼斯人，他出身富贵，直到现在还在寸土寸金的威尼斯拥有一座巨大的宅邸，甚至还有一座小岛。不过这位老哥看起来并不土豪，倒总是有一股子不修边幅的痞气，很有意思。他为BBC主持了几部关于意大利的纪录片，都很不错。

　　还有一部根据丹·布朗的小说《地狱》改编的电影《但丁密码》，主要取景于佛罗伦萨、威尼斯和伊斯坦布尔。说实话电影本身不太好看，但是能凑齐那么多外景地也不容易。

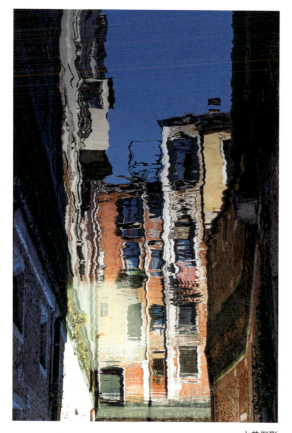
水巷倒影

威尼斯虽然是一座真正意义上的文化之城、艺术之城，但实际游览时常有一种不真实感，它像主题乐园，像电影拍摄基地，就是不太像一个充满烟火气、有居民居住的真实城市。它的旅游业过于发达了，甚至看上去只有旅游业。目光所及之处，不是游客就是服务于游客的餐厅、酒店、导游。威尼斯美则美矣，却有一种过度开发和产业化的单调。过多的游客也给威尼斯带来了污染。2020 年，因为新冠疫情封城，威尼斯从喧嚣中快速地停滞下来，游客散尽，酒店关门，不到一个月，所有的河道呈现出前所未有的清澈，甚至能看到河底的鱼群，天鹅也飞来了。这反倒让人们深思，如何才能让这宝贵且独特的人文遗产得以永续？

威尼斯的历史上，还有一位中国人民的老朋友——马可·波罗。他出生的考尔楚拉岛现虽属克罗地亚境内，但当时是在威尼斯共和国的统治之下。正是因为对远方世界的好奇和探索未知的勇气，马可·波罗才会到元朝时的中国游历了那么久，为欧洲提供了一份充满细节的东方见闻。那是他大规模的壮游，在信息尚不畅通的时代起到了文明互鉴的正面作用。七百多年后的今天，电视、互联网可以让我们实实在在地"天涯共此时"，但每次旅行我都会深刻感到，没有任何技术能够取代亲临现场，真切地感受这些地方好在哪里，问题又在哪里，为什么是这样的，为什么不是那样的。从中国飞欧洲不过十二三个小时，只需要利用积攒的年假、精打细算的支出，我们就可以实现小规模的壮游，用自己的眼睛去看这个世界。我们不必成为旅行家，但开阔的眼界可以让我们有更多的维度感知文化、观察社会、思考问题。即使没有这种宏大的成果，能够品尝丰富的世界文化盛宴，至少也可以让我们不虚此行吧。

奇幻森林：
马德里、巴塞罗那

脑洞大开

说到西班牙，大家首先想到的可能是西甲豪门足球队皇马和巴萨，以及他们的主场伯纳乌和诺坎普；然后是斗牛，刺激又血腥，热烈又残酷；还有性感的弗拉门戈，在同样性感的吉他伴奏下，手打响板，脚步踢踏，有时刚健奔放，有时愤懑哀伤……毫无疑问，这是一个充满激情的国度。

对于徒步旅行爱好者来说，一定熟悉那条从法国出发，翻越比利牛斯山，穿过北西班牙到达圣地亚哥·德·孔波斯特拉的"朝圣之路"（即"圣雅各之路"，西班牙语为 El Camino de Santiago，被列入《世界文化遗产名录》）。这条路全程长约 800 千米，沿途有 1800 多座人文建筑，即使并不信仰宗教，也能在这条路上边走边看，有所收益。

而提到西班牙的艺术，我最大的感受就是一个词——想象力。西班牙艺术家们的想象力太丰富了，用"脑洞大开"来形容完全不为过。几百年前，他们就已经拥有了超越时代的想象力。格列柯虽是五百年前的画家，但构图大胆、用色新奇、风格独特，可谓"前不见古人，后不见来者"，作品即使放到今天也是非常前卫。委拉斯开兹在代表作《宫娥》中，创造了一个前所未有的平面空间，人物布局精妙复杂，"情节"神秘且有戏剧性，而且其中还嵌入了自画像，奇妙之处难以言说。他的《教皇英诺森十世像》、"侏儒、弄臣和疯人"系列也深刻挖掘了人的精神世界。戈雅的"聋人屋"系列作品，诡谲恐怖、深刻压抑，令人极其震撼。

西班牙在现代艺术方面更不用说，毕加索、达利、米罗等立体主义、超现实主义大师，每个人都建构了自己的奇幻视界，而且他们风格迥异，各自绽放，几乎没有交集。建筑家高迪更是把"脑洞"在三维空间中具体化，让我们可以进入其中，沉浸在想象力的海洋里，发出啧啧赞叹。

艺术金三角

马德里的中心城区并不大，我在这里甚至没有乘坐过任何公共交通工具，所有地方都是步行前往。而对于艺术爱好者来说，尤为幸福的是，普拉多博物馆、提森－博内米萨艺术博物馆、索菲亚王后艺术中心三大美术馆距离很近，彼此之间的步行时间不过十分钟左右，因此这个片区被称为马德里的"艺术金三角"。而普拉多博物馆紧邻丽池公园，索菲亚王后艺术中心则与阿托查火车站一路之隔，游览起来极其便利。

📍 普拉多博物馆（Museo del Prado）

普拉多博物馆（以下简称"普拉多"）是世界上收藏古典绘画最多的博物馆之一，除了拥有西班牙本土大师格列柯、委拉斯开兹、戈雅、里贝拉、穆里罗等画家最好的代表作，还收藏有安吉利科、博斯、勃鲁盖尔、提香、丁托列托、委罗内塞、卡拉瓦乔、伦勃朗、鲁本斯、普桑、庚斯博罗等多位其他欧洲大师的作品。

如果要我总结格列柯、委拉斯开兹和戈雅这些大师的艺术风格，我觉得"幽暗"一词可能比较贴切，他们的画总是有很暗的调子。作为巴洛克时代的画家，委拉斯开兹自然是明暗对比的高手，而浪漫主义大师戈雅甚至大量使用黑色，这种色彩也影响了法国画家马奈。幽暗也意味着真实，除了大家熟知的《宫娥》以及王室肖像，委拉斯开兹的《酒神巴克斯的凯旋》《伊索》《侏儒塞巴斯蒂安》等作品，也充分彰显了真实的力量，而戈雅的《1808 年 5 月 3 日夜强杀起义者》以及从"聋人屋"墙上转移到这里的"黑色"系列，都充分展现了深渊一样的人性。这些作品无疑都是普拉多最珍贵的收藏。

由于西班牙曾经占领尼德兰地区，因此很多优秀的尼德兰艺术也成为西班牙的重要收藏。普拉多拥有博斯的《尘世乐园》和《七宗罪》、老彼得·勃鲁盖尔的《死神的胜利》、鲁本斯的《美惠三女神》这些代表作品。而安吉利科的油画版《受胎告知》（湿壁画版本参见佛罗伦萨篇）、提香的《卡洛斯五世在穆尔堡的骑马像》、丢勒的《自画像》等都是艺术史中上经常提及的杰作。

📍 提森−博内米萨艺术博物馆（Museo Thyssen-Bornemisza）

从名字就能看出，这里主要是提森−博内米萨家族的私人收藏。1993 年，为避免好不容易收集的艺术珍品因继承而分割散失，家族以象征性的价格将这些收藏整体卖给了西班牙政府，这些藏品从而成为西班牙的全民财产，西班牙政府则提供与普拉多斜对角的埃尔莫萨宫（Palacio de Villahermosa）作为馆址，该馆由此成为马德里"艺术金三角"中的重要一角。

馆内的收藏自中世纪、文艺复兴至现代艺术都有，堪称一部小型的艺术史教科书，其中有不少名家名作。我个人比较推荐的作品有：小荷尔拜因《亨利八世肖像》、卡尔帕乔《风景中的年轻骑士》、卡纳莱托《圣马可广场》、卡拉瓦乔《圣凯瑟琳》、伦勃朗《戴帽及双项链自画像》、德加《绿衣舞者》和《风景中的赛马》、高更《很久以前》、霍珀《酒店房间》和达利的《由飞舞的蜜蜂引起的梦》等。

由于知名度没有普拉多高，很多人在没来马德里之前，可能对于提森没什么了解，但参观之后往往会赞不绝口，留下难以磨灭的印象。的确，这是无论如何都要放入行程中的美术馆。

📍 索菲亚王后艺术中心（Centro de Arte Reina Sofía）

这里可以对标巴黎的蓬皮杜艺术中心或者纽约的现代艺术博物馆，这几处的收藏皆为现当代艺术作品。最著名的收藏是毕加索的大尺幅巨作《格尔尼卡》（7.76 米 ×3.49 米），这幅画是为控诉德国空军轰炸西班牙格尔尼卡造成平民百姓重大伤亡而作。因为太过有名，它独享一个禁止拍照的展厅，很多人几乎是为这一幅画而来。实际上，除了毕加索的多件作品，这里也有很不错的达利作品收藏，比如《伟大的自慰者》。另外，像米罗、马格利特、康定斯基、罗斯科、培根等现代艺术家的作品也都有展出。

另外，圣费尔南多皇家艺术学院（Real Academia de Bellas Artes de San Fernando）、索罗亚博物馆（Museo Sorolla）、塞拉伯博物馆（Museo de Cerralbo）等博物馆也都有很好的艺术收藏。

激情荡漾

📍 阿托查火车站（Estacion Atocha）

阿托查火车站相当于中央车站，位置就在艺术金三角地区。而且这里是高铁车站，有马德里往来巴塞罗那、萨拉戈萨、塞维利亚、巴伦西亚等地的高铁列车。另外，去往托莱多等一些附近名胜的列车也由此出发。

阿托查火车站

阿托查火车站本身也是一座漂亮且有特色的建筑，值得一提的是，车站大厅内种了很多热带植物，透明的天花板引入自然光。因此与其说这是个火车站，不如说更像是个植物园的温室大棚。迪士尼著名动画片《疯狂动物城》中的火车站便以此为原型。住在火车站附近的酒店会很方便，我住的酒店就正对着火车站，酒店后面就是索菲亚王后艺术中心。

阿托查火车站内景

老吴私享

一个冷知识：如果以时速高于200千米为高铁的标准，截至2022年底，西班牙的高铁运营里程为4900千米，排名世界第二，约为排名第一的中国（4.2万千米）的十分之一多一点。

西班牙高铁票很贵，头等舱更贵，但会有美食套餐。我从巴塞罗那前往马德里时，为了赶时间，一不小心买了头等舱，以昂贵的代价获取了这个信息。火车沿途会看到很多橄榄林（橄榄油是西班牙的重要特产），不由得想起了三毛作词的歌曲《橄榄树》：为了天空飞翔的小鸟，为了山间轻流的小溪，为了宽阔的草原，流浪远方、流浪，还有还有，为了梦中的橄榄树、橄榄树……

📍 丽池公园（Parque del Retiro）

这里紧邻艺术金三角地区，面积很大，相当于马德里的中央公园，内有玫瑰园、阿方索十二世纪念碑，以及可用于办展览的水晶宫（玻璃展室）、委拉斯开兹宫等景观，是休闲漫步、转换心情的好地方。

丽池公园的西北角出口外便是独立广场和阿尔卡拉门（Puerta de Alcala），再向西不远就是西贝莱斯广场（Plaza de Cibeles），广场周围都是漂亮的古典建筑，其中最漂亮的是广场东南角的通信宫。阿尔卡拉门、通信宫、阿托查火车站以及拉斯文塔斯斗牛场等马德里建筑都出现在20世纪福克斯公司的动画片《公牛历险记》中，这部以斗牛为题材的电影，故事就发生在马德里。（由于斗牛不符合我的价值观，所以对于如何看斗牛表演我没做功课，这里便不做专门推荐了。）

丽池公园水晶宫

通信宫

📍 王宫（Palacio Real de Madrid）

我们都知道西班牙是君主立宪制国家，虽有王室，但王宫已不再供日常居住使用，而是面向公众开放，有需要时作为国家庆典、外交活动的场所使用。王宫建于 18 世纪末，与法国凡尔赛宫、奥地利美泉宫并称欧洲三大王宫。王宫不只是有恢宏的广场、巨大的花园、华丽的内饰、夺目的珍宝，也有非常精彩的艺术收藏，比如委拉斯开兹、戈雅的绘画作品（他俩本来就是宫廷画师）。王宫不远处是西班牙广场，广场上有西班牙人的另一个骄傲——大文豪塞万提斯的纪念碑，纪念碑前是他的名作《堂吉诃德》中的主人公堂吉诃德与仆人桑丘的雕塑。在王宫与艺术金三角之间，有两座广场是必经之路，一处是马约尔广场（Plaza Mayor），这是一座被四面楼群围合起来的院落式广场，围合的楼中心位置的外墙上画着漂亮的壁画，底商则有很多的餐馆；另一处非常热闹的太阳门广场（Puerta del Sol），这里是马德里真正意义的市中心，很多群众性活动都会在这里举办，广场雕塑《熊与草莓树》是游客打卡的地标。

塞万提斯与堂吉诃德、桑丘雕像

王宫

在步行前往王宫的路上，有一家火腿博物馆。"博物馆"的名字其实是个噱头，它本质上就是一家店，专门展示和出售西班牙的特产美食——伊比利亚火腿。

伊比利亚火腿是要强烈推荐的，这种火腿用吃橡果长大的散养黑蹄猪作为原料，腌制精炼2~4年后，切成非常薄的片直接食用，配哈密瓜、佐白葡萄酒非常美味，当然什么都不搭配也很好吃。使用普通白猪肉为原料的塞拉诺火腿价格要更低，口感自然也要逊色一些。另外，意大利产的帕尔玛火腿也是同类型的，也一样的好吃。由于是原产地，在当地吃火腿要便宜很多，普通超市里就能买到。在西班牙旅行的过程中，我每次去超市时，都会买一些带回酒店大饱口福，毕竟回国后就不太可能常吃了。

马德里的火腿博物馆

那个"希腊人"

前面提到画家格列柯时，并没有详述，因为他主要的遗迹在托莱多。托莱多现在看来是座不大的古城，而实际上它曾经是西班牙王国的前身——卡斯蒂利亚王国的首都。托莱多在1986年被列入世界遗产名录。

埃尔·格列柯（El Greco），这个名字的意思是"希腊人"。他出生在希腊，在意大利学画，但绘画成就是在移居西班牙之后获得的。他主要居住在托莱多，因此是个真正意义上的西班牙画家。格列柯是文艺复兴晚期的矫饰主义风格大师，是提香的弟子，也受丁托列托的影响。他的画作豪放且奇幻，人物修长，背景经常有一种黑夜之中闪电一般的光亮，非常具有辨识度，极具个性，像是现代的艺术家所为。托莱多的圣多美教堂（Iglesia de Santo Tome）里有他的壁画杰作《奥尔加斯伯爵的葬礼》，这也是这座小教堂唯一可看的东西。托莱多也有格列柯故居博物馆（Museo del Greco），陈列着他那幅著名的《托莱多风景》。

从马德里乘火车前往托莱多，只需半个多小时，很适合进行短途一日游。托莱多的火车站小小的，但非常漂亮，具有鲜明的伊斯兰风格（准确地说应该是穆德哈尔风格）。西班牙历史上曾经有八百年是伊斯兰国家，因此留下了不少受伊斯兰文化影响的产物。

下火车后，先不急着过桥进城，而是直接向左，沿着城外的塔霍河岸边一路慢慢上行，会

托莱多大教堂

走到一处河谷瞭望台（Mirador del Valle），这里便是格列柯画托莱多风景的地方，也是欣赏古城风景最佳的位置。可以在这里看完古城风景后继续向前，从古城另一侧的桥进城，再开始城内的游览，这是一条不错的徒步路线。

托莱多古城中必去的是托莱多大教堂（Cathedral de Toledo），建筑本身兼具哥特式、穆德哈尔式和巴洛克式的风格。这里也是西班牙红衣大主教驻地，教堂内部的唱诗班座席、主座堂大祭坛、宝物室内收藏的圣骨匣，以及格列柯、卡拉瓦乔、提香等大师的宗教题材绘画，都值得慢慢欣赏。

托莱多古城可看的点不少，时间允许的话可以住下来慢慢感受。

从中世纪到超现实

巴塞罗那最初给找留下的印象都与奥运相关——前奥委会主席萨马兰奇的故乡、射箭点燃的圣火、露天跳台上运动员背景里的圣家堂……现在再聊起巴塞罗那，则是那只群星璀璨的足坛豪门俱乐部，高迪建筑的绮丽幻境、毕加索的不羁、达利的邪魅、米罗的古灵精怪……巴塞罗那留给人的不只是激情，还有浪漫的文艺气息。

巴塞罗那所属的加泰罗尼亚自治区曾经是个独立的小国，因此在这里一直存在着一种相对独立的意识，甚至是分离主义的倾向。2017 年加泰罗尼亚自治区搞了一个独立公投，但西班牙政府否定了该结果，解散加泰罗尼亚的议会和政府，暂停其自治权并直接管制了几年。独立虽然没戏，但在这里说"加泰罗尼亚"依然比说"西班牙"好使。巴塞罗那奥运会闭幕式上，萨马兰奇致辞的最后一段话是：感谢西班牙，感谢加泰罗尼亚，感谢巴塞罗那。这里特别提到的"感谢加泰罗尼亚"，实际上是一种政治正确，也是萨翁的小心思。

📍 加泰罗尼亚国家艺术博物馆（Museu Nacional d' Art de Catalunya）

巴塞罗那并没有普拉多那种带有艺术史性质的综合美术馆，这座博物馆的收藏也并不追求多而全，而在于它的中世纪艺术作品。有一些礼拜堂壁画都是从教堂遗址整体迁移过来的，不只质量高，数量也不少。一般来说，我们能集中欣赏的艺术作品要么是文艺复兴之后的，要么是古罗马之前的，中世纪的作品大多分散在各个教堂，有如此规模的收藏和展示实属难得。当然，它也有其他时期的名家名作，但是体量比起中世纪的艺术作品来说，还是小了些。

从蒙锥克山顶俯瞰巴塞罗那

这座博物馆的建筑并没有看起来那么古老。其原本是 1929 年巴塞罗那世博会的展馆，展馆主楼后面还有一个设计华丽的体育馆式椭圆形大厅，大厅内设有巨大的管风琴，可以举办包括音乐会在内的各种活动。

博物馆前便是巴塞罗那的西班牙广场（Plaça d' Espanya），广场中部是非常著名的魔幻喷泉，每年 5—10 月会在夜间举办灯光音乐喷泉的演出，人气极旺。喷泉位置的一侧，就是 1929 年世博会上由德国建筑大师密斯·凡·德·罗以"少即是多"（less is more）理念设计的德国馆，现在叫"密斯·凡·德·罗馆"（Pavelló Mies van der Rohe），馆内陈设着他设计的经典家具——巴塞罗那椅。其实这个馆并不是"原作"，"原作"作为临建在世博会后即被拆除，但因其对后世设计行业影响太大，西班牙政府在密斯百年诞辰时复刻了这个馆，现在这里已经成为设计和艺术爱好者必会参观的圣地。

📍 米罗基金会（Fundació Joan Miró）

米罗基金会是超现实主义大师胡安·米罗的个人美术馆。出生在巴塞罗那的米罗，以儿童般的想象和天真来创作，他喜欢把绘画元素符号化，喜欢使用细线和单纯的色彩，经常画包括女人、小鸟、星星、昆虫以及不知道是何物的怪物。很多人觉得看不大懂，可能恰恰是因为我们已经失去了孩子般简单且充满幻想的感受力了。

胡安·米罗《黎明》

以上景点都位于蒙锥克山，其实更好的游览线路是：以乘坐电缆车（可以理解为用钢缆拉的"地铁"）和空中缆车的方式来到蒙锥克山顶，山顶的城堡现为军事博物馆，这里可以俯瞰港口和巴塞罗那城市风景；再沿山路徒步下来，会先后经过米罗基金会和举办1992年奥运会的奥林匹克体育场（入口处有个看台可以简单张望一下）；然后到达加泰罗尼亚国家艺术博物馆和西班牙广场，在西班牙广场地铁站的马路对面，有一个由原来的斗牛场改成的购物中心（斗牛在加泰罗尼亚已经不再合法）。如果都看，一天是肯定不够的，可以根据个人的喜好做出取舍。

由于当地人把"加泰罗尼亚"与"西班牙"的概念区分得很清楚，所以据说当巴塞罗那足球队获胜时，球迷们会在"加泰罗尼亚广场"上庆祝，而当西班牙国家队赢球时，球迷们则是到"西班牙广场"来狂欢——你说球迷们到底是感性，还是理性呢？

📍 毕加索博物馆（Picasso Museum）

毕加索出生在马拉加，但其艺术成长期是在巴塞罗那度过的，他在巴黎画的立体主义成名作《亚维农的少女》中的"亚维农"，指的就是巴塞罗那的亚维农街。毕加索博物馆建筑原为一座贵族宅邸，改为博物馆后主要收藏其家族捐赠的毕加索早期创作作品。这个馆令人印象深刻的展品，是他成名之后用

委拉斯开兹《宫娥》

毕加索"临摹"的几幅《宫娥》

自己的风格研究和"临摹"委拉斯开兹《宫娥》的一组画作，原作为公众熟知，正好可以对比着来感受毕加索的艺术风格。

在加泰罗尼亚广场附近，还有一处"四只猫咖啡馆"（4 Gats），曾经是毕加索和其他艺术家经常光顾的地方，他们在那里谈论着巴黎艺术的最新动向，激发着彼此的创造力。四只猫咖啡馆现在还在，虽然是时隔多年后重新开张的，但依然保留着当年的模样。

📍 达利剧院博物馆（Teatre-Museu Dalí）

超现实主义画家达利出生于加泰罗尼亚的菲格拉斯，尽管在巴塞罗那也有一座达利美术馆，但位于菲格拉斯的达利剧院博物馆拥有更好的收藏。达利剧院博物馆与附近利加特港的达利故居博物馆、布波的卡拉－达利城堡博物馆共同组成了"达利三馆"，是达利本人成立的"卡拉－萨尔瓦多·达利基金会"旗下的博物馆。由于这几个馆都不在巴塞罗那，这里只简单提及，为达利爱好者指个路。

老吴私享

西班牙的小偷很多，巴塞罗那尤甚，有可能比意大利还多。在巴塞罗那，我的背包拉链曾被拉开过两次，第一次没丢什么，我误以为是自己忘了拉上；第二次是降噪耳机被偷，但可能是因为我及时发现，又被还了回来（其实到现在我也没明白怎么回事，把耳机还回来的是小偷本人，还是见义勇为的旁观者？）。双肩背包最好背在身前，另外，不要因为人少就认为没有小偷，也不要以为小偷会挑选下手的时间。我被盗的那次是一大早坐地铁赶飞机，地铁隧道里总共也没有几个人，但还是中招了。

美丽烟火气

这可能是本书中最特别的一个章节，在这里我给大家介绍巴塞罗那三个特色十足的市场，也是这座城市中最具烟火气的地方。

📍 波盖利亚市场（Mercat de la Boqueria）

这个市场是巴塞罗那最大的菜市场，出售水果、蔬菜、海鲜、坚果等，也可以买到像甜筒冰激凌一样包装、可以直接食用的伊比利亚火腿或者奶酪，以及现吃现开的新鲜生蚝。还有摊位式的餐馆，摊主们喜欢把商品摆得色彩斑斓。这个市场因为是在巴塞罗那最繁华的兰布拉斯大街上，因此很受游客欢迎，完全可以当作景点来逛。

波盖利亚市场

📍 圣卡特琳娜市场（Mercat de Santa Caterina）

这里比波盖利亚市场更值得推荐，一方面是因为这里人更少，更干净；更主要的是，这是一栋非常漂亮的改造建筑，新建了一部分现代的外立面，保留了一部分老旧的立面，如果在附近的高楼上，还能看到色彩斑斓的波浪屋顶。改造方案是由巴塞罗那 EMBT 建筑事务所设计，这家建筑事务所是一个夫妻店，丈夫米拉莱斯（Enric Miralles）是西班牙人，妻子塔格利亚布（Benedetta Tagliabue）是意大利人。说起来很有意思，我当时对 EMBT 事务所是一无所知的，在步行前往毕加索博物馆的路上经过这个市场，这个偶遇的现代建筑立面不只让我觉得漂亮，还让我觉得很眼熟，设计手法像极了 2010 年世博会的西班牙馆。于是，我站在市场门口拿手机查找资料，果然直觉没骗我，它们都是 EMBT 设计的。不同之处在于，市场是两个人共同的设计，而 2010 年世博会西班牙馆则是妻子单独的作品。2000 年，45 岁的丈夫就英年早逝了，甚至没能看到这座市场的改造工程完工。

圣卡特琳娜市场

恩坎特跳蚤市场（Nou Mercat dels Encants）

恩坎特跳蚤市场夜景

这个紧邻加泰罗尼亚国家剧院的二手货市场，几乎很少出现在旅行指南书上，我能知道它完全是因为我住在附近，遛弯偶然遇到的。这个市场是半开放的，有个以不同角度"折成"的镜面天花板，傍晚市场的灯光亮起时，反射在天花板上形成明亮的金黄色，在高密度蓝的天空映衬下，好看得不得了。我对淘二手货倒是没什么兴趣，但非常喜欢这栋建筑，很推荐时间充裕或者住得近的人去看，特别推荐傍晚时去。查资料可以知道，这个市场的设计机构叫"b720 Fermín Vázquez Arquitectos"，2015 年米兰世博会的西班牙馆也是由他们设计的。

童话的模样——多梅内克与高迪

从以上两个特色市场我们就能感受到巴塞罗那的特别之处，它的艺术魅力更多表现在建筑上。巴塞罗那在建筑上的惊艳是有传统的，这里曾经有多位建筑大师和杰作，其中一位就是世界上极具想象力的安东尼奥·高迪（Antonio Gaudi，1852—1926 年），他与同时代的路易·多梅内克·蒙塔内尔（Lluís Domènechi Montaner，1850—1923 年）和普伊格·卡达法尔奇（Puigi Cadafalch，1867—1957 年），被誉为巴塞罗那建筑界的"现代主义三杰"。

卡达法尔奇的改建作品"阿马特耶之家"就是与高迪的"巴特罗之家"一墙之隔的邻居，可以顺便一起参观。多梅内克的建筑作品有两座入选世界文化遗产，这已是相当惊人的成就了，但同时代的高迪则有七座建筑入选世界文化遗产。

西班牙

📍 加泰罗尼亚音乐宫（Palau de la Música Catalana）

多梅内克设计的加泰罗尼亚音乐宫，是唯一一座入选世界文化遗产名录的音乐厅建筑，它内部的装饰极其华美，天花板是色彩绚烂的花窗玻璃，白天甚至可以用自然光照明，花样的柱头与天花板融为一体，舞台上有古典主义的高浮雕。此外，还有一个有用双层马赛克装饰柱廊的阳台，每一根柱子上的马赛克纹饰都完全不同，而整个音乐厅处处有玫瑰的装饰元素。音乐宫内还有一个小的半圆形室内乐演奏厅，供不同类型的演出使用。从声学效果来看，这个音乐厅也是一流水准，中国钢琴家郎朗、王羽佳都曾在此表演。但总的来说，现在来这里听音乐的更多是为了同时参观建筑、打卡地标的游客，过于华丽的建筑装饰也多少有点喧宾夺主，所以音乐会的秩序显得有点杂乱，欣赏效果要打些折扣。当然，如果只是想看看建筑，也可以在白天非演出时段参加有官方讲解的参观团，目前只有英语和西语可选。多梅内克的另一座世界文化遗产是圣十字圣保罗医院（Hospital de la Santa Creu i Sant Pau），被誉为"世界最美丽的医院"，现在也对外开放。

圣卡特琳娜市场

老吴私享

如果有人能在加泰罗尼亚音乐宫看了弗拉门戈舞的演出，实属幸运。

弗拉门戈舞发源于安达卢西亚，但在马德里和巴塞罗那这样的大城市，一样可以轻易看到。除了正规的剧场，更多的演出是在兼有餐饮的专门小剧场里。没有现场感受弗拉门戈时，我想象它是欢快且性感的舞蹈，但实际上，它有非常深刻，甚至伤感忧郁的一面。弗拉门戈跟芭蕾很不一样的一点是，年纪大些的演员反倒更有优势，因为人生阅历会增加舞蹈的表现力。我看的那场弗拉门戈表演里，中年女舞者的独舞震撼心灵、令人动容，绝对是舞蹈家级别的。只要有可能，还是很推荐看一次现场演出。

高迪之城

有人把巴塞罗那叫作"高迪之城"，实在是因为他如同这个城市的灵魂一般。记得在一个论坛上有人发问：去巴塞罗那如果不看高迪的建筑，别的有什么可看的？我跟帖反问：如果不看高迪，你为什么要去巴塞罗那？

高迪有七座建筑入选世界文化遗产，分别是：圭尔公园（Park Güell）、圭尔宫（Palau Güell）、圭尔领地教堂（Esglesia de la Colònia Güell）、巴特罗之家（Casa Batlló）、米拉之家（Casa Mila）、文森之家（Casa Vicens）、圣家族大教堂（Basílica de la Sagrada Família，简称"圣家堂"）。

圭尔公园与高迪故居在一处，这个公园面积并不大，但因为限流，很难实现随到随入。如果没能买到当时入场的门票，建议利用等待的时间去参观高迪故居。圭尔公园很能体现高迪建筑的几个特色——自然主义的童话美学（动物造型的雕塑）、热衷于曲线（世界最长的公园长椅）、喜欢用马赛克拼贴（外立面的瓷砖）。

米拉之家是一栋拥有采光中庭的公寓楼，这栋楼的建造完全抛弃了直线，高迪说：直线属于人类，而曲线归于上帝。屋顶也做出了高低起伏，像一个山丘。而烟囱则变身为戴头盔的武士造型，看起来很像电影《星球大战》中暴风兵的样子。米拉之家的顶层阁楼内有个小小的博物馆，展示并介绍设计思想和建造过程，楼内还有一处保持原样的住宅供人参观。

巴特罗之家是我个人最喜欢的高迪作品，是个小而美的典范。这栋楼虽然只是一个改造的作品，但是细节充满各种巧思，没有直线，没有平面，没有棱角，一切都如巧克力般丝滑。相比米拉之家，巴特罗之家色彩斑斓，动物眼睛一样的外窗、海龟壳样的小窗、南瓜造型的楼梯装饰、旋涡状的吊灯、蘑菇造型的小屋、深海一般的电梯井、龙鳞状的屋脊，以及使用马赛克碎片拼出的烟囱……因为只是用于居住，所以它给人的感觉是轻松有趣的，住在其中感觉一定像童话世界一样奇幻。

圣家堂已经建了一百多年，到现在也仍然是个在建工程。参观这里一定要提前网购门票，按预约时间到达现场，可以大幅减少排队时间。关于它的资料和介绍太多，我就不细说了，感受只有无与伦比的震撼。由18座尖塔组成的自然主义造型、树林一样的内部结构，以及使用纯彩色玻璃引入摄人心魂的光线，都让这座教堂很轻松地征服你的眼睛和心灵。它已经成为新艺术运动在建筑领域的杰出代表，是哥特式建筑与现代主义的完美结合。高迪从接手设计到去世，为这栋建筑花了大半辈子的时间，也足以证明他对座这座建筑付出的心血。

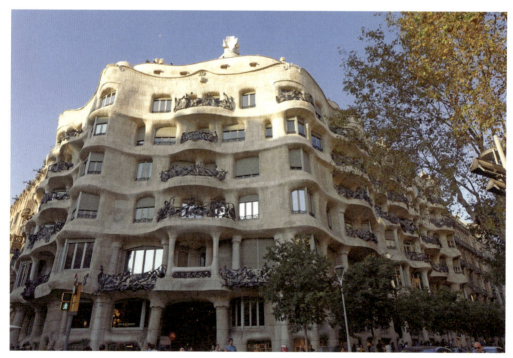

米拉之家

圣家堂

圣家堂内景

　　说来令人唏嘘，1926 年 6 月 1 日，巴塞罗那开通了第一条有轨电车线路。而高迪，这座城市乃至整个西班牙引以为傲的人，却不慎第一个被有轨电车撞倒，意外去世。

　　前几年有新闻说，在现代技术的辅助下，圣家堂加快了建设进度，有望于高迪逝世一百周年，也就是 2026 年时完工，至少主体结构可以建成，加上装饰灯工程，彻底完工大概要到 30 年代中期。我想大多数人跟我一样，都希望在有生之年见到它的完全建成，都希望有一天能重返巴塞罗那，再次仰望它的瑰丽和荣光。

低地风花：鹿特丹、代尔夫特、海牙、阿姆斯特丹

宽容

在之前的章节里，我们提到了尼德兰原来包括荷兰、比利时、卢森堡三国，意思是指低地国家，而且这个地名被后来独立出来的荷兰单独继承，它的英文名字就是"Netherlands"。不过，我们为什么不叫它"尼德兰"，而是叫它"荷兰"（Holland）呢？因为阿姆斯特丹所在的北荷兰省和海牙、鹿特丹所在的南荷兰省，是这个国家人口最稠密、经济最发达的地方，他们所在的

荷兰人喜欢骑自行车

荷兰地区就成了整个国家的代表，进而也成了另一个更广为人知的名字。曾有个传闻说荷兰政府要更名为"尼德兰"，但这是个假新闻，因为荷兰政府对这个的态度是——叫什么都可以。

荷兰大概是世界上最宽容的国家，同性婚姻、安乐死等很多国家存在的禁忌，在荷兰虽然谈不上提倡，但都是合法的。"都可以"是荷兰很重要的一种价值观。这里的治安并没有因此而变得更乱，在欧洲国家中，还算是不错的。荷兰人发明了显微镜和望远镜，也发明了股份公司和股票交易，也许是宽容的氛围激发了荷兰人的创新能力吧

说到荷兰，大家最先想到的不是巍峨不朽、具有历史沧桑感和政治意义的地标建筑，而是风车和郁金香。荷兰人爱骑自行车，爱吃奶酪和生鲱鱼，爱花花草草，爱 AA 制。他们生活节俭，尊重他人隐私，没有那些所谓大国的倨傲，也少有宏大叙事的高深。荷兰是我非常喜欢的国家，那种宽容、闲适的气氛，即使对以观光或者游学为目的的旅行者，也能感到一种度假式的放松。

老欧洲的新面孔

在欧洲，大多数旅游城市都比较古老，至少是有一些年代感。即使是规划建设的新建筑，也大多建在老城之外，老城与新城分区规划。也有伦敦这样的，在老城里建了一些新建筑，但总体还是以老建筑为主。所以欧洲总给人一种老的感觉，当然这也是欧洲旅行的魅力所在。

鹿特丹与大多数城市不同，虽然也有七百多年的历史，但它给人的感觉很新，甚至可以说比较现代。"二战"时，鹿特丹因被德军轰炸受到了严重损毁，但战后它没有学德累斯顿、华沙等原样重建的模式，而是走了一条重新规划建设的路。它也有老建筑，但占比并不高，更加吸引

眼球的是新建筑，它的新不仅体现在建造的时间很短，更重要的是设计的思维很新，甚至可以说有些"奇奇怪怪"。然而正是这些奇怪的建筑，给了鹿特丹前所未有的活力，也让鹿特丹成为一座集现代建筑之大成的城市。由于为建筑师提供了巨大的舞台，鹿特丹的建筑设计行业走在整个世界的前列，著名建筑师库哈斯领导的大都会建筑事务所 OMA 总部就设在这里，他以负责设计北京的央视总部大楼而为中国人所熟知。在鹿特丹，OMA 的代表作是新马斯河畔的鹿特丹大厦。可以说，这里是除巴塞罗那之外另一个以建筑艺术为主题的城市。

📍 博伊曼斯·范·伯宁恩美术馆（Museum Boijmans van Beuningen）

这是鹿特丹最大的艺术博物馆，收藏有老彼得·勃鲁盖尔的《通天塔》（小尺幅版）、伦勃朗为儿子提图斯画的肖像，还有梵·高、马格利特、达利等人的代表作品。美术馆内有漂亮的庭院，南侧还有一个面积不小的博物馆公园。特别要介绍的是它非常具有设计感的自助存衣处：设备是用线缆把衣服吊在空中（类似于晾衣架），而锁具是在控制线缆的滑轮里。这个设计巧妙有趣，以至于绝大多数参观者在旅行网站上点评这个美术馆时，都会提到这个存衣装置，其关注度远超过那些大师的名画。

还有一点要说的是，范·伯宁恩美术馆在西侧增建了一栋镜面碗状的公共艺术仓库（Depot），开放后已成为新的展陈空间。艺术仓库的设计者是MVRDV 事务所，其总部也在鹿特丹，他们在中国曾设计了被称为"最美图书馆"的网红建筑——天津滨海新区图书馆。

非常具有设计感的自助存衣处

📍 鹿特丹海事博物馆（Maritiem Museum Rotterdam）

荷兰曾经号称"海上马车夫"，是 17 世纪世界海洋贸易的霸主，在科技和艺术领域也都是领跑者。即使是现在，鹿特丹港依然是欧洲第一大港，他们的航海、造船技术、远洋贸易，甚至是海上的武装力量，都有着悠久的传统和厚重的底蕴。鹿特丹海事博物馆内部就设计成船的结构，展出很多不同时代、不同种类的船舶模型，还介绍了很多用于海上施工或者作业的特种船，以及海上生活的内容和海上安全的体验项目等。博物馆建在河岸边，拥有自己的码头，停靠了一些真正使用过的实体船供游客参观。

鹿特丹海事博物馆展出的船模

在海事博物馆不远处，就是连接新马斯河南北两岸的伊拉斯谟桥（Erasmus Bridge），是以鹿特丹文化名人、思想家伊拉斯谟来命名的。因为单臂斜拉索的桥体造型很美，看起来很像天鹅，所以也常被叫作"天鹅桥"，因此这里也具有地标属性。桥上有一处89米的桥体可以开合，便于大型船只经过。

伊拉斯谟桥，桥塔左侧的高层建筑便是鹿特丹大厦

老吴私享

新马斯河很宽很深，既能停泊瘦长的内河游轮，又能停靠大型的海洋邮轮。

内河游轮在欧洲是一个有特色的旅行方式，主要有两条线路，一条是经过瑞士、法国、德国、荷兰的"莱茵河航线"，另一条是经过德国、奥地利、捷克、斯洛伐克、匈牙利等国的"多瑙河航线"。内河游轮多为夜间航行，白天停靠在沿岸的城市中心码头，游览非常便利。内河游轮相当于一个行走的度假酒店，船体不大，所以乘客也没那么多，舒适度还是有保障的，也免去了多地游会有的旅途奔波。除了比较贵，其他都好。

📍 小孩堤坝（Kinderdijk）

在伊拉斯谟桥北岸西侧，是水上公交的码头，前往 10 千米之外的风车景区小孩堤坝就是从这里坐船。在旅游旺季时，会有直达的航线，非旺季则需要在中途换乘一次才能到达。

世界文化遗产小孩堤坝几乎是来鹿特丹观光的游客必去的地方，那里有 19 座风车，与湿地和堤坝一起，构成最有荷兰味道的代表景观。大多数情况下，只有一部分风车在转动，其中有两三个风车可供游客进入参观，了解风车里的生活，见识荷兰人是如何利用狭小空间的。堤坝很长，可以骑自行车，也可以乘船在水道里巡游。如果天公作美，这里可以随手拍出明信片级别的风景照。

我们一般认为风车主要用来磨面粉，但在荷兰，风车有着更为重要的功能——排水。作为低地国家，内陆积水以及倒灌的海水威胁着荷兰的土地安全，风车可以利用自然力量，源源不断地把水排到堤坝之外，保护了珍贵的土地资源。

📍 立体方块屋（Cube House Rotterdam）

在鹿特丹若干新奇的建筑中，最为吸引游客的是这组位于布莱克火车站旁边的网红住宅群。这里把 51 座房子建成树林的样子，每个"树冠"像斜置的立方体。房子外观是斜的，外墙面和窗子是斜的，但屋内必须是平的，以实现真正的居住功能，这种奇特的造型使得不同楼层的面积忽大忽小。房子与房子中间形成的通道、天井等公共空间，可供所有人随意出入。其中的一个出口外就是餐馆、酒吧云集的老码头（Oude Haven），一到晚上更是非常热闹。

立体方块屋是一个真实的居住空间，其中一栋开放为付费参观的样板间，可以欣赏里面的空间布局和设计；当然也可以预订对外经营的斯塔约凯旅舍（Stayokay Hostel），实际体验一下住在其中是怎样的感受。

小孩堤坝的风车

风车里的生活空间

立体方块屋与老码头

立体方块屋的公共通道和室内设计

📍 拱廊市场（Markthal）

这里是鹿特丹最火爆的现代建筑。它的结构是一个巨大的拱廊形状，拱廊外壳是 228 间公寓，"壳"下的空间是整洁的美食市场，"拱"的内壁还喷绘了巨大面积的数码壁画《丰饶之角》，画面上都是颜色鲜艳的蔬菜瓜果，给人带来强烈的视觉冲击和味觉诱惑。夜幕之下，灯光将穹顶壁画照亮，看起来非常绚丽夺目，所以这里就有了"世界最美菜市场"的美誉。这个市场也是 MVRDV 事务所设计的。

傍晚的拱廊市场

荷兰

维米尔之城

在鹿特丹布莱克车站乘车前往代尔夫特，只需要 15 分钟的时间，相当于我平常上班单程地铁的五分之一，这么短的旅程让我非常感慨——荷兰确实很小啊。

📍 维米尔中心（Vermeer Centrum Delft）

代尔夫特虽然是个小城，但魅力可不小，这里是荷兰画家维米尔的故乡，是著名的代尔夫特蓝陶的产地，也是荷兰"国父"、尼德兰联省共和国奠基人奥兰治公爵（Prince of Orange，知道为啥橙色代表荷兰了吧）威廉居住和遇刺的地方，他的旧居内至今还残留着刺杀他留下的弹痕。

对于艺术爱好者来说，维米尔就是代尔夫特的灵魂，他 43 年短暂的一生都生活于此。维米尔死后被人遗忘，两百多年后其艺术价值才被重新发现，因此并没有故居保留下来，最直接的痕迹是位于老教堂（Oude Kerk）的"墓地"，其实就是一块小小的地砖。后来，绘画行业组织圣路加公会又在老教堂内一个更好的位置给他重新设了一个标志，换为一块更大的地砖。另外，老教堂的钟楼是斜的。

为了纪念维米尔，代尔夫特在圣路加公会旧址内设立了维米尔中心，当年维米尔曾经是公会的会长，所以这里也算是他的另一处遗迹。维米尔中心虽没有一幅他的原作，但是把他分散在世界各大博物馆的作品用非常好的技术以原尺寸复制，并在地下展厅中展出，共计 37 幅画。因为大多数原作我都看过，所以可以负责任地说，作品复制得很好。展馆的二楼、三楼还有维米尔画室复原（可以看到他经典的左侧窗布光）、介绍画作修复以及如何解读其绘画的展区。虽然这里没有原作，但却是个很用心的博物馆，所以非常推荐。

代尔夫特风景

　　还有个略微八卦的事顺便讲讲。我们熟知的显微镜的发明者列文虎克就是代尔夫特人。他在眼镜店里学会了镜片磨制技术，最终发明了显微镜，并由此发现了红细胞和细菌。他与维米尔同岁，据说两人是朋友且两家相距很近。艺术爱好者都知道维米尔是通过暗箱成像的方式来画画的，而暗箱需要很高质量的透镜，所以他的暗箱透镜极有可能来自列文虎克。

　　代尔夫特的新教堂、市政厅乃至于整个小城，都保持了几百年前的风貌。比如维米尔《小街》里的建筑就跟维米尔中心很像，而《代尔夫特的眺望》则明显是在东门外的岸边画的。

老教堂内的维米尔墓

维米尔中心

代尔夫特老教堂

📍 皇家代尔夫特（Royal Delft）

代尔夫特另外一个重要的看点是蓝陶——看起来很像中国青花瓷的一种陶器。这里有不少家蓝陶工厂，其中知名度最高的是皇家代尔夫特。

皇家代尔夫特有一家非常不错的陶瓷博物馆，提供中文讲解，除了介绍厂家的历史、陶瓷的工艺外，还能看到绘制工坊和烧造流程。馆内有一幅与原作等比例、蓝陶瓷砖版的《夜巡》，这里还展出各个年度专门设计的蓝陶圣诞铃铛。对于从瓷器故乡来的中国游客来说，这个地方还是很亲切的。

老吴私享

关于维米尔，可以看一部由"脸叔"科林·费斯与"寡姐"斯嘉丽·约翰逊主演的电影《戴珍珠耳环的少女》，除了了解维米尔的生平与这幅名画的创作过程，也可以欣赏两位戏骨的精湛表演和若干精微的细节。

蓝陶瓷砖版《夜巡》

蓝陶圣诞铃铛

海牙

从代尔夫特乘火车去海牙，只需要 10 分钟，荷兰之小让我再次感慨。

海牙并不算是个大城市，但它特别重要。对于南荷兰省来说，它是省会；对于荷兰来说，它是政治中心，是荷兰王室、议会、政府和各国驻荷兰大使馆的所在地；对于世界来说，它是国际法院所在地。

📍 莫瑞泰斯皇家美术馆（Mauritshuis）

这个美术馆规模算不上特别大，但收藏却是顶级的。与《蒙娜丽莎》齐名的肖像画《戴珍珠耳环的少女》、维米尔唯一的风景画《代尔夫特的眺望》、伦勃朗的《杜尔普医生的解剖课》以及其人生最后一年创作的自画像、伦勃朗学生法布里蒂乌斯的《金翅雀》，都是弥足珍贵的艺术珍品。

莫瑞泰斯皇家美术馆

📍 海牙市立博物馆（Kunstmuseum Den Haag）

海牙市立美术馆主要收藏近现代的绘画作品，其中最主要的藏品是荷兰抽象艺术大师蒙德里安的画作，是收藏其作品最多的美术馆。2017 年，为了纪念蒙德里安创建风格派 100 周年，海牙市立美术馆举办了蒙德里安回顾展，展出了他的 300 多件作品。

📍 埃舍尔博物馆（Escher in Het Paleis）

埃舍尔是一位非常特别的画家，他在绘画中融入很多对于数学概念的表达，他创作的"错视图形"形成了不可思议的矛盾空间，其画作给了《哈利·波特》《盗梦空间》等电影的场景设计带来灵感，当然受他影响最大的是手机游戏《纪念碑谷》。埃舍尔博物馆具有非常独特的艺术价值。

📍 梅斯达格全景美术馆（Panorama Mesdag）

这里主要展出一幅高 15 米、周长 113 米的 360° 全景画，画的是海牙的席凡宁根海滩。它之所以知名，是因为梵·高曾经不吝赞美地表示：梅斯达格全景画是我生命中最美丽的回忆，它只有一个微小的缺陷，那就是它的完美无瑕。当然，现代人对于全景已经不陌生了，毕竟，一部小小的手机就能轻易地拍出来。

📍 海牙和平宫（Vredespaleis）

和平宫内有依据《联合国宪章》设立、隶属于联合国的国际法院（International Court of Justice）和基于《海牙公约》成立的常设仲裁法院（Permanent Court of Arbitration）两家机构。这两家机构是依据不同的国际法设立的，裁判性质不同，成员也不同。但因为同处一栋建筑中，经常被张冠李戴，或者混为一谈，很多人都搞不清楚。实际上，海牙另外还有一个"国际刑事法院"（International Criminal Court），也是经常被弄混的，幸好与前面两家不在同一栋楼内，否则更易混淆。这里有个接待中心可以参观，如果要入内则需要提前预约。

此外，海牙还有席凡宁根海滩（Scheveningen）、马德罗丹微缩景观（Madurodam）等值得一看的地方。

荷兰艺术双子星

让我们重返大都市，下一站：阿姆斯特丹。

荷兰是个艺术大国，历史上曾有黄金时代三杰——哈尔斯、伦勃朗、维米尔，其中成就最大的是伦勃朗。而近现代的画家中，梵·高是妇孺皆知、家喻户晓的艺术巨星，知名度足以为"画家"这个职业代言。因此，这两位自然是阿姆斯特丹艺术旅行的主旋律。

荷兰国立博物馆（Rijksmuseum）

国立博物馆以荷兰黄金时代的艺术收藏为主。毫无疑问，伦勃朗的《夜巡》是这里的镇馆之宝，这幅画与达·芬奇的《蒙娜丽莎》、委拉斯开兹的《宫娥》并称为"世界三大名画"，能吸引无数爱好者前来一睹原作的真容。国立博物馆为了这幅画也花了不少心思，比如2017年就搞过一次非常有创意的活动——送给第一千万个参观者一份特殊的礼物，"中奖者"可以一边观赏《夜巡》，一边享用美食和美酒，并在展厅内安置的床上"拥画"入眠，与之共度良宵。2019年，馆内又开始新一轮的漫长修复工程，为避免观众们看不到画感到失落，国立博物馆在原作处搭建了玻璃房子，修复专家就在展厅现场进行细致入微的修复工作，这种开放和透明也成为另一种景观。

荷兰国立博物馆

此外，伦勃朗的《犹太新娘》、22岁和55岁的自画像作品，以及维米尔的《倒牛奶的女仆》《小街》、哈尔斯的《快乐的酒徒》、阿维坎普的《冬景》、扬·斯特恩的风俗画、梵·高自画像都是国立博物馆的珍贵收藏。另外，国立博物馆内还有专门的船模、兵器和代尔夫特陶器展厅，尤其是船模，很能体现荷兰的特色。

国立博物馆的建筑风格为新哥特式，博物馆门前有个很大的水池，冬季到来时会变成对外开放的滑冰场。

📍 梵·高博物馆（Van Gogh Museum）

参观梵·高博物馆时，我有一个非常强烈的感受：如果说伦勃朗是荷兰的，那么梵·高就是世界的。来看梵·高的人不仅多，而且真的是操着各种语言。不同肤色、不同文化背景的人，似乎都能在梵·高的画里找到共鸣。梵·高在艺术界是一个非常特别的存在，他如此地受欢迎，并不完全是因为他孤独潦倒的一生，主要还是因为他的画能够让大家抛掉那些欣赏艺术的陈词滥调，可以直接用心感受。

梵·高生前只卖出过一幅画，去世后，随着他知名度的慢慢提升，逐渐有一批作品被售出，基本分散在纽约、芝加哥、巴黎、伦敦、慕尼黑等知名美术馆内。他的弟媳和侄子，在促使他被世人发现和认可方面，做出了巨大贡献。

作为个人专题博物馆，这里保留的梵·高画作是数量最多的，有油画200幅、素描500幅、信件800封，其中《吃土豆的人》《向日葵》《杏花》《麦田群鸦》等代表作都囊括在内。另外，这里也收藏了高更、马奈、劳特累克、西涅克这些印象派时期名家的作品。在半圆形的新馆建筑里，还经常有与梵·高相关的特展举办。博物馆的餐厅和商店都不错。

梵·高博物馆

📍 阿姆斯特丹市立博物馆（Stedelijk Museum Amsterdam）

这座博物馆就在梵·高博物馆旁边，老馆是红色的宫殿式建筑，新馆则是看起来有点像浴缸的白色现代建筑。市立博物馆是以收藏现当代艺术为主的美术馆，藏品包括塞尚、莫奈、毕加索、马蒂斯、康定斯基、蒙德里安、马列维奇、夏加尔等的作品。

📍 阿姆斯特丹皇家音乐厅（The Royal Concertgebouw）

这家音乐厅有两个特色：一是音乐演奏大厅有非常优异的音响效果，很适合音乐演出，尤其是弦乐的声音，特别悦耳，据说最适合演奏马勒的曲目；二是在音乐厅驻演的皇家音乐厅管弦乐团拥有着高超水准，曾在著名的古典音乐杂志《留声机》的一次评选中，力压柏林爱乐乐团、维也纳爱乐乐团，名列世界最佳交响乐团的第一名。

在荷兰旅行的过程中，我分别在鹿特丹和阿姆斯特丹各听了一场音乐会，让我印象最为深刻的是荷兰的音乐会传统——中场时，休息厅提供包括葡萄酒、气泡酒、啤酒、咖啡在内的各种酒水饮料，观众几乎都会离开大厅去享用一杯，与朋友小酌聊天，

皇家音乐厅以及其演奏大厅举办的音乐会

放松的状态更有利于音乐的欣赏。演奏结束后，荷兰听众更喜欢全体起立鼓掌，给指挥和乐手们以最真诚的鼓励和赞美。我在不少国家的音乐厅里听过音乐会，荷兰的气氛是最好的，因此非常推荐。

以上三个博物馆和皇家音乐厅都位于博物馆广场区域，这个区域内还有以当代艺术（比如波普艺术家安迪·沃霍尔、街头艺术家班克西）为主要收藏的 Moco 博物馆。最受市民欢迎的冯德尔公园（Vondelpark）也在附近，公园的边缘还有一个由教堂建筑改建，以演奏管风琴音乐而知名的管风琴公园（Orgelpark）。

老吴私享

很多人都认为听古典音乐会是个非常正式的事情，即使不穿晚礼服，也要西装革履才合适。其实这是个误解，听古典音乐、看歌剧院是欣赏，更是消遣。只要不过分随便，穿什么是无所谓的，T恤衫、牛仔裤也没有问题。西方古典音乐的观众普遍老龄化，所以他们很愿意年轻人走进音乐厅和歌剧院。古典音乐早就放下了身段，不会因为这些条条框框而将观众拒之门外。

伦勃朗故居（Museum Het Rem-brandthuis）

伦勃朗年轻时收藏的被当作道具的文物

对于一个画家来说，这栋毗邻运河的三层楼算是一个豪宅，尤其是考虑到伦勃朗买下它时只有 33 岁，尽管是贷款，但也足以表明他当时是多么少年得志、意气风发。在这里住了 20 年后，他因为破产卖房还债，最终走向了失落的晚年。

故居里有很多有意思的看点，比如一层会客厅内有一张当时的柜式床（比较短，相当于躺在斜坡上），这张床是为访客准备的，而访客主要是来订购他的画作的。商业头脑发达的荷兰人，很清楚大量印刷的版画能带来更多的回报。伦勃朗既是油画大师，又是版画大师，这里还有一间小小的版画印刷工坊。工坊内仍有工作人员印制、展示，印好的版画会在一楼的商店出售，游客可以围观印刷过程，也可以用不算太多的价格拥有一张伦勃朗的"原作"，听起来好像还挺诱人。还有一间屋子是放置伦勃朗自己收藏物品的宝库，他经常出入拍卖行，一掷千金购买各种来自域外的稀罕物品，这些物品很多都会成为他绘画的道具，比如我们在他画中看到的中东地区的服饰、贝壳、玻璃器皿、古罗马雕像，甚至动物标本……当然，这也是他破产的原因之一。他的画室保留了原样，游客能在这里看到与他的画里相同的角落和房间细节。顶层则是他教学的地方，每个学生有一个小隔间，这也是他收入的一个来源。伦勃朗故居的语音导览很细致，有种听不过来的感觉。

距离伦勃朗故居大概一站地，是伦勃朗广场，面积不大，广场上有雕塑版的《夜巡》，挺有意思的，路过时可以顺便看看。

伦勃朗广场上的《夜巡》雕塑

王宫（Royal Palace Amsterdam）

王宫大厅

这座位于市中心水坝广场的王宫，原本是市政厅，在后来的拿破仑占领时期，被当时由拿破仑封为荷兰国王的弟弟路易·波拿巴改为王宫。这栋楼现在虽然属于荷兰王室，但他们并不住在这里，内部大多数保留了路易·波拿巴时期的样子。之所以提到这里，是因为其中的一个房间是作为市政厅使用时处理民事债务的办公室，伦勃朗就曾在这个办公室内被宣告破产，从而失去了大部分财产。因此这里是伦勃朗人生重大转折的发生地，此后他的人生急转直下。

库勒-慕勒博物馆（Kröller-Müller Museum）

这座馆不在阿姆斯特丹，而是位于稍远一点的欧特罗（Otterlo）的高费吕沃国家公园（De Hoge Veluwe National Park），现在常被称为"梵·高国家森林公园"。这个公园非常大，最好在公园入口处骑免费的白色自行车前往博物馆，公园内还有雕塑、古堡、地下博物馆和各种地貌，夏季还可以露营，是自然与艺术完美融合的景区。库勒–慕勒博物馆是世界上收藏梵·高画作第二多的博物馆，有近 90 幅油画、180 多幅素描，仅次于梵·高博物馆，其中包括《星空下的咖啡座》《播种者》等名作。馆内还收藏了毕加索、修拉、蒙德里安、莱热、贾科梅蒂等人的绘画和雕塑作品。

海上马车夫

运河带（Canals of Amsterdam）

阿姆斯特丹水道繁密，拥有一个以中央车站为圆心的半圆形运河网络（也有点像蜘蛛网），运河总长度超过 100 千米，被称为"北方威尼斯"。老住宅大多沿运河建造，因为寸土寸金，所以房子通常很窄，但很深、很高。由于地基临水，不太稳固，有些房子呈现出东倒西歪的状态，这也成了阿姆斯特丹运河住宅的一个特色。由于房屋过窄，家具和大尺寸物品不容易通过楼梯搬运，所以每个房屋在建造时都在顶层房檐上预装了铁钩子，通过滑轮把家具吊装上楼。

既然有丰富的水道，自然也就有游船项目。我买的阿姆斯特丹城市卡中包含了游船项目，但实际体验后，我认为这种游览形式不太值得推荐，因为再漂亮的地方也只能匆匆看一眼，乘船游览完毕也不一定搞得清楚东南西北，脑中还没留下印象，旅程就结束了，虽然效率很高，但效果很差。当然，你如果不在意这些，它还是挺浪漫的。

📍 船屋博物馆（Houseboat Museum）

船屋在一些拥有河道的欧洲城市都能见到，但显然在水系发达的荷兰，船屋文化更悠久。船屋在我们外人看起来很浪漫，但对于很多居住其中的人来说，这只是一种很正常的居住方式，而且有可能是一种无奈的选择。船屋博物馆其实就是一艘可以参观的曾被实际使用过的船屋，船屋是真正的船，有引擎、能开走的那种。船上有起居室、厨房、卧室，还在非常狭窄的空间里设计了两个孩子睡觉的空间——小到没有办法称之为卧室。在介绍风车时我说过，荷兰人是狭小空间设计的行家，他们的这一才能在船屋上又一次体现出来。其实也不一定需要专门来参观，可以租住那种由船屋开成的民宿，还能实实在在地体验一下，感受会更具体。在荷兰，除了船屋还有水屋，空间更大，居住感受更接近普通住宅，我在鹿特丹就看到过利用水屋开成的酒店。

荷兰

运河边上的住宅

船屋的厨房

儿童卧室

121

📍 荷兰国家海事博物馆（Het Scheepvaartmuseum）

　　荷兰作为"海上马车夫"，不但要建多个海事博物馆，而且要做出不同的特色来。如果说鹿特丹海事博物馆偏重于海洋科普教育，那么国家海事博物馆则重在历史和文化，在这里更能感受到荷兰黄金时代的骄傲。这个博物馆离中央车站比较近，建筑是 1656 年在荷兰皇家海军兵工库的基础上改造的，拥有世界上最大规模的海事收藏，包括最古老的地图和海图，还有无数大大小小的船模。让我印象比较深的，是一个展厅专门展出海洋题材、海战题材的油画，包括画家范·魏林根（Cornelis Claesz van Wieringen）创作的《1607 年 4 月 25 日荷兰与西班牙舰队的直布罗陀海战》，从艺术爱好者的角度来看，这种主题画展还是比较偏门的。另外，他们的镇馆之宝是停泊在馆外河道里的、荷属东印度公司的三桅大帆船阿姆斯特丹号，这艘船在当时应该是最大体量的商船了，不过它在首航时就因为搁浅在英国近岸沉没了。20 世纪 80 年代，科学家们对当年的残骸进行了考古，按照发掘的文物和已有的资料对这艘船进行了从内到外的完全复制，还为参观者设计了一些互动体验装置，比如发射火炮。即使是复制的，这艘船也仍然是这里最具吸引力的展品。

"阿姆斯特丹号"帆船

📍 阁楼教堂博物馆（Ons' Lieve-Heer op Solder）

这是个小众博物馆，但非常有特色。它是一个位于"红灯区"普通住宅内的天主教堂，是把相邻的几栋民居阁楼部分内部"贯通"而成。这个天主教堂的入口十分隐蔽，进入住宅后还要通过七拐八拐、上上下下的楼梯，并通过秘道才能到达。民宅里的教堂自然不会太大，但麻雀虽小、五脏俱全，天主教堂该有的部分一样不少，其中有一个可以折叠并隐藏起来的布道台，甚至还有一架小型管风琴。17 世纪，在新教发展起来后，天主教一度被宣布为非法，教徒们的活动转到"地下"，

阁楼教堂博物馆

这个教堂就是在这个背景下建成的。这里再次显示了荷兰人对于建造狭小空间的天分，而且也是很有趣的一个地方。

📍 安妮之家（Anne Frank House）

这里是另一处狭小空间的代表，而且比之前提到的空间更小。安妮之家是《安妮日记》的作者、犹太女孩安妮·弗兰克在"二战"时期为躲避纳粹所藏身的密室，她和家人在此隐藏了 25 个月，留下了这本日记，但安妮终究没能逃脱迫害。由于空间狭小，接待能力有限，这个地方现在需要全部提前网上预约，并且按照预约的时间准时入馆。

另外，阿姆斯特丹还有一些比较有特点的游览地，比如犹太历史博物馆（Joods Historisch Museum）和造型很现代的眼睛电影博物馆（EYE Film Museum）。电影博物馆旁边酒店的顶层就是阿姆斯特丹观景台（A'DAM Lookout），可以俯瞰城市风景，楼顶还有个欧洲最高的、可以荡到楼外面的秋千。此外，还有喜力啤酒体验馆（Heineken Experience），与比利时的布鲁日狂人啤酒不同，喜力啤酒属于知名度极高的大众品牌，工厂更大也更现代，因此体验会更丰富，结束时有一杯或两杯不同口味的啤酒送饮。一个需要私享的小攻略是，他们的中文语音导览是一个可以公开下载的 App，可以自己提前下载好了在手机上听，能省下几欧元。

荷兰

📍 库肯霍夫公园（Keukenhof）

在荷兰除了看风车，必看的当然还有荷兰国花郁金香了。国内也有很多地方有郁金香的观赏项目，但要讲规模，尤其是成片的同色系花田，很难与荷兰相比。

每年 3 月中旬到 5 月中旬的郁金香花期，就是荷兰的旅游旺季了。我去荷兰就选在了 4 月上旬，看花地就选了最大的郁金香花园——库肯霍夫。我是通过国内电商平台代购的"公共交通＋公园"的套票，先自行坐火车或地铁到史基浦机场，在机场乘库肯霍夫在花期开通的专门大巴前往的。4 月初，公园周围的郁金香花田还没有盛放，公园内的花圃开得更好些，已经能拍出很好的照片了，估计在 4 月 20 日前后可能会到最佳观赏期。公园内还种了很多不同种类和颜色的风信子，弥补了郁金香没有全开的不足。另外，在公园外租辆自行车在周边的花田小路上骑行也是一个浪漫愉悦的玩法。根据官网的提示，为了保证游客的安全，这里是禁止使用无人机的。花期结束后，公园会闭园谢客，等到来年春天，再与游人相逢。

旅行的意义是通过观看、品尝、聆听、触摸、参与和思索，去感受体验不同的文化和自然。在我最想再次前往的欧洲国家里，荷兰排名非常靠前，它还有太多地方值得我去探索。它的艺术设计、现代建筑、温和的低地风光、包容宽松的人文气氛，都让人有一种轻快感，让你不自觉地沉浸其中，享受它简单的美好。

库肯霍夫公园

欧洲的十字路口：布鲁塞尔、布鲁日、安特卫普

地段好的小房子

先打个不恰当的比方，我们买房时最看重的是什么？房产经纪人会告诉你：是地段——房子不怕小，只要地段好。比利时在欧洲就属于"地段极好的小房子"——它分别与法国、德国、荷兰、卢森堡接壤，与英国也只是隔海峡相望，从布鲁塞尔乘高铁前往伦敦的时间比从巴黎还短。毗邻的国家除了卢森堡体量比较小外，其他几国都是英、法、德这种级别的欧洲大国。大概也是因为地处欧洲的十字路口，欧洲最重要的两个组织欧盟和北约的总部均选址于此，所以布鲁塞尔也有"欧洲首都"之称，比利时也被认为是欧洲的心脏。被称为"欧洲心脏"的国家很多，德国、匈牙利、捷克、斯洛伐克、奥地利甚至波兰都有这样的称呼，把比利时称为"心脏"主要是从大国政治和文化的视角来看。

由于历史的原因，这里的居民按照居住地区的不同分别讲法语、荷兰语（佛兰德斯方言），少数居民讲德语，所以这几种语言都是官方语言，就连博物馆藏品展牌上的介绍，也都是多语种的，甚至可能没有英语。当然，也正是因为这种复杂的历史文化背景，法语派与荷兰语派谁都不服谁，比利时也一直有分裂的隐忧。

比利时国家虽小（面积还没有海南省大），但贸易发达，经济富庶，在文化方面也很强，特别是艺术方面，更是大师云集。早在文艺复兴时期（当时国家叫"尼德兰"），这里就活跃着"油画之父"扬·凡·艾克，还有梅姆林、博斯、老彼得·勃鲁盖尔等大画家，他们的艺术风格与意大利文艺复兴很不同，具有鲜明的北方绘画特色；巴洛克时期，则有鲁本斯、凡·戴克这样的艺术巨星；近现代时期，则有代表象征主义的赫诺普夫、超现实主义的马格利特这些大师。比利时还是个漫画大国，中国小朋友熟悉的《丁丁历险记》《蓝精灵》都来自这里。比利时在艺术上是个不折不扣的大国。

北方艺术之城——布鲁塞尔

在介绍布鲁塞尔艺术之前，我们要大概弄清楚两个历史概念——"尼德兰"与"佛兰德斯"。"尼德兰"（Netherlands）的字面意思是"低地"，这片土地海拔很低，有些区域甚至低于海平面，现在的荷兰、比利时、卢森堡三国加上法国北部的一小部分就是当年的尼德兰地区，曾经被西班牙统治。16世纪，尼德兰北部地区反对西班牙统治，成立了尼德兰联省共和国，大体上就是现在的荷兰，但它继承了尼德兰的名字，所以到现在荷兰的英文名还是叫"Netherlands"，信奉的是新教；剩下的区域大体是现在的比利时和卢森堡，信奉的主要是天主教，比利时在1830年完全独立。所以，当我们说起博斯、老彼得·勃鲁盖尔、鲁本斯等画家时，说他们是比利时画家或荷兰画家其实是不严谨的，应该说是尼德兰画家。

"佛兰德斯"（Flanders）主要是指现在比利时北部、以荷兰语为主要语言的"佛兰德大区"（也叫"弗拉芒大区"），与之相对应的以法语为主要语言的南部叫"瓦隆大区"。而首都布鲁塞尔现在虽是独立的大区，但在历史上应该属于佛兰德斯的范畴（不过现在的布鲁塞尔，说法语的人更多）。所以活跃在这个区域的艺术流派也被叫作"佛兰德斯画派"，而本篇介绍的三个城市，都在佛兰德斯的区域之内。

虽然有点乱，不过这两个概念在艺术史上经常遇到，所以有必要把基本概念梳理清楚。

比利时皇家艺术博物馆（Royal Museums of Fine Arts of Belgium）

比利时皇家艺术博物馆

这座馆的基本陈列中有非常棒的古典大师绘画杰作，主要是老彼得·勃鲁盖尔的作品。其中有一幅《伯利恒的户口调查》，在展厅中还同时陈列着的大儿子小彼得·勃鲁盖尔的临摹之作，现场对比一下就知道谁画得更好。小彼得临摹过很多幅父亲的作品，甚至同一幅画他会临摹很多幅去卖，我猜他基本上就是以此为生的。但是他并没有得到父亲的画技真传，因为在他很小的时候，老彼得就去世了。从实际效果来看，他的水平确实比父亲差不少，他的弟弟、老彼得的次子扬·勃鲁盖尔就画得很不错，并没有把自己困在父亲的作品里，而是走出了自己的艺术之路。扬主要擅长画花卉静物，也画风景。他的画有一种丝绒般的光泽，所以他也被誉为"丝绒勃鲁盖尔"。在布鲁塞尔也有老彼得·勃鲁盖尔的故居，离皇家艺术博物馆不远，不过并没有对外开放，只是在门口挂了个牌子标注一下。

马格利特美术馆（Musée Magritte Museum）

马格利特美术馆其实是皇家艺术博物馆的一个部分，需要另外购票，或者购买多馆通票。当然，这里都是超现实主义大师雷内·马格利特的个人画作，包括《黑色魔术》和《光之帝国》等杰作。马格利特是以传统技法来绘制想象场景的，因此他的画并没有在形式上过分追求光怪陆离的视觉效果，而是把重点放在符号化的表达和神秘气氛的营造上，有些画作还表现出一定的哲学意味，体现了他对世界的观察和思考的深度，让观者看起来有一种似懂非懂的奇妙感受。他的画作《人之子》，多年来一直被我用作个人微信和音频节目《手机美术馆》的头像，因此我对他也有一种很亲切的感觉。

马格利特故居（Musée René Magritte）

马格利特故居

这个地方在郊区，可以乘有轨电车和地铁前往，由于非常小众，一般观光游客并不会来。这个地方很不起眼，下了有轨电车后，还需要使用手机地图一路导航。我去的时候故居博物馆的门是关着的，但门上示意并没有闭馆，想参观可以按门铃。我按响门铃后，一个年轻的女工作人员下楼开门，简单交流后，我向她付了参观费，她上楼取了找零，还拿了一张英文版的说明给我，并简单介绍了大致的参观路线，然后就回二楼办公室去了。接下来一直到参观结束离开，整个故居中都只有我一个人，这也是一次比较独特的参观经历了。

马格利特真正的故居在一楼，画家当时只租了这一层，大概是两室一厅的大小，后面还有个小院子和一个放作品的小仓库。最有趣的是，有不少画作中的场景来源于这个房间的装饰，这应该是参观故居最大的惊喜了。二楼和三楼原来住着其他人家，现在主要用来展览画家的生平介绍和根据资料复原的损毁画作，并没有油画原作。

漫画博物馆（Centre Belge de la Bande Dessinée）

比利时是漫画大国，除了中国人熟悉的漫画形象丁丁和蓝精灵，还有很多我们不知道的。对于有童年回忆的朋友来说，可以来这里看看。

其实，无论是从对整个世界的影响来看，还是从布鲁塞尔人本身的热爱程度来看，丁丁都远超过其他的漫画形象，有两个一目了然的证据：一是在布鲁塞尔的文创店中，丁丁的相关产品最多、最贵；二是经常能在大街上看到某栋楼的一面墙上画着漫画，丁丁的形象也是最多的。

丁丁的周边产品

📍 小于连（Manneken Pis）

　　小于连是全世界最知名的城市雕塑之一，雕的形象是一位用尿浇灭炸药导火线的机智小英雄。雕像的身材跟真正的同龄男孩基本一致，位置是在老城里距离大广场很近的狭窄街道的十字路口。小于连会让第一次看到的游客颇感意外，甚至是遗憾，因为他的体量、位置与知名度严重不匹配。

　　小于连最有看点的不是雕像本身，而是几乎天天更换的服装。我在布鲁塞尔住的酒店离这个街口很近，来回好几次经过这里，短短的几天就看他换过两套服装以及全裸的本尊，只是没能碰到换衣服的那一刻。如果你只是看他一次，恐怕未必能看到不穿衣服的样子。他的衣服来自世界各

不同形象的小于连

地，经常是由各国的外交部门或者协会赠送，通常代表了不同的文化，所以小于连也是个小小的使者，换装体现了比利时与其他国家的友好。当然，他也是世界上"拥有最多衣服的小孩"。现在，在离雕塑不远的地方，有一座单独的小于连衣橱博物馆（Museé Garde-Robe de Manneken-Pis），主要展示他穿过的服装。我去的时候还没有单独的博物馆，只是在大广场的布鲁塞尔城市博物馆内的一个展厅看过几件实物，在互动屏幕里看到了他以往服装的照片。印象比较深的是日本赠送的传统武士盔甲，又酷又萌。坦率讲，我看到的几件中国服装并不是太理想。

📍 布鲁塞尔大广场（Grand Place）

　　这是布鲁塞尔的市中心，被大文豪雨果称为"欧洲最美丽的广场"。如果说比利时是欧洲的心脏，那么这里就是心脏的心脏。

　　大广场由一大圈漂亮的建筑围合而成，其中最主要的两栋是体量巨大的哥特式建筑。广场北侧，有 16 世纪建造的王宫（Maisondu Roi），现为布鲁塞尔城市博物馆；广场南侧，有 15 世纪建造的市政厅（Hôtel de Ville）。其中，城市博物馆内介绍了布鲁塞尔的发展历史。

　　广场周围有很多咖啡馆、餐馆和商店，其中包括非常著名的 Godiva 巧克力店，外围的街道也有很多美食，比如 Fritland 炸薯条。另外，著名的商店街圣于贝尔长廊（Galeries Royales Saint-Hubert）也与大广场相连。长廊是文艺复兴式建筑，两侧店铺的橱窗色彩缤纷，非常诱人。

比利时

花样繁多的比利时啤酒

在比利时，有一种很特殊的啤酒流派——修道院啤酒（Trappist beers），顾名思义，这种啤酒是由修道院的修士们使用传统的酿造方法制成。比利时的啤酒口味中，比较特别的是水果味，例如著名的樱桃啤酒，我的朋友去布鲁塞尔时觉得很难喝，强烈不推荐，但我去时没能抵挡住好奇心，斗胆尝了一下，觉得还不错。我还尝了一种用大麦、小麦和燕麦三种原料酿成的带有些许"香菜味"的啤酒，听说还有用椰奶酿造的啤酒……针对不同风格的啤酒，比利时还会配不同形状的啤酒杯，以期达到最佳的饮用口感。总之，比利时人把喝啤酒这个事搞得花样百出，无论是从啤酒文化的丰富程度，还是从人均消费量上，这里都是不折不扣的啤酒王国。

📍 欧盟委员会总部（European Commission）

我是做新闻工作的，经常在电视上看到欧盟委员会总部大楼、欧洲议会（European Parliament）等场景（欧洲议会总部在法国的斯特拉斯堡，但其常务工作在布鲁塞尔），所以对这些地方，我是有些兴趣的。不过入内参观需要提前预约并且时间充裕，所以我只能在外面转转，近距离感受一下。

另外，位于布鲁塞尔郊区的1958年世博会建筑原子塔，是一座造型奇特的地标建筑，时间允许的话也可以去看看。

欧盟委员会总部

啤酒管道入户的传说

世界遗产委员会这样描述布鲁日历史中心：中世纪人类聚落的杰出典范，虽历经数世纪沧桑，但仍保留着大量历史建筑。布鲁日是个基本保持原样的中世纪古城，从城市风貌来看，城外有护城河环绕，城内也有比较发达的运河水路，堪称比利时的威尼斯。不过，它最知名的传说，是一个关于啤酒的故事。前些年，因为老城内道路狭窄，汽车运输不便，布鲁日铺设了一条啤酒管道，把城内老啤酒厂生产的啤酒输送到城外的灌装厂。但这个新闻传开以后，就被不明真相的群众传成了啤酒管道可接入家庭，用户在家里拧开水龙头就能喝到新鲜的啤酒……这当然只是一个段子，但也反映了某些啤酒爱好者的真实梦想吧。

布鲁日早期是贸易港口，商业发达，经济富庶，因此这里也是北方文艺复兴艺术的一个"基地"，油画技术的发明人——"一代宗师"扬·凡·艾克和他的哥哥，就定居于此，《根特祭坛画》《阿尔诺芬尼夫妇像》等代表作也都是在这里完成的。可惜的是，现在已经没有扬·凡·艾克的遗迹了，只有一座雕塑来纪念这位伟

老吴私享

既然提到了我的职业，那我还有个重要的经验分享——在欧美旅行，如果你持有国家新闻出版署颁发的正式记者证，在参观博物馆时（必须是名字中带"博物馆"的），很多情况下都可以凭记者证享受免费门票，当然极个别的博物馆需要提前提交邮件申请才能获得免费资格。我一般是随身带着记者证，去博物馆时就问问，能免则免，不能免就买票。一趟行程下来，也能节省不少费用，我印象中节省最多的一次行程大概总共省了近两千元人民币。

扬·凡·艾克的雕像

大的艺术家与这个城市的关系。由此，我们也可以说，布鲁日是油画的故乡。另外一位文艺复兴大师梅姆林，也是在事业鼎盛期定居于此直到去世，并在这里留下了最重要的作品。

131

📍 格罗宁格美术馆（Groeninge Museum）

这是布鲁日最重要的艺术博物馆，收藏有扬·凡·艾克的杰作《卡农的圣母》，以及罗希尔·范德魏登、梅姆林、博斯、老彼得·勃鲁盖尔等古典大师的佳作，也有马格利特、德尔沃等近现代画家的画作，是艺术爱好者不可不去的地方。

📍 梅姆林美术馆（Memling Museum）

这家美术馆在圣母教堂的对面，原为中世纪的一所圣约翰医院（根据纪录片的说法，更接近于现代的临终关怀医院），内有被称为"比利时七大秘宝"之一的圣乌尔苏拉遗物匣，遗物匣做成了哥特式教堂的外观，表面的八幅装饰画是梅姆林的作品；另外，这里的礼拜堂还藏有梅姆林的祭坛三联画《圣凯瑟琳的神秘婚礼》原作。梅姆林的画在其他地方不太容易看到，所以还是挺难得的。另外，这个当年的医院还有个附属的药房，以原样陈列的方式对外开放，不过要从美术馆外的另一个入口进入，且午休时间会关闭，这一点需要注意。

馆内的梅姆林三联画《圣凯瑟琳的神秘婚礼》

📍 市场广场（Markt）

　　这里是布鲁日古城的中心，也是游客最多的地方。广场周边有市政厅（City Hall）、钟楼（Belfry of Bruges）、圣血礼拜堂（Basilica of the Holy Blood）等地标建筑和人文古迹，也有招揽游客的马车巡游项目，当然更少不了的是咖啡馆和餐馆。

　　钟楼高 88 米，顶部有很好的视野，既能俯视城内的古建筑，又能远眺城外远处的风力发电机。钟楼上还有一个用键盘弹奏的钟琴，每隔一段时间便会有专人演奏音乐。圣血礼拜堂则拥有当年十字军从君士坦丁堡带回的"圣血遗物"。广场周边还有一家达利博物馆，达利的现代艺术作品能够很好地平衡这里以古典艺术为主的收藏，很适合作为调味剂，如果时间充分，也可以去看看。

钟楼视角下的布鲁日

蕾丝商店的橱窗

　　市场广场附近街道上还有一家薯条博物馆。法式炸薯条（French Fries）名为法式，但实际起源于布鲁日。它要经过两轮不同温度的油炸，炸好的薯条要蘸着各种味道的酱汁来吃，经典搭配是佐以蛋黄酱，虽然简单，但极其美味。不过需要提醒的是搭配的酱汁并不附送，是要单独收费的。另外，我们经常在尼德兰肖像画上看到漂亮的蕾丝衣领，而布鲁日正是手编蕾丝的故乡，因此这里也有关于蕾丝的博物馆和店铺。

　　从市场广场的东南方向出去，走不远就是运河巡游的码头。这里游客很多，但景色非常好，尤其是夜幕降临时，周边古老的建筑在灯光河影的映衬下，非常美丽。

比利时

码头之夜

布鲁日半月啤酒厂（De Halve Maan）

这就是前面我们说过的那座位于老城中心，要修啤酒管道的那家啤酒厂，距今已有 450 多年的历史了。它生产的布鲁日狂人啤酒非常特别，具有三年保质期，是比利时获奖最多的啤酒，被誉为"啤酒中的贵族"。这家建在狭小老建筑内的啤酒厂可以参观，颇有些螺蛳壳里做道场的感觉，讲解员带领游客在不同楼层穿梭往返，讲解啤酒酿造原料、设施和流程，同时介绍这种啤酒悠久的历史，酒厂屋顶平台上也可看见非常棒的古城景观。参观结束后，一楼大厅里还会送上一杯最新鲜的啤酒供游客品尝。由于历史悠久、品质优良、体验独特，这家啤酒厂几乎成了游客来布鲁日必定打卡的地方。

布鲁日狂人啤酒

艺术宝石

有人给安特卫普总结了三个关键词：港口、钻石、鲁本斯，不得不说概括得非常精准。

布鲁日由于河道淤积影响贸易而没落后，比利时的进出口业务逐渐转移到安特卫普，目前安特卫普港是该国第一大港口，在欧洲位列第二。在众多的贸易产品中，钻石是最为亮眼的一类。虽然安特卫普一颗钻石都挖不出来，但这里是世界最大的钻石加工和贸易中心，拥有高水平的钻石切割、抛光技术和完善的产业，它出口的钻石产品在全世界占比超过一半。在安特卫普火车站附近，还有一个钻石博物馆。

艺术总是跟着钱走的，佛兰德斯艺术的中心也从布鲁日转移到了安特卫普。巴洛克时期最耀眼的艺术巨匠鲁本斯就是安特卫普人；他的学生凡·戴克也在这里成长起来，并负笈英伦，成为一代肖像画大师。安特卫普还有一位风俗画

画家小大卫·特尼尔斯雕像与安特卫普城市街道

家小大卫·特尼尔斯，专门描绘都市平民的生活日常。如今，这三位画家的雕像就伫立在安特卫普的街头，是这里的骄傲。实际上在鲁本斯之前，安特卫普已经有昆丁·马西斯、帕提尼尔等著名画家驻足；老彼得·勃鲁盖尔也曾经在这里工作过十来年的时间，他的小儿子老扬·勃鲁盖尔则定居于此，并经常与鲁本斯合作，为鲁本斯的作品画上他最擅长的花卉静物。因为深厚的艺术底蕴，也有很多人来到这里学习绘画，梵·高就是其中的一位。因此，对于爱好绘画艺术的旅行者来说，安特卫普是很重要的一站。如果把艺术史比作一顶奢华的皇冠，那么安特卫普就是王冠上最大、最亮的那颗钻石。

📍 鲁本斯故居（Rubenshuis）

鲁本斯是安特卫普最知名、最成功的艺术大师，他的故居堪称豪宅，其中一个有意思的看点是，这栋建筑曾经多次出现在他的画里，特别是那个大门。住宅内除了生活区，还有专门谈生意的会客区，那是一间比较大的展厅，当年曾经是他的绘画工坊。很多时候，他都是画小尺幅的油彩草稿，由手下的助手放大成大画，他再画出头部、手部等关键部位（前面说过，画中的花卉、静物等，还会找来专门的画家来合作），便可以签名"交货"了。这种工作模式使得他留下来的大尺幅画

作非常多，我们不必怀疑这些作品的真实性，因为"他不是一个人战斗"。作为画家，鲁本斯炫动、华丽、戏剧化的绘画风格深受欢迎，他在有生之年就享受了最大的收益，订单合约不断，生活优渥、富足，社会地位崇高。鲁本斯既是个画家，也是外交家，在他生活的时代，佛兰德斯在西班牙的统治之下，他曾经以外交官的身份促成了西班牙与英国缔结友好条约。回望整个艺术史，同时在生前身后都取得如此程度的成功，实在是很难找到可与其相比的人。

另外，安特卫普皇家艺术博物馆（Koninklijk Museum voor Schone Kunsten Antwerpen）也收藏了包括鲁本斯在内的佛兰德斯画家以及德国、意大利等国的珍贵艺术作品。不过这里近些年一直在进行翻修改造工程，等到完工重开，还是非常值得一看的。

鲁本斯雕像与安特卫普圣母大教堂

📍 圣母大教堂（Onze Lieve Vrouwekathedraal）

这座哥特式教堂于 14 世纪开始建造，教堂内的祭坛画《圣母升天》《基督上架》《基督下架》都是鲁本斯专门为这里创作的宗教绘画作品，极具代表性。

英国女作家奥维达创作的著名儿童文学作品《佛兰德斯的狗》中，热爱艺术的送牛奶少年尼洛，梦想能够看到这座教堂中鲁本斯的画，但他最终还是因为贫困，与一直陪伴的狗冻死在寒冷的冬天。这是一个文学作品，并非真人真事，不过无法否认的是，这个悲伤的故事感动了很多人，以至于人们相信它的存在。在圣

根据《佛兰德斯的狗》创作的城市雕塑

母大教堂门前的小广场上，就有一座源自这个故事的雕塑——尼洛抱着狗一起睡着了。原本的故事很"致郁"，雕塑看起来却很"治愈"。有意思的是，这个雕塑的捐赠牌上写的是中文"周大生"——来自中国的钻石珠宝商，这倒是与安特卫普的特产联系起来了。

📍 河畔博物馆（Museum Aan de Stroom）

这是斯海尔德河岸边的一座非常漂亮的现代建筑，内部的展览多为定期主题展。即使不看展览，也可搭博物馆内部的自动扶梯拾级而上，透过扶梯旁的管状玻璃窗，以及最终抵达的楼顶免费观景台，欣赏古城的美丽建筑。

河畔博物馆

从河畔博物馆顶楼俯瞰城市河景

137

📍 米德尔海姆露天雕塑公园（Middelheim Open Air Sculpture Museum）

这座近郊的公园，其实是个露天的雕塑博物馆，大多数雕塑和装置艺术都在草地上和树林间陈列，包括罗丹、马约尔、亨利·摩尔等名家之作。

另外，安特卫普火车站也是一栋非常漂亮的折中主义建筑，结合了城堡式的主体与钢架温室式站台雨棚等不同风格的部分，华丽的内饰如同一座艺术宫殿，有"铁路大教堂"的美称，被誉为世界最美的火车站之一。车站地上两层、地下两层，在有限的面积内容纳更多的站台和线路。总之，值得专门预留时间细细品赏。

安特卫普火车站

无问西东：
慕尼黑、德累斯顿、
柏林

三座城，三个王

2011年，国家博物馆新馆建成开放，我从那年开始当讲解志愿者。大概因为国博新馆是由德国GMP事务所设计的，开幕后的第一个国际交流展便是与德国三家国立博物馆合作的"启蒙的艺术"展，这个展也让我确定了德国旅行的行程安排——慕尼黑、德累斯顿、柏林。我非常喜欢这次展览，不仅在讲解的过程中受益良多，而且此后多年一直能从中回溯、汲取营养，它是我认知欧洲文化和艺术的一次重要启蒙。

德国盛产哲学家——黑格尔、康德、尼采、叔本华、马克思……思想的夜空群星璀璨；盛产音乐家——巴赫、贝多芬、勃拉姆斯、舒曼、门德尔松、瓦格纳……旋律的海洋航母云集；而绘画艺术方面则要弱于哲学和音乐，虽有老卢卡斯·克拉纳赫、丢勒、小汉斯·荷尔拜因以及后来的门采尔这些大师，但比起意大利、尼德兰和法国还是稍逊一筹。不过可能是长于思辨的缘故，德国在现代艺术上独树一帜，其建构在哲学、心理学基础上的表现主义，成为现代艺术最重要的流派，让艺术从再现、审美走向观念、直觉和哲思；同时，依托于现代艺术思潮的德国设计，则处于世界一流地位，尤其是包豪斯学校，更被认为是世界现代设计的开端。

另外，慕尼黑是德国纳粹"啤酒馆暴动"事件的发生地，而柏林和德累斯顿属于原民主德国地区，其中更有东、西柏林一墙隔绝的遗迹，因此这个行程也具有大量"二战"和"冷战"的元素，当然也就有了历史的厚重。

德国这三个城市，历史上曾经分属三个国家，与此相对应的三个国王给我留下了深刻的印象，他们分别是与德累斯顿相关的萨克森选侯国选帝侯（国王）——"强力王"奥古斯特二世，与柏林相关的普鲁士王国国王——"腓特烈大帝"腓特烈二世，以及与慕尼黑相关的巴伐利亚公国国王——"童话国王"路德维希二世。他们分别为三座城市留下了茨温格宫、无忧宫以及新天鹅堡这些精美绝伦的宫殿城堡建筑，还有他们各自或传奇、或浪漫、或虚妄、或雄强的帝王生涯。

一言难尽慕尼黑

巴伐利亚又被译为拜仁、拜恩，慕尼黑是巴伐利亚州的首府，是德国南部最大的城市。慕尼黑对于大多数人来说，是拜仁慕尼黑足球队，是宝马汽车，是啤酒节和烤猪肘……总之都是激情的、享受的。但巴伐利亚和慕尼黑是多面的，它还有收藏水准高、量质俱佳的老绘画陈列馆，有世界一流的理工科高校慕尼黑工业大学，有世界最早的科技博物馆德意志博物馆，有梦幻的童话世界新天鹅堡，以及作为纳粹罪行证据的达豪集中营……慕尼黑是丰富复杂的。

慕尼黑的艺术类博物馆比较集中，都位于市中心北部的博物馆区域。老绘画陈列馆、新绘画陈列馆、现代艺术陈列馆、布兰德霍斯特博物馆、伦巴赫之家市立美术馆、沙克收藏馆、埃及艺术国家博物馆、古代雕塑展览馆等多家博物馆、美术馆都相距很近。

老绘画陈列馆

老绘画陈列馆（Alte Pinakothek）

毗邻慕尼黑工大的老绘画陈列馆，是一座略显低调的美术馆，其收藏古典绘画的数量与质量完全可以跟马德里的普拉多博物馆和维也纳的艺术史博物馆掰掰手腕。有一年，我做网课课件时，突然发现选取的很多古代大师代表画作都收藏于此，才意识到它的藏品水准是多么优秀。其中有达·芬奇的《持康乃馨的圣母》、丢勒的《四使徒》《自画像》、阿尔特多弗的《亚历山大之战》、伦勃朗23岁自画像、西班牙画家穆里罗的多幅"小乞丐"主题的画作、洛可可大师布歇的《蓬巴杜夫人》等，还包括有《劫夺吕西普的女儿》等多幅巨作在内的鲁本斯大厅。另外，文艺复兴时期的绝大多数大师都有作品入藏这里，既丰富又全面。

新绘画陈列馆（Neue Pinakothek）

馆内收藏近代绘画，主要是印象派时期前后的作品，特别值得介绍的有马奈的《画室里的午餐》、梵·高的《向日葵》（较早的版本）、卡尔·施皮茨韦格的《可怜的诗人》，以及弗里德里希、透纳、德拉克洛瓦、勃克林、莫奈、高更、德加、劳特累克、塞尚、克里姆特、席勒等名家之作。需要注意的是，新绘画陈列馆馆舍目前关闭翻修，工程至少要持续到2025年，其主要藏品目前在老绘画陈列馆一楼和沙克收藏馆展出。

德国

📍 伦巴赫之家市立美术馆（Städtische Galerie im Lenbachhaus）

这家美术馆是非常值得推荐的，不仅是因为它的建筑是由伦巴赫私宅改建而成，更是因为它的收藏独具特色——馆内藏有一千多幅表现主义团体青骑士社的作品，这些画作大部分是由青骑士社成员、女画家加布里埃尔·穆特（她也是另一名成员康定斯基的情人）捐赠的。青骑士社诞生于慕尼黑，成员还有弗朗兹·马尔克、雅弗伦斯基、保罗·克利、奥古斯特·马克等。康定斯基后来还和保罗·克利执教于著名的包豪斯学校，是抽象主义开宗立派之人，可以说是现代艺术史上最耀眼的艺术明星之一。通过他早期在青骑士社的作品，就更容易理解他来源于野兽派的艺术基因。另外，其他成员的作品也都很具装饰性，绘画爱好者一定要去看看。

📍 玛利恩广场（Marienplatz）与新市政厅（New Town Hall）

市政厅钟楼中午的木偶报时

玛利恩广场是慕尼黑市中心，从慕尼黑火车总站可步行前往。广场周围有旧市政厅、彼得教堂、圣母教堂以及新市政厅等地标建筑，还聚集了很多商场、餐馆，其中最具吸引力的是新市政厅建筑，风格为新哥特式。每天中午的 11 点和 12 点，市政厅钟楼上会上演一段长达十分钟的木偶舞蹈报时，表演的是历史上巴伐利亚大公婚礼的场景，热闹有趣。

沿着广场西侧道路一直向北，不远处就是模仿佛罗伦萨佣兵凉廊开敞式结构的统帅堂（Feldherrnhalle），这里每年举办慕尼黑露天广场夏季音乐会，也是当年纳粹举办活动的地方。广场旁边有一座铁阿提纳教堂（Theatinerkirche St. Kajetan），又被称为"白教堂"，其内部的巴洛克雕塑繁复精美，但是使用灰泥材质，颜色素白简朴，形成了一种既矛盾又和谐的奇妙效果，是一种很特别的装饰风格。

📍 王宫（München Residenz）与宁芬堡宫（Schloss Nymphenburg）

巴伐利亚曾经是独立的国家，因此它有自己的宫殿体系，其中最主要的是慕尼黑市中心的王宫和位于西郊的宁芬堡宫。

王宫位于市政厅北部，距离著名的 HB 啤酒馆也非常近。王宫的一侧是著名的巴伐利亚国家歌剧院。其本身可供参观，内部还有一个珍宝馆，展示的都是发出夺目光芒的各种王室珍宝以及工艺品。

如果把王宫比作北京故宫，那么郊区的宁芬堡宫就相当于颐和园。这里是巴伐利亚王室夏季避暑的行宫，虽说在郊区，但乘有轨电车前往很方便，也并不是很远。宁芬堡有一个巨大的园林，宫殿建筑内主要是洛可可式的华丽装饰，有一个小房间全部采用了中国风格的装饰，另外还有一间"美人画廊"，用来展示路德维希一世最喜欢的 36 位美女画像。

王宫的珍宝馆藏品

📍 新天鹅堡（Schloss Neuschwanstein）

在巴伐利亚州西南部的菲森，有一座世界闻名的城堡建筑——新天鹅堡。其作为迪士尼乐园城堡的原型而为世人熟知，其实不只是迪士尼，《哈利·波特》的霍格沃茨魔法学校也一定程度上借鉴了这座城堡的外观。从慕尼黑乘火车前往这里大约需要两个小时，由于它太过出名，堪称德国旅行最重要的建筑打卡地。

这座有着童话外观的城堡，属于巴伐利亚公国国王、"茜茜公主"的表侄路德维希二世。路德维希二世是个形象俊美的文艺国王，极其热爱艺术，是歌剧大师瓦格纳的忠实粉丝，帮他还债，为他建专门的剧场，堪称用一国之力追星。他修建了新天鹅堡、林德霍夫宫、赫尔伦基姆泽宫等宫殿建筑……不过他治理国家不太在行，有点像中国历史上的宋徽宗。最终他被以患有精神疾病为由剥夺了执政权力，他的死因也是一个谜。

新天鹅堡的建筑灵感，来自路德维希二世偶像瓦格纳所写的歌剧《罗恩格林》中天鹅骑士的故事，因此城堡中有大量天鹅主题的壁画、瓷雕、纹章等元素。城堡的内部较为传统，不像它的外形那么有童话色彩。由于耗资惊人，有一些房间装饰得较为简陋，而且建成后很快就对外开放，通过门票收入弥补亏空。毫无疑问，这座倾尽国家财力建造的城堡已经成为巴伐利亚旅游业最大的吸金发动机，为后代带来了滚滚财源

老吴私享

在新天鹅堡所在的山坡上，能够看到不远处的旧天鹅堡，虽然不够惊艳，但也很漂亮，时间充裕的话可以去那里参观。新天鹅堡后面有条路通往山上，不远处就是一座桥，这里是观看新天鹅堡全貌、与它合影的合适位置。我从这里又继续向上爬了两个小时山路（甚至更接近于野路），越往上走，越能以接近正面的、类似于迪士尼电影片头的角度来欣赏新天鹅堡。当然，现在去的话，可以用无人机很方便地实现最佳视角拍摄。

新天鹅堡

📍 德意志博物馆（Deutsches Museum）

德国以制造业闻名，先进的工艺和技术是德国人最引以为傲的。不知道是不是出于这种骄傲，与那些以国家名字命名的历史类博物馆、综合类博物馆不同，德国人把"德意志"这个名字赋予了科技主题的博物馆。德意志博物馆号称是世界最早、最大的科技博物馆，虽然"最大"的名头我估计已经易主了，但其在受欢迎方面，依然在世界科技馆中名列前茅。在旅游网站上，确实有人觉得这个"科技"博物馆的科技不够尖端，甚至可以说是老旧，这个感受实际上没有错，因为它更准确的定位应该是"工业科普博物馆"。它的最大优点是亲和力，很多技术都与我们生活更加贴近，而且内部设有很多互动设施。

我印象最深刻的有两处：一个是位于地下的"仿真矿井"，观众可以在其中体验采矿的流程和工作环境。另一个是"乐器展厅"，在那里我看到了工作人员依次在作为展品的乐器上弹奏乐曲，我想这可能有两种功能：一是让观众在参观的时候同时欣赏音乐；二是让乐器始终保持着一种被演奏的状态，让它们始终是鲜活的展品，而不会因为进了博物馆就变成了没有灵魂的空壳。

德意志博物馆在慕尼黑还有"交通""航空"两处主题性分馆，在纽伦堡、波恩也各有一处分馆。

📍 宝马世界（BMW Welt）与宝马博物馆（BMW Museum）

德国是世界的工业大国，汽车工业更是其支柱产业，德系汽车因其精良的工艺、扎实的技术、出色的性能和领先的设计，赢得了无数驾驶者的青睐，我们熟知的宝马、奔驰、大众、保时捷都是著名的德国汽车品牌。宝马（BMW）总部就坐落于慕尼黑，BMW 的德文"Bayerische Motoren Werke"（英文"Bavarian Motor Works"简写也是 BMW）直译就是"巴伐利亚发动机制造厂"，不知道哪位大师将其翻译成了又上口又传神的"宝马"。出发去德国旅行前，我在电商平台看到了一款很有趣的 T 恤，于是特意买了一件去宝马博物馆参观时穿着，T 恤上写着"BMW——Bus Metro Walk"，即公交、地铁、步行，这是属于我的 BMW，感觉像是去砸场子的。不过这样的人还不止我一个，在现场我还看到了一个穿着法拉利队服的小朋友。

宝马总部有一处用于客户体验和展览的"宝马世

20世纪50年代末宝马Isetta的宣传页

供参观者体验的Isetta

界"，尽管它也有很多可以参观的内容，但其本质是经营场所，除了展示 BMW 品牌，也展示旗下的 mini 品牌、劳斯莱斯品牌等。与之相邻的宝马博物馆则是真正意义上的、需要购票的博物馆，馆内展示了宝马的发展史、历史上的经典车型。我不懂汽车，所以记忆点放在了好玩上，其中最有趣的产品是 1955 年推出的经济型小车 Isetta，它比任何现在市面上销售的微型车都小，小到只有一个车门，而且这个车门就是车的"前脸"。在大厅里，甚至有一辆小 Isetta 在室内开来开去，供感兴趣的游客搭乘感受一番。2019 年，宝马公司还拍了一部微电影《小逃亡》（The Small Escape），讲述了 1964 年一部小 Isetta 先后帮助 9 人逃到柏林墙西侧的真实故事。

慕尼黑还是西门子的总部所在地，因此也有西门子博物馆。在德国，工业是一个很好的旅行主题，除了 BMW 和西门子，大众、奔驰和保时捷也都有各自的工厂参观行程或博物馆。摄影爱好者则可以选择参观摄影器材领域的徕卡、蔡司、哈苏等品牌博物馆。另外，还有非常受欢迎的啤酒、糖果、巧克力等参观项目。

📍 啤酒节（Oktoberfest）与皇家啤酒屋（Hofbräuhaus）

慕尼黑啤酒节准确的翻译应该是"十月节"，一般在九月中下旬到十月初举办，会有盛大的开幕仪式、巡游表演、嘉年华式的游乐设施，以及最重要的——八大啤酒厂搭起的啤酒大棚。啤酒大棚内有舞台演出，体验更接近音乐节，而最具特色的景观是穿着巴伐利亚传统裙子的女招待，

HB啤酒馆里上了锁的杯子架

她们往往双手端着 10~12 杯一升装的啤酒，自如穿梭在人群中。女招待以这样的工作量一干就是一天，确实让很多男子汗颜。

虽然听起来很热闹，但我去的时候并不在啤酒节期间，只是去了著名的皇家啤酒屋（一般简称为"HB"，国内有朋友戏称为"河北啤酒厂"）体验了一番。因为游客来得比较多，所以从服务来看，HB 并不一定是最佳的，但这里知名度最高，莫扎特、茜茜公主、歌德等诸多名人都光顾过，这里也是希特勒发表纳粹《二十五点纲领》的地方。当然，现在和平年代，岁月静好，它又恢复了该有的烟火气。常来的老酒客们甚至会把自带的啤酒杯，锁在专门的酒杯架上，以便每次使用，是否有必要并不重要，这其实更像是一种情感链接。

典型的巴伐利亚美食包括烤猪肘（也有一种炖的做法）、放在热水中的白香肠、表面撒了粗海盐的扭结面包。白香肠要用刀叉剥了皮再蘸配的酱汁来吃，不过我在电影《茜茜公主》中看到，

孩子们用手拿起来直接吃了。而扭结面包上的盐很多，全部都吃可能会太咸了，很多本地人拿到面包后，会先把上面的盐粒儿剥落下去。

📍 达豪集中营（KZ-Gedenkstätte Dachau）

达豪集中营大门

达豪并不是最大的集中营，但它是纳粹建立的第一个集中营，曾经有 3.2 万人死在这里。说实话，去不去这里我曾经犹豫过，毕竟，那里曾经是人间地狱。

达豪集中营在郊区，乘地铁转公交时，我的心已经开始紧绷起来了。集中营的大门上用德语焊着"ARBEIT MACHT FREI"（劳动使人自由）的口号。院内的主体建筑现为集中营博物馆，介绍了纳粹的发迹史，以及集中营内的管理、日常和暴动等重大事件，也展出了一些实物，甚至还包括打鞭子惩罚"囚犯"的床式木架。

集中营中部的营房区空空荡荡，像是一个很大的广场。原来的营房已经被拆除，后来又复建了两栋用于展示原状——木架床、洗漱、厕所等全套设施。其他的若干排营房只在原位置恢复了地基。参观者寥寥，我一边穿过这一大片地基，一边遥想当年有多少无辜的人在这里被囚禁、被虐待、被做活体实验、被屠杀……再烈的太阳下人也会觉得寒冷无比。营房区的最后一部分建起了犹太教、天主教、基督教和东正教四座教堂，应该是表达安魂、慰灵之意。这片区域之外，则是毒气室、焚尸炉和停尸间。我胆子大，独自步入了毒气室，里面天花板很低，墙上专门设置了毒气输入口。当杀得快、烧得慢，焚尸炉无法跟上毒杀的进度时，尸体就被暂时堆放在旁边的停尸间里……彼时彼刻，那里所有的人都不再是人——被杀者可能都比不上家畜，而杀人者则成了嗜血的魔鬼。

纳粹泯灭人性的罪恶当然令人不寒而栗，但能保留这份罪恶来警示后人、教育子孙，也表现了德国人在历史问题上有着相当程度的反思。因此，它的保留实属不易，是值得肯定的，也非常有意义。

> **老吴私享**
>
> 　　纳粹和希特勒并不是德国人喜欢聊的话题，很多与纳粹有关的事物在德国甚至是非法的。前几年，有两个中国游客在柏林国会大厦前，行"纳粹举手礼"拍照，被警察逮捕，后每人缴纳500欧元罚款了事。当然，这应该是考虑到他们并无主观恶意，如果是故意为之，恐怕是真的要坐几年牢的。在德国、捷克、斯洛伐克、奥地利，纳粹万字符、"希特勒万岁"等口号、纳粹举手礼、纳粹党党歌……都是严格禁止的。

德国

爱珍宝，更爱瓷器

德累斯顿是萨克森州首府，历史上属于萨克森选侯国，也就是说其大公拥有神圣罗马帝国皇帝的参选资格。萨克森最知名的选帝侯同时兼任波兰国王的奥古斯特二世（也译作奥古斯都二世），他是个大块头儿的大力士，因此绰号为"强力王"。现在德累斯顿华美的巴洛克建筑茨温格宫、绿穹珍宝馆、宫廷主教堂，均为他在位期间建成的，易北河上的大桥也以他的名字来命名，而易北河北岸的金色雕塑，正是奥古斯特二世本尊的英武形象。

📍 茨温格宫（Dresdner Zwinger）

茨温格宫是德累斯顿最重要的博物馆，它本身的建筑也是以华丽、炫动为特色的典型巴洛克建筑，韦斯·安德森导演的电影《布达佩斯大饭店》就曾经在这里取景。茨温格宫由多个博物馆组成，包括陶瓷收藏馆、武器博物馆和数学物理学博物馆，但最受欢迎的毫无疑问是古代大师绘画陈列馆

茨温格宫

（Gemäldegalerie Alte Meister），这里收藏有拉斐尔最知名的油画作品《西斯廷圣母》，这幅画之于拉斐尔，相当于大卫之于米开朗琪罗、蒙娜丽莎之于达·芬奇，是拉斐尔圣母题材绘画的巅峰之作。"二战"后，它一度作为战利品被拿到了苏联，但后来又归还给了民主德国。画中最有看点的是位于最下部的两个胖胖的小天使，其呆萌可爱的形象、迷迷糊糊的表情非常抢戏，让观者忍俊不禁，是艺术史上非常成功的"配角"。在茨温格宫的商店里，有很多以两个小天使为形象制作的文创产品，可见其受欢迎程度。梅西纳的《圣·塞巴斯蒂安》、乔尔乔内的《沉睡的维纳斯》、伦勃朗的《画家与妻子（自画像）》、维米尔的《窗边读信的少女》以及丢勒、鲁本斯、荷尔拜因等诸多大师之作均收藏于此。

另外，德累斯顿还有一家阿尔贝提努博物馆（Albertinum Museum），是收藏梵·高、莫奈、德加、高更等近代艺术大师作品的绘画陈列馆。

📍 绿穹珍宝馆（Grünes Gewölbe）

绿穹珍宝馆位于奥古斯特二世兴建的德累斯顿宫，是欧洲最大的珍宝博物馆。其中有老馆和新馆两个展区，老馆接待能力有限，需要预约。但我个人觉得，不用预约的新馆看点更多，比如世界最大的绿钻石（41 克拉重），以及著名匠人约翰·迈尔修·丁零格（Johann Melchior Dinglinger）制作的多件珠宝金银工艺品，不仅材料奢华昂贵，而且设计充满巧思，手艺十分精湛。给我留下最深印象的，就是丁零格工坊制作的《莫卧儿帝国的朝臣》，镶嵌有五千颗左右的钻石，还有几百颗红宝石、绿宝石、蓝宝石以及珍珠等材料，制作的是莫卧儿国王上朝时的缩微场景，精致华美至极，可以说是"前无古人，后无来者"。

2019 年，绿穹珍宝馆老馆曾发生盗窃案，三套 18 世纪的钻石首饰（共 21 件，总共镶嵌有4300 多颗钻石）被偷走，当时估价超过 10 亿欧元，是德国"二战"以后最大的盗窃案。

📍 梅森（Meissen）与王侯图（Der Fürstenzug）

奥古斯特二世是个收藏狂人，对中国瓷器尤其偏爱，他曾经用 600 名经过专业训练的骑兵，跟普鲁士的国王换了 127 件中国瓷器，这些瓷器也成为茨温格宫陶瓷收藏馆的重要藏品。由于当时欧洲并不掌握制瓷技术，瓷器主要是从中国进口，在清初中国海禁期间则主要是从日本购买。欧洲曾一度派出工业间谍，以传教的名义深入中国景德镇，偷师学艺，意图获取瓷器制造技术。

而欧洲的第一件真正意义上的自制瓷器，就是奥古斯特二世斥巨资请炼金师（其实就是化学家）反复试验和研究，在德累斯顿郊区的梅森小镇创制成功的。梅森瓷不仅在欧洲陶瓷史上领先一步，而且以优良的品质一直站在欧洲瓷器的尖端，把瓷器做成了奢侈品。所以，距离德累斯顿半个小时火车车程的梅森十分受欢迎，值得留些时间专程前往。

梅森瓷光泽莹润、色彩优雅、价格昂贵，甚至有人把家里的梅森瓷当作传家宝一样代代相传。梅森瓷中也有一种类似于中国青花的蓝白色瓷器，叫作"蓝色洋葱"，因为他们在仿中国青花时，误以为青花瓷上的石榴、桃等图案是他们更为熟悉的"洋葱"，所以才有了这将错就错、颇为独特的瓷器品类。

德累斯瓷器商店橱窗里的梅森瓷雕

在从德累斯顿宫廷教堂去往圣母教堂的路上，街边的建筑物墙壁上镶嵌着一面长达 101 米的梅森瓷砖壁画《王侯出征图》。壁画中的人物近百人，包括萨克森历史上的三十五位统治者，以及科学家、艺术家、匠人、儿童和其他普通人，当然也包括壁画作者本人。

📍 宫廷主教堂（Katholische Hofkirche）与圣母教堂（Frauenkirche）

　　宫廷主教堂在易北河畔，是沿河的地标性建筑，这是一座天主教的主教座堂，当年奥古斯特二世为了能兼任天主教国家波兰的国王，把自己的信仰由新教改为天主教，并建造了这座教堂。与之相距不远的圣母教堂，整体看上去比较新，但墙壁上点缀着似乎是被火熏黑的砖石。这座300年前用了将近17年才建好的圣母教堂，在"二战"德累斯顿大轰炸中一夜之间变成了废墟。1994年开始，又花了11年的时间原样重建完成，其中使用了废墟中可用的建材，那就是记录着轰炸历史的黑色砖石，有不少砖石就用在了它在炸毁前的原位置。现在这座美丽的巴洛克教堂内还经常举办重要的仪式和交响音乐演出。

　　德累斯顿还有一座圣十字教堂，这座教堂以其德累斯顿男童合唱团而闻名世界。德累斯顿男童合唱团拥有500多年的历史，比维也纳男童合唱团的历史还要悠久。他们虽然已经成为经常环球巡演的专业音乐团体，但仍兼顾着教堂唱诗班的功能。

　　在易北河岸边，还有一座森珀歌剧院，与茨温格宫、宫廷主教堂正好成为三角形的三个顶点。这里是德累斯顿最为著名的演出场所，主要演出歌剧、芭蕾和交响乐。驻院的德累斯顿国立管弦乐团是德国首屈一指的交响乐团，它每年一度的新年音乐会，是与维也纳爱乐乐团、柏林爱乐乐团的新年演出齐名的三大新年音乐会。当然，这个音乐会也是在森珀歌剧院演出的。

易北河畔的宫廷主教堂

圣母教堂（黑色部分是原建筑砖石）

📍 唱歌的房子（Kunsthofpassage Funnel Wall）

前面所述的主要古迹和博物馆都在易北河南岸，在易北河北岸还有一处网红景点——唱歌的房子。它就是在有蓝色花纹的墙上，把原来单调的雨水管道设计成为复杂美丽的样子，其中有些漏斗状的集水装置，非常像乐器小号的样子。据说下雨时，这个复杂的排水管道就能因为结构设计的原因发出好听的声音，因此这里也就有了"唱歌的房子"这样的美称。"唱歌的房子"所在的艺术街区，其实有很多漂亮的、充满设计感的外立面，也都很值得欣赏。

唱歌的房子

无问西东

柏林是我们最熟悉的德国城市，因为其首都的身份、"二战"和"冷战"、柏林爱乐乐团、柏林电影节……其中最令人唏嘘的，就是被一面柏林墙分割成两个隔绝部分的那段历史。当然被分隔为东西两部分的不只是柏林市，还有整个德国。1989 年，柏林墙倒塌，第二年两德统一。2005 年，来自原民主德国地区的默克尔成为德国总理，一干就是 16 年。不过，德国历史上的另外一位领导人与柏林关系更为密切——普鲁士国王腓特烈二世。

腓特烈二世 1740 年登基，善于思考，喜欢写作，热爱启蒙思想，从作为王子到成为国王，长期与大思想家伏尔泰交往。他热爱艺术，亲自设计了无忧宫的草图；他还是个非常有成就的音乐家，曾与巴赫探讨过作曲，擅长演奏长笛。但如果你认为他是一介文弱书生，那你就错了。他的父亲腓特烈·威廉一世号称"士兵国王"，而他似乎继承了父亲在军事方面的强大基因，凭借过人的胆识和军事才能，在"七年战争"中保住了西里西亚，并由此获得了"腓特烈大帝"的美誉。他简朴、自律、勤勉，在留下不多的几幅关于他的肖像画中，他都穿着那件褪了色的蓝色普通军官制服，这也是他日常的着装。在柏林菩提树下大街、洪堡大学的门口，竖有腓特烈大帝着军服的骑马像。

这位普鲁士历史上最伟大的统治者，被传为同性恋者，或者至少有"厌女症"。他 18 岁时曾与"好友"冯·卡特一起出逃英国，但半路上被国王父亲抓了回来，并当着他的面处死了冯·卡特。虽然后来在父亲的压力下结婚，但他基本上与王后处于分居状态，也没有子嗣；在他建好无忧宫后，禁止王后进入其中，也从不邀请女宾客来访……不过粉丝们对此的解释是，腓特烈大帝的唯一爱人是国家。

📍 无忧宫（Schloss Sanssouci）

无忧宫所在的波茨坦其实并不属于柏林，但由于相距较近，在柏林乘地铁 S7 可以直达波茨坦火车总站，再转乘公交即可到达。

无忧宫是腓特烈大帝在位时期仿巴黎凡尔赛宫建造的一座夏宫，由建筑师克诺伯斯多夫基在腓特烈大帝的草图和构想基础上完成设计。无忧宫非常美，是我去过的欧洲宫殿建筑中最喜欢的一座。它是一座只有一层的洛可可式宫殿，建造在一个低矮的山顶部，而山坡被开垦成了种满葡萄的阶梯式平台，从而成为它巨大的绿色"基座"，并与宫殿建筑形成一个审美整体。这个相对低调、优雅但不失气派的设计思想来自腓特烈大帝本人，也幸亏有了这个喜欢干预设计、建造工作的甲方，如果按照建筑师的想象，可能又是一座更华丽、更恢宏但可能更为平庸的宫殿。

腓特烈大帝骑马像

无忧宫因为规模不大，通常会限制人流，所以不要去得太晚，等待入场期间正好可以欣赏它正面的葡萄山坡和喷泉草地。无忧宫宫殿一侧是腓特烈大帝与他的爱犬的墓地，他最初是葬在父亲身边，并且遗体在"二战"期间和"二战"之后还曾多次"迁徙"，最终于1991年才遵照他的遗愿与爱犬合葬一处。

中国茶室

在无忧宫公园的范围内，还包括距离无忧宫较近的橘园宫（Orangerieschloss）、远一点的新宫（Neues Palais）及中国茶室（Chinesisches Tee Haus），可以买套票与无忧宫一并参观。中国茶室是基于当年西方人对于东方神秘国度的一知半解而建造的，掺杂着很大成分的想象，因此这个圆形的房子在中国游客眼中是非常怪异的，其装饰用的雕塑和绘画里的中国人，也颇有些怪模怪样。如果忽略这些中国元素，它本身倒是个值得欣赏的建筑，也算得上漂亮且有异国情调。

无忧宫

塞琪琳霍夫宫（Schloss Cecilienhof）

这座宫殿也在波茨坦，但离无忧宫有些距离。它本是德国王室霍亨索伦家族末代王子的居所，规模很大，但建筑外观相对朴素。不过，它真正的知名之处在于——波茨坦会议在此召开，《波茨坦公告》在此发布。现在，建筑内部的陈设依然按照当年波茨坦会议召开时进行布置。特别值得肯定的是，这里有非常好的语音导览，配合游览路线，详细介绍了波茨坦会议的过程。英、美、苏三国各自在建筑内拥有独立的区域、出入口，以及不相交但最终都能来到会议厅的行动路线，借由导览讲述的若干细节，在历史现场回想起当年，令人感慨万千。

勃兰登堡门（Brandenburger Tor）与国会大厦（Reichstagsgebäude）

位于菩提树下大街尽头的新古典主义建筑勃兰登堡门，是 18 世纪末为纪念"七年战争"取得的胜利而建，相当于柏林的凯旋门，也是德国的国家象征。"冷战"时期，勃兰登堡门西侧砌起了一道弧形的墙，"门"变成了"墙"，胜利的地标变成了分裂的地标。

在勃兰登堡门外北侧，就是德国国会大厦。这栋建于 19 世纪末的建筑在帝国时期和魏玛共和国时期都是议会会址。二战时曾被苏联红军插上红旗，是最后战斗发生地之一。两德统一后，

夕阳下的勃兰登堡门

这座建筑经过英国建筑大师诺曼·福斯特的改造翻新，再度成为德国的国会大厦。福斯特修复的方案中，没有复原原来的古典式穹顶，而是建造了一个钢骨架的玻璃圆顶，内部贴合幕墙的位置设有上、下行动线分开的螺旋式步道，游客可借此走到穹顶的顶端，欣赏柏林的城市风景；玻璃穹顶中央则是一个镶嵌了活动镜片的漏斗状结构，可以把阳光引入议会大厅，减少能源消耗。这栋改造的建筑体现了古典与当代的对话与融合，非常有意思，深受游客们的喜爱，是柏林的必游之地。当然，喜爱它的另一个原因是这里免费参观，只要提前在网上预约即可。

📍 被害犹太人纪念碑（Denkmal für die ermordeten Juden Europas）与犹太博物馆（Jüdisches Museum）

在勃兰登堡门外南侧，是美国著名建筑师彼得·艾森曼（Peter Eisenman）设计的欧洲被害犹太人纪念碑。虽说是纪念碑，但它不是我们平时理解的那种让人仰视、刻着文字的石碑，而是高高矮矮的水泥长方体的丛林，矮的像棺椁，高的像厚墙，并且不是一个，而是 2711 个，占地面积达到 19 000 平方米。远远看过去，如同望不到边的墓地；穿行其中，则如同找不到出口的迷宫。所有的水泥长方体不着一字，虽然整体气氛较为凝重，但并没有规定游客必须怎样，孩童们可以在此奔跑、嬉闹、捉迷藏，也有的年轻人在水泥长方体上坐着聊天，甚至跳来跳去……因此，与其说它是纪念碑，不如说是一个省思空间。这里原为纳粹重要机构所在地，在这样一个具有特殊历史的地方建设被害犹太人纪念景观，显示出德国政府在对战

犹太博物馆的装置艺术

争的反思和国民教育方面，下了很大的决心，也花了很多的心思。

犹太博物馆由奥斯维辛集中营犹太幸存者后裔丹尼尔·里伯斯金（Daniel Libeskind）设计。这座博物馆的老馆部分为巴洛克建筑，在"二战"前就已经作为犹太人博物馆开放，但由于众所周知的原因关闭了，此后大量犹太人惨遭屠杀。20世纪末，在老建筑旁边，里伯斯金新建了有多

欧洲被害犹太人纪念碑

个锐角转折的隧道式建筑，建筑外观是肃杀的金属色，墙面仅保留若干狭窄的缝隙透入阳光。入内参观时，这种逼仄、突兀、绝境之感更为凸显。最令人印象深刻的，是在游客动线的中途有一处通道的地上铺满了人脸形的厚铁板，看起来有点像蒙克的《呐喊》，游客踩着它们走过时，铁板与铁板挤压、碰撞，发出与尖叫极为类似的声音……这个装置的艺术效果可以说是非常震撼、直指人心。这个博物馆从建筑到展览都是特别值得推荐的。

查理检查站（Checkpoint Charlie）与东边画廊（East Side Gallery）

查理检查站是德国分裂时仅存的几个关卡之一。现在仍有检查岗哨，不过已经成为游客留念拍照的背景。那里有人会穿着冷战时苏军或美军的军服，与游客"有偿"合影或者盖"出入境许可"的"验讫章"。这种挣钱方式很多地方都有，谈不上骗局，只是别忘了先问价格，另外，不建议使用真护照盖纪念章。附近还有柏林墙博物馆，主要是介绍原民主德国人民如何花样百出地翻越柏林墙。

东边画廊是另一处与柏林墙有关的遗迹，虽名为"画廊"，但它实际是保留下来的柏林墙，这段长1.3千米的墙沿着施普雷河建造，墙面上由街头艺术家们绘制了若干涂鸦作品，其中最知名的要数俄罗斯艺术家德米特里·弗鲁贝尔的《兄弟之吻》，这幅画源于前苏共中央总书记勃列日涅夫亲吻前民主德国最高领导人昂纳克的新闻照片，把这样一个表现亲密的场景画在了用于隔绝的墙上，个中意味自是需要慢慢体会的。

东边画廊上最知名的涂鸦《兄弟之吻》

民主德国博物馆（DDR Museum）

民主德国全称为"德意志民主共和国"，德语 Die Deutsche Demokratische Republik，缩写为 DDR。DDR 博物馆建在与柏林大教堂一河之隔的建筑内，此建筑原为民主德国政府机构。DDR 博物馆主要展示当时人的日常生活，它虽不在博物馆通票范围内，但我个人觉得还是很有意思的。民主德国原属社会主义阵营，很多生活方式、生活用品、组织架构跟我们几十年前都非常相似，因此对于中国游客来说，很多场景都很熟悉，反倒会比那些西方游客更能看出些许的趣味来。博物馆门口还有卖那个年代风格的帽子和服饰纪念品，款式非常"苏联"，一瞬间像是回到历史中去了。

DDR博物馆门口的苏式皮帽子摊位

📍 威廉皇帝纪念教堂（Kaiser-Wilhelm-Gedächtniskirche）

教堂建于 19 世纪末，为罗马式风格。"二战"时，教堂主体被炸毁，但钟楼部分得以保留，成为一个矗立的废墟。后来，旁边新建了深灰色现代简约风格的八边形新教堂大殿、六边形新钟楼以及四边形礼拜堂。教堂的墙壁由无数个小正方形花窗玻璃格子组成，阳光透进来形成一种蓝色的梦幻效果；到了夜晚，教堂内的灯光透出去，在外面看又像是个蓝色的灯笼，非常美丽。这座 1961 年重建的纪念教堂，不仅与旧建筑很好地进行了呼应和对比，其建筑风格即使现在看来，也是非常前卫的。

老吴私享

　　德国的城市公共交通大概是最节省人力的系统，大多不设检票口和进出站闸机，卖票也都是用机器。它们的售票机、检票机大多都在站台上，乘客买完票后，使用时需要自己把票插入检票机打印上使用的时间，表明这张票开始启用。偶尔会有人抽查，如果无票乘车，或者持有没打印时间的票，一律给予重罚。这就对乘客的自律性提出了很高的要求，因为抽查的次数很少（我在德国旅行半个月也只遇到一次抽查），可能会让某些人存在侥幸心理。平时在国内，我们有一种车来了就赶紧跳上去的习惯，但是在德国，如果车来时你还没来得及买票和检票，那就只能眼巴巴地看着车开走，无票乘车是万万不敢的。

德国

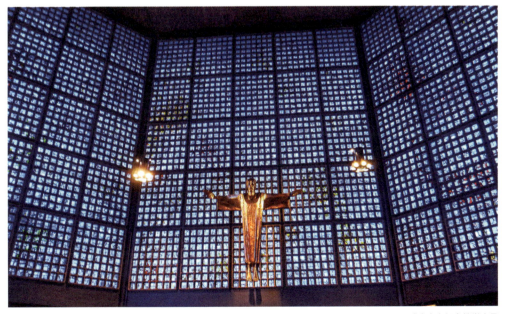

威廉皇帝纪念教堂内景

少即是多

除了关于历史，柏林当然也是欧洲最重要的艺术重镇之一。接下来就介绍几个重要的美术馆和博物馆。

📍 文化中心区域

柏林画廊（Gemäldegalerie，又译作绘画陈列馆）是我最喜欢的柏林美术馆，收藏有扬·凡·艾克、马萨乔、老克拉纳赫、小荷尔拜因、拉斐尔、老彼得·勃鲁盖尔、提香、卡拉瓦乔、伦勃朗、维米尔、委拉斯开兹、普桑等多位大师的作品。

新国家美术馆（Neue Nationalgalerie）就在柏林画廊东南侧，是包豪斯第三任校长、建筑大师密斯·凡·德·罗设计的最后一个作品。美术馆收藏品则是包括德国表现主义、立体主义、波普艺术现当代艺术，包括博伊斯、安迪·沃霍尔、亨利·摩尔等艺术家的作品。

在柏林画廊的东北侧，也就是新国家美术馆的对面，则是柏林爱乐音乐厅（Berliner Philharmonie）。这座音乐厅建于 1963 年，由德国设计师夏隆（Hans Scharoun）设计。在"指挥皇帝"卡拉扬的支持下，夏隆突破了以往音乐厅"剧场式"和"鞋盒式"的旧模式，设计出了世界上第一座"葡萄园式"的音乐厅，观众席围绕着舞台，以梯田的形式进行分区布置，拉近了后排观众与舞台的距离，从而获得了更好的听觉效果。建筑外观有点像不规则的马戏大篷，因此

柏林画廊

在建造初期不被公众接受，但由于优异的声场效果，最终还是征服了柏林乐迷，毕竟音乐主要是用来听的。"葡萄园式音乐厅"从此在世界普及开来，催生了诸如东京三得利音乐厅、洛杉矶迪士尼音乐厅、巴黎爱乐音乐厅、汉堡易北爱乐音乐厅等一大批拥有绝佳声音效果的音乐厅。当然，柏林爱乐是好厅配天团，如果有可能还是听一场音乐会，才会获得最佳的体验。

📍 博物馆岛区域

佩加蒙博物馆（Pergamon Museum）是博物馆岛区域最重要、观众最多，也是博物馆通票内票价最贵的一家博物馆。它主要是以古代文明为主题，其中的镇馆之宝是来自佩加蒙（现属于土耳其）的古希腊祭坛遗迹，19 世纪末由德国考古学家在征得当时的奥斯曼帝国政府同意后，将其整体搬迁到了柏林，并专门建了这座博物馆。馆内还有米利都市集之门、古巴比伦城门以及古波斯、伊斯兰等文化遗迹和文物。

老国家美术馆（Alte Nationalgalerie）是柏林画廊外的又一座重要的绘画艺术博物馆。它虽名为"老"，但收藏反倒是比柏林画廊更新，主要是 18 世纪之后的新古典主义、浪漫主义、现实主义、象征主义以及印象主义的绘画作品，包括弗里德里希、门采尔、勃克林、马奈、罗丹等多位大师的杰作，其中门采尔画的《腓特烈大帝在无忧宫演奏长笛》，就是关于腓特烈大帝的最重要绘画作品（不过门采尔是 19 世纪的画家，因此这是一幅想象之作）；勃克林的《死之岛》则是象征主义名作，希特勒曾经把它挂在自己的别墅中。

纳芙蒂蒂半身像

此外，博物馆岛区域还有以收藏古希腊、古罗马文物为主的老博物馆（Altes Museum），收藏有著名展品埃及王后《纳芙蒂蒂半身像》等古埃及文物的新博物馆（Neues Museum），收藏中世纪文物的博得博物馆（Bodemuseum），拥有三个绿色穹顶的柏林大教堂也在此区域。一个区域内有如此多的博物馆，在全世界范围内也是绝无仅有的。

📍 包豪斯档案馆（Bauhaus Archive）

包豪斯是诞生在魏玛的一所艺术学校，它以设计、建筑为主要教学内容，注重艺术与实践的结合，采用了基础课与工坊教育结合的全新教学模式，强调了工艺的重要性，深入研究材料、结构、色彩等基本要素，开启了现代设计教育的先河。包豪斯师生基于立体艺术、抽象艺术所完成的设计，对现代工业和建筑的设计美学产生了深远的影响，因此学校开办期间也被誉为"设计的启蒙时代"。德国在工业设计和现代建筑设计方面一直存在着优势，很难不被认为与包豪斯有关。而"红点奖""IF 奖"则代表了德国在世界设计领域始终存在的话语权。

包豪斯风格海报

包豪斯学校的存续期间基本上是"一战"结束到纳粹掌权这段时间，经历了魏玛、德绍和柏林三个时期，格罗皮乌斯和提出"少即是多"（Less is more）思想的密斯·凡·德·罗先后担任校长，教师群体中则有康定斯基、保罗·克利、伊顿等艺术大家。柏林的包豪斯档案馆内，陈列有包豪斯师生设计的台灯、家具、海报、建筑模型等，也介绍了包豪斯的历史和教学思想等，是设计爱好者一定要光顾的圣地。现在，很多综合性艺术博物馆内都有关于现代设计的展览，其中有相当多包豪斯和受包豪斯影响的藏品，所以德国与包豪斯有关的艺术博物馆在主题上具有独特性和稀缺性，千万不可错过。

红屋顶与温泉池：
布拉格、布达佩斯

欧罗巴的渐变色

布拉格是捷克的首都，布达佩斯是匈牙利的首都，但在历史上，他们曾经同属于一个国家——奥匈帝国。它们都处于欧洲中部地带，在文化、政治上好像西欧与东欧中间的渐变色一样。捷克和匈牙利都是欧盟国家、申根国家，但都不使用欧元，捷克的货币是"捷克克朗"，匈牙利的货币是"匈牙利福林"。由于都曾为社会主义阵营国家，中国老年游客对于中东欧国家的历史有着特殊情结，年轻人则更看重他们的人文风光，以及旅行的性价比。

这两个国家在绘画艺术方面算不上太强，但在音乐上都有很高的水平。布拉格有斯美塔那、德沃夏克、雅纳切克，匈牙利有李斯特、巴托克，并且捷克爱乐乐团和布达佩斯节日管弦乐团都具有一流的演奏水准。

布拉格和布达佩斯都是非常美丽的城市，它们甚至有着很类似的城市格局——都有一条南北走向的大河穿城而过，河的西岸地势较高并建有美丽的城堡，老城区则都在地势平坦的东岸地区……当然，它们各有特色。布拉格是世界上第一座整体入选世界文化遗产名录的城市，因为其尖塔形建筑屋顶比较多，甚至有的屋顶在一个尖塔上分出若干个小尖塔，所以布拉格号称"千塔之城"。但是给我留下深刻印象的是整个城市的红屋顶，站在市政厅钟楼俯瞰，像身处于美丽的卡通电影中。说个题外话，我当年买房时，小区开发商就采用了全红色屋顶的设计，并在销售时冠以"布拉格城"的美名以获取购房者的好感。

布达佩斯给我最深印象的则是温泉，有统计说匈牙利的温泉数量比我们熟悉的温泉大国日本还要多。虽然都具有保健功能，但匈牙利的温泉文化与日本有着明显的不同。在日本泡温泉算是"泡澡"，注重清洁和缓解疲劳，而在匈牙利泡温泉则更接近于"戏水"，更具娱乐和社交属性。温泉绝对是匈牙利旅行最值得体验的一个项目。

老吴私享

简单介绍一下欧盟、申根、欧元区。欧盟是个政治经济一体化的组织，跟旅游关系不大。申根国家则是指加入《申根协定》的国家，它们彼此之间开放边境，人员自由往来，对待城外人员采取相对一致的出入境管控措施，简单地说，只要在其中任何一个国家办理入境，就可以通行整个申根区域了，正是申根政策给我们欧洲旅行带来了巨大的便利。欧元则是另一种便利，欧元区国家都使用欧元作为法定货币，游客省去了兑换货币的麻烦，减少了汇率损失。但欧盟、申根国家、欧元区这三者的范围并不是重合的，比如瑞士和挪威，它们不是欧盟成员，也都不使用欧元，而是使用本国货币，但都是申根国家。

一条大河

📍 市民会馆（Municipal House）与斯美塔那博物馆（Bedřich Smetana Museum）

当我们中国人说起《我的祖国》这首歌的时候，会脱口唱出：一条大河波浪宽……而当捷克人说起《我的祖国》这部作品的时候，他们想到的也是一条大河——伏尔塔瓦河。捷克音乐之父、捷克民族乐派创始人斯美塔那创作的交响诗套曲《我的祖国》共有六个乐章，其中第二乐章《伏尔塔瓦河》脍炙人口，经常被作为单独曲目在音乐会上演奏。这首曲目以跃动的音符流淌成小溪，再汇聚成波涛滚滚的大河，形象展现出捷克母亲河的奔腾不息、波澜壮阔，被誉为"捷克的第二国歌"。

在布拉格，与斯美塔那有关的地方一个是市民会馆，另一个是斯美塔那博物馆。市民会馆位于地标建筑火药塔旁，建筑为新艺术运动风格，内部有穆夏等艺术家的壁画、天顶画，会馆内装饰华丽的斯美塔那音乐大厅是布拉格之春音乐节的主会场。而位于查理大桥桥头的斯美塔那博物馆，则展出他的手稿、书信等。

📍 鲁道夫音乐厅（Rudolfinum）和德沃夏克博物馆（Antonín Dvořák Museum）

捷克另一位广为人知的音乐巨匠就是德沃夏克，他曾经在斯美塔那担任指挥的乐团中任中提琴手。他被公众熟知的《第九交响曲》（副标题"自新大陆"）是在美国纽约担任音乐学院院长期间创作的，受黑人音乐影响，有些美国味道。其中第二乐章有着极为优美的旋律和表现乡愁的情感，被改编为歌曲《恋故乡》广为传唱；第四乐章则是整首交响曲的高潮，气势宏大，高亢激昂。《第九交响曲》是经典中的经典，深受全世界乐迷的喜爱，也非常适合作为交响乐欣赏的入门作品。因为曲目是在美国创作、首演，描绘的也是美国，这首作品也常被美国乐界作为美国交响乐作品的代表；他的《"美国"弦乐四重奏》也是这个时期的杰作。另外，他的《b小调大提琴协奏曲》《水仙女》《斯拉夫舞曲》都广受赞誉，是我特别喜欢的一位作曲家。

鲁道夫音乐厅位于伏尔塔瓦河岸边，其中的大音乐厅为德沃夏克大厅，是捷克爱乐乐团的驻演场地，而捷克爱乐乐团首任指挥就是德沃夏克。位于新城区的德沃夏克博物馆，主要展出音乐家的手稿和曾使用过的乐器等。

📍 布拉格国立美术馆（National Gallery in Prague）与穆夏美术馆（Mucha Museum）

艺术旅行当然要好好看画，但布拉格的收藏与我去过的其他国家相比，确实弱了一些。布拉格国立美术馆并没有一个主馆，而是由分布在城区多个古建筑里的分馆组成，不同的分馆有不同的收藏侧重。

绘画方面，捷克有一位闻名世界的大家——穆夏。他是一位凭借广告招贴画成名的商业画家，他在巴黎为女演员莎拉·伯恩哈特和她的文艺复兴剧院所作的系列招贴画，以及为饼干、香烟、月历等所作的设计都获得了巨大的成功，是新艺术运动中最具代表性的画家，甚至深刻影响了后世日本动漫中美少女的造型。不过他内心还是装着一个严肃的艺术家，他在生命最后近二十年的时间，用油画加蛋彩画的混合技法，创作了巨幅组画《斯拉夫史诗》，并把这二十幅皇皇巨作捐给了政府。由于作品尺幅巨大，一直没有特别适合的展出空间，这些画只得在不同的展览馆、美术馆做长期临展。如果有机会，我认为这组画是布拉格最值得专门去看的作品，不过想要知道它

穆夏《黄道十二宫》

们在哪里展出，恐怕还要提前做些功课。位于老城中心的穆夏博物馆，则主要展出他的招贴画作品以及照片、草图和个人物品。他的招贴画作品本来就是石版画，不是复制品，更不是赝品，因此不要觉得看到版画就没看到真迹。

以小鼹鼠为形象设计的邮票

谈到艺术作品，捷克还有个明星不得不提，那就是《鼹鼠的故事》。这部动画是中国"70后""80后"的童年回忆，也是捷克最成功的动画作品。《鼹鼠的故事》没有对白，只有音效和背景音乐，但这丝毫不影响小鼹鼠的纯真善良、温馨有爱。当然，布拉格会有不少出售鼹鼠文创的纪念品商店。

布拉格还有一种非常有特色的演出——黑光剧，就是在全黑的舞台上，演员穿着一种反射荧光的衣服，配合同样有荧光的道具、舞美，在完全没有台词的情况下，表演出有奇特视觉效果的戏剧。这个剧种非常新奇独特，也没有语言障碍，很值得去现场体验一下。

另外，写下了《变形记》的著名作家卡夫卡也是布拉格人，介绍作家生平和主要作品的卡夫卡博物馆也是文学爱好者的打卡之地；另外，在布拉格城堡的黄金小路上有一间蓝色外墙的小屋（门牌22号），是卡夫卡曾经居住、写作的地方，天文钟附近还有一处卡夫卡出生地，都是可以顺路看看的。

我们出境时都习惯提前兑换一些外币现金，用于乘坐公交、地铁，以及吃饭、购物的需要，毕竟货币是一下飞机就要用的。但国内银行通常没有小面额外币，超大面额的使用起来不方便，不建议换。在国外日常消费的店铺甚至会拒收500欧元、50英镑这种超大面额纸币。出发和到达的机场兑换处有小额货币，但汇率和手续费算下来又损失比较大，所以不要换太多，而且一定要尽量换小面额货币。

还有个更为便捷和可靠的手段。到达目的地后，使用支持银联卡的ATM机就可以直接用国内的现金卡（非信用卡）取出当地货币（大多数主流银行都支持，而且很多机场在出海关前就有ATM机），避免了兑换的汇率损失，也省去了手续费。当然，能用信用卡或者手机支付时（现在支持微信和支付宝的地方越来越多了），还是尽量少用现金，省去找零的麻烦。

国外手机支付的普及程度远远不及国内，而且零钱以硬币为主。每到一个新国家，都需要一个熟练使用硬币的过程（主要是熟悉面额和大小）。因此为了省事，我经常拿一张纸币让对方找零，结果就是口袋里硬币越来越多。硬币这东西，没有它不方便，但太多了天天带在身上也不方便。

最美首都与最烈啤酒

布拉格本身是个很美的城市，有"欧洲最美首都"之誉，哪怕只是在老城区的街道上或者伏尔塔瓦河岸边随便逛逛，都会有很好的旅行体验。除了古色古香的老城、老街、老建筑，布拉格还有"跳舞的房子"（Dancing House）、"吊着的人"（Hanging Out）等很有特色的当代建筑和雕塑，它们因为鲜明的艺术个性，颇具网红气质。你在老城遛弯时，可能一不小心就会遭遇到那个"吊着的人"。

跳舞的房子

吊着的人

📍 布拉格城堡（Prague Castle）与圣维特大教堂（St Vitus Cathedral）

布拉格城堡在伏尔塔瓦河西岸的山丘上，是布拉格最大的名胜古迹。城堡原为波希米亚国王的住所，现在大部分已开放参观，剩余部分作为总统府和政府机构。由于处于高点，这里是欣赏伏尔塔瓦河与老城区建筑的绝佳位置。城堡内有哥特式建筑风格的圣维特大教堂，教堂非常古老，有穆夏设计的彩色玻璃花窗。如果体力允许，登上教堂塔顶，可以拥有更广的视野，布拉格之美更加一览无余。城堡大门外有一家国立美术馆的分馆斯腾伯格宫（Sternberg Palace），城堡内还有旧王宫、黄金小路、兵器博物馆等可以一并游览参观。

📍 查理大桥（Charles Bridge）与老城广场（Old Town Square）

从城堡大门出来，便可以走过查理大桥，前往老城广场。查理大桥是布拉格的重要地标，具有近 700 年的历史，桥两侧均有漂亮的门楼，桥上有 30 尊巴洛克时代的圣人像（不过作为保护文物，原作已经被博物馆收藏，现在桥上的都是复制件）。

老城广场相当于布拉格的市中心，也是游客集散地，广场中心会有水平非常高的街头艺术家

市政厅钟楼上的视野（两座尖塔的建筑为泰恩教堂）

演出，他们像是值班一样，在不同的时段准时交接轮换。广场周边有双塔楼（每个塔楼又分成若干小尖塔）的泰恩教堂（Church of Our Lady Before Týn）、布拉格老市政厅（Old Town Hall）及其钟楼上著名的天文钟（Pražskýorloj）。这个钟到中午十二时会有机械装置进行表演，但由于对知识储备要求比较高，如果没有导游讲解，很多人可能会觉得看不大懂。这个钟楼倒是非常值得一去的，在钟楼上面可以近距离地欣赏红屋顶老城建筑群，与城堡上的远观相比，又是另外一番美丽。

广场上也有露天烤猪肉的店铺，这是布拉格的著名美食（布拉格的烤鸭也很美味，不过跟北京烤鸭并不一样）。说到美食，就不能不再一次提到啤酒，捷克的啤酒文化也是相当悠久，比如有著名的皮尔森等品牌。而享誉世界的美国啤酒品牌"百威"（Budweiser），就是来自捷克的一个著名啤酒产地"Cesk Budejovice"的德文地名"Budweis"（历史上这里德裔人居多）。而捷克也有个"Budweiser"啤酒，但此百威非彼百威，两家的百年商标大战没有结果，采用的技术也不一样。法律当然有其判断的依据，但从历史来看，捷克百威当然更值得品尝。

我们说过爱喝啤酒的比利时人、荷兰人以及德国人（其实还有没提到的英国人），如果把他们与捷克人放在一起比较的话，估计最终会是谁都不服谁的结果，跟欧洲杯谁拿冠军一样很难预测。然而，捷克有一项记录是可以秒杀其他国家的，那就是布拉格的乌迷得维库（U Medvidku）啤酒馆生产的一种"X-BEER 33"啤酒，酒精度高达 30 度，酒精含量高达 11.8%。不过我第二天一早要赶火车，怕喝醉了耽误事，就没敢尝试。这家酒馆还拥有自己的酒店，不知道是不是因为经常有人喝多回不了家，需要留宿的原因。入住酒店会赠送欢迎啤酒，酒店内还有几间特色的专属啤酒间，里面浴缸旁的水龙头里是真的可以流出啤酒的，这种房间价格倒不是很贵，只是很难订到。

双子之城

下面来说说匈牙利，首都布达佩斯是由多瑙河西岸的"布达"和东岸的"佩斯"两座城市合并而成的。20 世纪 50 年代，中国演员陈强曾经来此访问演出，就给刚出生不久的儿子取名陈布达，几年后二儿子诞生，便取名陈佩斯——这个可能是中国游客最为津津乐道的一段故事了。

布达佩斯的主要公共交通工具是地铁和路面有轨电车。地铁线路虽不算多，但其拥有世界第二、欧洲大陆第一的地铁线路——黄色的 1 号线（昵称"小黄铁"），1896 年通车，年代仅次于伦敦地铁，2002 年被列入世界文化遗产。1 号线基本上就是布达佩斯主街安德拉什大街（Andrássy út）的地下线，因此就串起很多知名景点。由于采取的是明挖回填法施工，所以地

"小黄铁"

铁隧道很浅、离地面很近，像过街通道一样。车厢是狭窄的三节黄色车厢编组，更像是在地下跑的有轨电车。

📍 布达佩斯美术博物馆（Museum of Fine Arts Budapest）

这家美术馆位于英雄广场（Hősök tere）的北侧，主要收藏匈牙利以外的艺术品。藏品包括古埃及、古希腊、古罗马的文物，其中一个被命名为"布达佩斯舞者"的古罗马雕像令人印象深刻。绘画方面，这里收藏有格列柯、戈雅、拉斐尔、提香、丁托列托、伦勃朗、布隆奇诺等欧洲大师的作品，其中老彼得·勃鲁盖尔的《施洗者圣约翰的布道》是值得细细欣赏的杰作。

在英雄广场的另一侧，是布达佩斯现代美术馆（Műcsarnok），展示的是现当代艺术作品并举办特展。

📍 匈牙利国家美术馆（Hungarian National Gallery）

国家美术馆位于布达城堡区，是皇宫建筑的一部分，主要收藏匈牙利本国的艺术作品，其中本土著名的现实主义画家米哈伊·蒙卡奇（Mihály Munkácsy）、印象主义画家卡罗里·费伦茨（Károly Ferenczy）、野兽派画家罗伯特·贝雷尼（Robért Berény）的作品都非常棒。这里也收藏有19世纪及之后的外国艺术，包括德拉克洛瓦、莫奈、高更、塞尚等公众熟悉的名家之作。此外，还经常举办来自国外的交流特展。

国家美术馆由于位于高点，它楼前的平台和建筑的穹顶拥有很好的视角（穹顶需要单独购票），是欣赏多瑙河、国会大厦的最佳位置之一。

📍 李斯特纪念博物馆（Franz Liszt Memorial Museum）

匈牙利还有我们熟悉的著名钢琴家、作曲家、指挥家弗朗茨·李斯特（Franz Liszt），他力荐后辈肖邦的故事曾经入选我们的课本。李斯特纪念博物馆紧邻安德拉什大街，门面很小，原来曾是布达佩斯音乐学院，李斯特本人也居住在此。位于二楼的展厅并不算大，但展出有李斯特卧室、使用过的多架钢琴以及生活用品，有一个写字台与钢琴结合的家具很有意思，甚至还有一个旅途中用来练习指法的便携式键盘。

李斯特纪念博物馆的"写字台钢琴"

与李斯特博物馆一路之隔，有一处恐怖之屋博物馆（House of Terror）。在当年法西斯统治时期和战后拉科西·马加什"个人崇拜"统治时期，这栋前秘密警察总部大楼里实施了各种审讯、迫害、酷刑和政治清洗，现今位于地下的囚室依然保持原样。

多瑙河明珠

📍 塞切尼链桥（Szechenyi Chain Bridge）与城堡山（Várhegy）

布达和佩斯之所以最终成为一座城市，就是因为在横亘两城中间的多瑙河上建了链桥，而它是连接两岸的九座大桥之一。塞切尼链桥建于 1839 年，历经十年完工。这座古典主义风格的桥梁造型优美，是多瑙河上的重要地标。桥西侧是布达的城堡山，东侧则通向佩斯的圣伊斯特万大教堂（Szent István Bazilika），岸边不远处就是国会大厦。

城堡山是景点集中地，不仅有我们前面提到的国家美术馆所在的皇宫，也就是布达城堡（布达佩斯历史博物馆也在那里），而且在城堡山的北侧，有更为游客喜爱的渔人堡（Halászbástya）和马加什教堂（Mátyás Templom）。马加什教堂历史悠久，这座哥特式建筑已有五百多年的历史。奥匈帝国成立后，奥地利皇后茜茜公主也同时成了匈牙利的王后，她就是在马加什教堂举行的加冕礼。这座教堂音响效果很好，经常举办音乐会。

而渔人堡更像是一段有着高高低低几座堡头的城墙，童话感十足，在我看来，它甚至比新天鹅堡更像是迪士尼城堡的原型。渔人堡二层需要购票才能登上，视野当然也会更好些，但游人不多时，在一层也能找到好位置。渔人堡是拍摄国会大厦的最佳位置之一，当夜幕降临，天空变成饱和度蓝色时，灯光照亮的国会大厦闪着耀眼的金色光芒，映衬在蓝色夜空中，非常美丽。

塞切尼链桥

马加什教堂

渔人堡

多瑙河畔鞋

📍 国会大厦（Parliament Building）

　　这栋多瑙河边的新哥特式建筑堪称布达佩斯之魂，它于 1896 年（匈牙利建国 1000 周年）建成，作为议会大厦在体量上是欧洲大陆第一的。大厦的穹顶与伊斯特万大教堂钟楼一样，同为 96 米高，议会大厅的议员座席则是非常有特色的马蹄形布局，大厦内还珍藏着曾在"二战"时流落到美国后又被归还的匈牙利第一任国王伊斯特万的王冠。参观国会大厦虽然原则上无须提前预约，但由于参观限流，需按照时段随团参观，如果赶上旺季，游客人数较多，有可能会延后入场，甚至门票售罄。

　　在国会大厦外的多瑙河边，有一处特殊的纪念雕塑——多瑙河畔鞋（Shoes on the Danube），以纪念"二战"时受迫害的犹太人。他们曾被勒令脱掉鞋站在多瑙河边，遭枪杀后尸体被多瑙河水冲走。这 60 双铁鞋，就是为了缅怀逝者，警醒世人。

皮包水与水包皮

"早上皮包水，晚上水包皮"是扬州人的生活方式，喝早茶、泡浴池是一种非常享受的状态。在布达佩斯，这个说法似乎也成立，只不过他们是喝咖啡、泡温泉。

📍 纽约咖啡馆（New York Café）

这家咖啡馆因装修金碧辉煌而广受欢迎，入选"世界最美咖啡馆"，其内部的中庭也非常漂亮，经常需要在门口排队才能等到座位。旅游旺季时可能需要预约（你可以拜托所住酒店的员工帮忙），如果只是喝一杯咖啡、吃一块点心，价格倒是可以承受。店内会有小乐队演出，没有乐队时，也会有驻场钢琴师一直演奏。因为太过出名，现在来这里的人应该是以打卡拍照的游客为主了，我也未能免俗。如果时间充裕或者不想凑热闹，布达佩斯有很多非常棒的咖啡馆，比如中央咖啡馆（Central Café）、书店咖啡馆（Book Café），以及位于城堡区、号称茜茜公主最爱的布达佩斯最古老的咖啡馆——鲁斯梧姆咖啡馆（Ruszwurm Cukrászda），等等，这些都不会让你失望的。

另外，位于自由桥东侧的中央大市场（Central Market Hall），是个著名的美食汇集之地，除了食品摊位外，也有不少餐馆以及出售小商品的店铺（匈牙利著名特产是辣椒和鹅肝）。

中央大市场

🔴 塞切尼温泉（Széchenyi Fürdö）与卢卡奇温泉（Lukács Gyógyfürdöés Uszoda）

前面说过，布达佩斯最有特色和最值得体验的，就是它的温泉浴场。匈牙利是温泉之国，光布达佩斯就独占了全国十分之一的浴场。在欧铁通票赠送的一日版布达佩斯卡中，包括了卢卡奇温泉的体验，为了不浪费，我去体验了一次，颇有欲罢不能之感。第二天，我又自己花钱去了更为著名的塞切尼温泉浴场，结果是更加惊喜。这是一座具有巴洛克宫殿式建筑的浴场，室内温泉池非常多，室外温泉池则非常大，室外还有流动水的漩涡池可供玩耍。场内水温也不太高，跟在日本泡温泉的方式和感觉都非常不同，最难忘的一幕就是，在室外温泉池里还有人下国际象棋。室外池子中间的是有常温水的泳池，需要戴泳帽才可进入。在这么美的建筑内外泡温泉，真的是非常享受。旅行回来没多久，我就在新上映的李安导演作品《双子杀手》中，看到了以塞切尼温泉为外景地的几场戏，感到非常亲切。无论哪个浴场，都有租存包柜（locker）和小更衣室（cabin）两种方式可选，我个人更推荐小更衣室，并没有贵多少，但更换的衣物、随身携带的物品都不必再花时间整理，省了不少麻烦。

塞切尼温泉里下棋的人

山·水·画：
琉森、因特拉肯、
伯尔尼、巴塞尔、
苏黎世

瑞士"小环线"

瑞士没有巴黎、纽约、伦敦这种超级城市，而是由若干个稍大一点的城市组成了一个城市群，这些城市各有各的特色和功能。苏黎世是瑞士人口最多、经济最发达的城市，也是瑞士的交通中心，号称欧洲最富有的城市；西南端被法国"包围"的日内瓦则是国际组织聚集地，包括联合国日内瓦办事处、联合国难民署、世界卫生组织、世界贸易组织、世界知识产权组织、红十字会总部等；西北端与法、德交界的巴塞尔，是瑞士第三大城市，莱茵河穿城而过；伯尔尼则是瑞士首都，拥有古老的中世纪街区。瑞士人主要讲德语、法语和意大利语，文化上非常多元。

瑞士旅游资源丰富，但较为分散，再加上城市规模都不大，很难将行程设计为一地多日，大多数驻地最多住三晚，所以自驾游可能更方便一些。不过由于瑞士国家较小且铁路极为发达，我个人完全靠火车转场也没有觉得不方便。基于这些特点以及在艺术资源方面的考量，我在瑞士的旅行是"小环线"，类似于在地图上画了一个小圈：苏黎世—琉森—因特拉肯—伯尔尼—巴塞尔—苏黎世。如果时间充裕，当然也可以扩展到日内瓦、马特洪峰、卢加诺等地。

瑞士以阿尔卑斯山的自然风光闻名于世，也是滑雪、登山和徒步爱好者的天堂，因此几乎没人会把这里当作艺术旅行的目的地。但实际上，瑞士在艺术方面的资源是被严重低估的，它不仅有很棒的美术馆，也出过几位享誉世界的艺术大家——画家有勃克林、奥古斯都·贾科梅蒂、霍德勒及执教于包豪斯学校的保罗·克利和伊顿，雕塑家有阿尔贝托·贾科梅蒂，德国画家小荷尔拜因也曾经在瑞士巴塞尔长期生活、工作，法国画家巴尔蒂斯则选择在瑞士度过晚年。所以，在领略瑞士湖光山色的优美风景之余，也不要错过它的美术馆，即使是专门来瑞士欣赏艺术，你也不会失望的。

山水交响

我是从奥地利乘火车来瑞士的，在苏黎世火车站直接转车来到琉森，因此这里是我实际上的瑞士第一站。

"Lucerne"原称为"卢塞恩"，2009 年后，瑞士国家旅游局选用了新译名"琉森"。一方面因为字数更少、更上口，另一方面因为后者这两个汉字更优美，"琉璃"加"森林"带来的想象与当地的美景更加匹配。琉森的美在于它的湖光山色——山美，水也美，更美的是山与水的绝妙呼应与平衡，再加上美丽的古城、盛大的音乐节，难怪这里被称为瑞士最美的城市。

在欧洲旅行，如果行程是多日多地，要经常乘火车转场的话，欧铁通票是个不错的选择。活期的通票是一张表格，乘车前在表格上面填写出发地、到达地和乘车日期等信息，每到一站，火车上的检票员会盖章或者打孔核销，非常方便。有不少景点也可以出示欧铁通票获取折扣。

如果行程全部在瑞士，还可以购买专门的瑞士通票，不仅包含火车，还包含了瑞士境内的绝大多数公共交通系统——有轨电车、公交、游轮、长途汽车甚至缆车，以及几乎所有的博物馆。购买一些热门景区门票时，还能享受不小的折扣。比如持瑞士通票在琉森乘船和坐登山火车（缆车）游览瑞吉山时，整个行程都可以免费。总之，凡是遇到需要买票的地方，都要先出示瑞士通票，问问是否免费或者打折。（欧铁通票在瑞士可以乘火车，其他交通工具则不行，顶多是有点折扣。）

另外，我在瑞士火车上还有个特殊发现，有些车厢会在靠门的地方（或者二层）设有儿童专区——或是有一块稍大的屏幕播放动画片，或是一个小滑梯，家长可以在这里陪孩子玩耍，感觉省心不少，也减少了孩子们跑来跑去、打打闹闹对其他人的干扰。

📍 琉森音乐节（Lucerne Festival）与琉森文化会议中心（KKL）

琉森音乐节与萨尔茨堡音乐节、拜罗伊特音乐节一起，并称欧洲三大古典音乐节。指挥家阿巴多离任柏林爱乐乐团后，担任了琉森音乐节艺术总监，并创办了"驻节乐团"——琉森音乐节管弦乐团（Lucerne Festival Orchestra）。这支乐团由欧洲各大名团的顶级演奏家组成，每年在琉森音乐节期间奉献最高水平的交响乐演出。当然，琉森音乐节也会有柏林爱乐乐团、维也纳爱乐乐团、阿姆斯特丹皇家音乐厅管弦乐团等顶级乐团以及独奏家的精彩表演。

琉森音乐节的主会场是琉森文化会议中心，一般简称"KKL"（德语全称

会议中心走廊窗外可以看到美丽的湖与城

为"Kultur-und Kongresszentrum Luzern"）。这栋由法国建筑师让·努维尔设计的现代建筑，濒琉森湖（Vierwaldstättersee）而建，与火车站为邻，建筑中包括音乐厅、多功能厅和美术馆等公共设施。其中的音乐厅拥有极佳的声音效果，是我去过的音效最佳的音乐厅之一；其休息处的廊厅，有着非常宽大的玻璃窗，开场前和中场休息时可以在此欣赏美丽的湖景。KKL内的琉森美术馆，以展出当代作品为主。

在琉森，还有一家罗森加特收藏馆（Sammlung Rosengart），展出的是著名画商罗森加特的私人收藏，包括塞尚、雷诺阿、莫奈、毕加索、夏加尔、保罗·克利、康定斯基、米罗等艺术大家的作品，是琉森最好的艺术博物馆。在琉森湖畔，还有一座瓦格纳博物馆（Richard Wagner Museum），作曲家瓦格纳曾在此居住了6年，并创作了其歌剧代表作之一《纽伦堡的名歌手》。

另外，瑞士还有一个韦尔比耶音乐节，在古典音乐界同样享有盛誉。

📍 交通博物馆（Verkehrshaus）

这里是欧洲最大的交通博物馆，内容包括几乎所有的交通工具，甚至航天领域，当然也有最具瑞士特色的齿轨登山火车方面的主题。馆内互动设施多，体验性强，很适合亲子游。馆内还有一条超迷你的蒸汽小火车，当经过"路口"时，它还会鸣响汽笛，喷出白烟。有时候，这列小火车还会换上内燃或者电力车头，很有意思，成年人也能在其中找到童年的乐趣。

交通博物馆内的小火车

📍 瑞吉山（Rigi）

来琉森旅行，最重要的体验是登上山巅，欣赏山与水的交响诗。琉森湖周边主要有三座山可以登上——海拔1798米的瑞吉山、海拔2119米的皮拉图斯山、海拔3232米的铁力士山，攀登每座山大概都需要一天时间，所以可以根据个人的行程安排来选择。我的选择是瑞吉山，先在火车站前的码头乘船到山脚下的菲茨瑙（Vitznau），琉森湖水的蓝色像是罩着一层纱，非常梦幻。在菲茨瑙转乘红色齿轨火车从南坡出发，终点就是山顶。远眺四处，向南可以望见冰川和四季积雪的阿尔卑斯山，向北看则是楚格湖，风光犹如画境一般。瑞吉山与中国峨眉山是姐妹山，因此在山上还能看到一块刻着"峨眉山"三个汉字的石头，这块 8 吨重的石头是真的从峨眉山运来的（当然，峨眉山顶也有一块瑞吉山石）。

狮子纪念碑

下山可以还乘红色火车原路返回，或者沿着步道走到缆车站，再乘缆车至山下的另一个码头韦吉斯（Weggis），在这里转乘回琉森码头的船。虽然有些攻略说，可以继续全程徒步下山回到菲茨瑙，但我自己亲身的经验是，从缆车站再往下的步道很陡，且多为不平整的石头路，如果没穿登山鞋、没带登山杖，会走得很辛苦，所以下半段的徒步并不推荐。

除了山水风光，老城内还有水塔花桥（Chapel Bridge）、圣莱奥德伽尔教堂（Hofkirche St. Leodegar）、穆塞格城墙（Museggmauer），以及纪念 760 名在法国阵亡的瑞士雇佣兵的著名雕塑狮子纪念碑（Lion Monument）等人文景观。因为城市不大，这些都可以通过漫步的方式游览。

瑞吉山远眺琉森湖

掀起你的盖头来

如果以自然风光为主题，少女峰（Jungfrau）应该是瑞士旅行的第一目的地了。它虽海拔高达 4158 米，但几乎全程都可以乘坐火车、缆车等交通工具，因此"登山"变得极其容易，美景唾手可得，这使得它成为最受欢迎的山峰之一。它同样全年积雪，夏天前往的话，山下是茵茵绿草，山上是皑皑白雪，配以蓝天的映衬，在瑞士传统木建筑的点缀下，犹如仙境，格外美丽。

前往少女峰多选择山脚下的因特拉肯（Interlaken）作为驻地，较为便利，也有人选择在半山腰的文根（Wengen）、劳特布龙嫩（Lauterbrunnen）、格林德瓦（Grindelwald）等中途小镇，几处各有千秋，都是不错的选择。购买了登山的通票后，从因特拉肯东站乘火车上山，需依据第

瑞士

一段行程的终点来决定坐在列车的哪个车厢（这列火车
会在中途一分为二，分别以左侧线的格林德瓦和右侧线
的劳特布龙嫩为终点；如果是一日通票，切记从一侧线
上山的话，必须从另一侧下山，不能原路返回）。在这
两个车站需换乘第二段登山火车，左、右两侧线路最终
又在小沙伊德克（Kleine Scheidegg）交会，然后在这
里再换乘第三段登山火车，最终到达少女峰山顶。第三
段基本上都是在隧道中，火车中途会有一次几分钟的停
车，可下车在观景台欣赏冰川，但需及时返回车厢，车
走了也不用着急，再等下一列即可。听起来很复杂，但
是实际走起来很简单，因为大都是游客，目的地基本一
致，随大流即可，唯一要注意的就是下山时，在小沙伊
德克转车时需选择与上山时不同方向的线路。

少女峰顶有冰宫、滑雪场、瞭望台等游览和观景区
域，如果赶上下雪，瞭望台上有可能什么都看不到，但
厚厚的积雪依然能给夏日的旅程带来巨大的惊喜，至于
云雾笼罩，不妨当作是少女含羞的盖头吧。除了自然风
景，爬山的齿轨火车和修建于一百多年前的隧道工程，
本身也是值得关注的景点。

少女峰的上山线路，除了坐火车，大多也可以徒步。
在旅行指南建议的多条线路中，我选择了从小沙伊德克
到文根的下山路线，徒步的人不多，加上风景极美，我
一边走一边拍照，走完这段两个小时的路，倒也没有觉
得很累。到达文根后，我再重新乘火车，从劳特布龙嫩
转车回到因特拉肯。不想跟我一样徒步的，可以选择在
中途的几个小镇下车闲逛，也是很好的游览方式。

虽然因下雪和雾气我并没有在山顶看到远处的风
景，但上山和下山沿途的风景是非常美的，所以并没有
多大的遗憾。如果说有遗憾，那就是在这里安排的时间

格林德瓦

太短了，下次再去，一定预留 3~5 天的时间，把整个少女峰能去的线路都尽量走到，而且也更有可能碰上适合登顶的好天气。

少女峰山脚下，以因特拉肯为中心点，两侧各有一个湖，东侧是布里恩茨湖（Brienzersee）和布里恩茨（Brienz）小镇，西侧是图恩湖（Thunersee）和施皮茨（Spiez）小镇、图恩（Thun）小镇。这些地方全都是依山傍水的自然美景，值得驻足、流连、乘船巡游……

从小沙伊德克徒步到文根

老吴私享

如果想通过电影感受瑞士的绝美风景和风土人情，我推荐2015年的《海蒂和爷爷》，这是根据瑞士儿童文学作家约翰娜·斯比丽创作的《海蒂》改编拍摄的，该著作被无数次拍成电影、电视剧和动画片，秀兰·邓波儿也曾演过。2015版的影片拍得很不错，也很容易找到。

施皮茨小镇

非典型首都

伯尔尼论城市规模，在瑞士排不进前三，知名度也远不及经济最发达的苏黎世和国际组织聚集的日内瓦，甚至连个像样的机场都没有，国际旅客到这里主要靠苏黎世和日内瓦机场中转。但这座小小的、低调的城市却是瑞士联邦政府所在地。

📍 伯尔尼美术馆（Kunstmuseum Bern）

伯尔尼美术馆规模中等，基本陈列位于地下一层，其他的区域为特展区域和现当代艺术展示空间。我去的时候赶上了曾在包豪斯学校任教的伊顿的特展，看到很多他关于"色轮"的研究手稿。基本陈列部分虽然规模不大，但藏品质量优异，其中与毕加索共同开创立体主义的乔治·布拉克的代表作《埃斯塔克的房子》就在这里，这幅画也被认为是立体主义最早期（塞尚式立体主义时期）的作品；还有一幅梵·高艺术生涯早期的作品《向日葵》。另外，馆内还收藏有毕加索、夏加尔、康定斯基以及两位生于伯尔尼的瑞士画家费迪南德·霍德勒、保罗·克利等大师的作品。对了，美术馆所在的大街就是以画家霍德勒的名字命名的。

📍 保罗·克利中心（Zentrum Paul Klee）

保罗·克利生在伯尔尼，求学在慕尼黑，他是青骑士社的主要成员，也是包豪斯学校的主要教师，当然也是康定斯基的好友。纳粹上台后，他从德国回到了瑞士。他的画具有鲜明的个人风格，现代但不失优雅，激进但保有秩序，属于能一眼识别的艺术家。作为保罗·克利的故乡，伯尔尼专门为他建了这座美术馆，也是收藏其作品最多的机构。保罗·克利中心的建筑由设计巴黎蓬皮杜艺术中心的意大利建筑师伦佐·皮亚诺设计。但这座博物馆离老城稍有点距离，需要乘坐公交前往。

📍 伯尔尼老城（Bern Altstadt）

老城区本身就是个具有历史感的大景区，它保留着中世纪古城的建筑和街道，只有乘坐穿城而过的有轨电车才会体现些许的现代感。"几"字形的阿勒河三面环绕，让古城有了护佑，也让城市风景更加优美。伯尔尼古城区域在1983年就被列入世界文化遗产。

从河对岸看伯尔尼老城

其中在城中最主要的一条街道上，坐落着监狱塔、钟楼等地标，这条街上的不同部分叫不同的名字，监狱塔与钟楼之间的这段叫市场街，沿着这条街一直向东，则会经过爱因斯坦故居。爱因斯坦曾经就职于伯尔尼专利局，他正是在伯尔尼工作期间提出了狭义相对论等重要物理学说。

继续向东，最终来到阿勒河上的尼德格桥（Nydeggbrücke），过了桥就是城外了，以弯曲的河道为前景，这里是欣赏整个古城风貌的最佳位置。"伯尔尼"在德语中是"熊"的意思，可以看到在古城外的岸边，尼德格桥旁的斜坡就被围合了起来，形成了一座专门养着熊的动物园——熊苑。伯尔尼又被称为"泉城"，老城的广场上、街角、路口遍布着各式各样的雕塑喷泉，有的是表达象征含义，有的则是讲述民间故事。最著名的是"食童喷泉"，雕塑形象是一个食人魔正在吞食孩子，虽然各方对雕塑具体表达的故事说法不一，但据说用这座雕塑来吓唬不听话的小孩有奇效。

市场街

食童喷泉

不那么瑞士

如果说前面的山水风光和中世纪古城是瑞士美景的代表的话，那么巴塞尔可以说是整个"小环线"行程中，最不像瑞士的城市。由于这里地处法、德、瑞三国交界处［交界处还有一个"三国国境交界纪念碑（Dreiländereck）"］，便捷丰富的交流带来了更加多元的文化，因此这里是很多艺术家、设计师聚集之地，也是瑞士现代建筑最多的城市。象征主义画家勃克林就是巴塞尔人，为北京奥运会设计主体育场鸟巢的赫尔佐格与德梅隆事务所也在此地，这里更有多位普利兹克奖获得者的建筑作品。尽管这里不是很瑞士，但这里很艺术——游客既能看到很多绘画精品，又能看到很多优秀的建筑，是艺术主题旅行的必到之地。

巴塞尔的另一个旅游资源是莱茵河，这儿是莱茵河内河游轮航线的起点。

📍 巴塞尔美术馆（Kunstmuseum Basel）

巴塞尔美术馆由新馆、老馆两部分组成，两部分由地下廊道连接在一起。这里的收藏从量到质无疑都是一线美术馆的水平，可能正是优越的地理位置，使得它囊括了法国、德国等多国的艺术杰作：有古代大师包括康拉德·维茨、老克拉纳赫、梅姆林、伦勃朗、鲁本斯以及曾在巴塞尔工作过的小荷尔拜因，19 世纪以后的画家则包括活跃在法国的柯罗、库尔贝、莫奈、塞尚、

巴塞尔美术馆（老馆大厅）

德加、梵·高以及勃克林、霍德勒、阿尔伯特·安克尔、保罗·克利、贾科梅蒂等瑞士艺术家的作品。让我印象最深的画作是青骑士社画家弗朗兹·马尔克的《动物的命运》、奥地利画家柯克西卡的代表作《风的新娘》、毕加索的《坐着的丑角》、勃克林的《死之岛》的第一版、小荷尔拜因的《伊拉斯谟像》（荷兰的人文主义思想家伊拉斯谟多次长居巴塞尔，最终在此去世，安葬于巴塞尔大教堂内，小荷尔拜因也在巴塞尔工作生活很久，并在此结识伊拉斯谟）……总之，这是一家知名度与收藏严重不匹配的美术馆，郑重推荐，值得专程前往。

📍 丁格利博物馆（Museum Tinguely）与丁格利喷泉（Tinguely-Brunnen）

让·丁格利是 20 世纪下半叶最成功的"雕塑"家与实验艺术家。"雕塑"之所以打引号，是因为他所谓的动态雕塑，多是用废旧物品攒成，应该算是装置艺术，主要表达对现代文明的思考。丁格利喷泉位于剧院广场，就是用废旧机械拼装而成，其喷泉表演十分有趣，这种"雕塑"带给游人的感受与传统雕塑非常不同。丁格利博物馆建筑是由瑞士建筑大师马里奥·博塔设计的，展示的当然都是丁格利充满童趣和想象力的机械装置艺术。

此外，还有巴塞尔当代艺术博物馆（Museum of Contemporary Art）、巴塞尔造纸博物馆（Basel Paper Mill Museum）、巴塞尔古代艺术博物馆（Basel Museum of Ancient Art and Ludwig Collection）、贝耶勒基金会（Fondation Beyeler）等，都不错。在巴塞尔北部郊区德国境内，有一座维特拉设计博物馆（Vitra Design Museum），是世界顶尖工业家具设计和建筑博物馆之一，博物馆由美国著名建筑师弗兰克·盖里设计。

低调的奢华

在小环线转了一圈后，回到起始点苏黎世，也回到了比较典型的瑞士风光之中。美丽的苏黎世湖，并不比琉森湖逊色多少，逊色的那一点大概是湖边没有相映衬的山峰。

作为欧洲最富有的城市，比起巴黎、纽约、伦敦这些热闹繁华的大都会，苏黎世的规模更接近于一座小镇。城市虽小，但绝不廉价——这里是世界上消费最高的城市之一，来瑞士旅游，几乎所有人都会感慨物价之贵。所以说，苏黎世有一种不显山不露水的、低调的奢华。

同样低调的还有苏黎世联邦理工学院（ETH Zurich），这所理工科高校可能很多人都没听说过，但它培养出了爱因斯坦、伦琴（X射线发现者）、现代计算机之父冯·诺依曼等大科学家，是欧洲大陆排名第一的高校。

苏黎世是瑞士的经济、金融、科技中心，也是文化和艺术中心，这里的艺术收藏比起很多欧洲知名美术馆来也毫不逊色。另外，这里还是达达主义的发源地。

📍 苏黎世美术馆（Kunsthaus Zürich）

跟巴塞尔美术馆一样，这座美术馆也被严重低估了。它拥有非常好的毕加索、梵·高、亨利·卢梭、博纳尔、罗丹、蒙克等人的艺术佳作，以及瑞士画家勃克林、霍德勒、奥古斯都·贾科梅蒂（雕塑家贾科梅蒂的堂叔）的绘画。

基本收藏中，最令人印象深刻的是莫奈的三幅大尺幅《睡莲》，夏加尔的作品又多又好，贾科梅蒂作品的收藏规模堪比一家独立美术馆（相比起雕塑，他的绘画更难碰到），尤其是梵·高割耳后头上缠着绷带的自画像，相信所有看到这幅画的游客都会跟我一样在心里发出感叹：原来你在这里！我参观时，还遇上了一个野兽派大师马蒂斯的雕塑特展，实属难得。

苏黎世美术馆老馆，正门旁是罗丹的《地狱之门》

布尔勒收藏馆（Foundation E. G. Bührle Collection）

这是商人 E.G. 布尔勒（Emil Georg Bührle）的私人美术馆，收藏了很多印象派、后印象派大师的经典作品，其中包括塞尚的《穿红马甲的男孩》、雷诺阿的《小艾琳》、梵·高的《落日下的播种者》等名作。

2021年10月9日，苏黎世美术馆新馆建筑落成开幕（就在老馆对面），布尔勒收藏馆从原来的布尔勒别墅中整体迁至这个新馆的二楼。根据官方的说明，至少在2034年前，"布尔勒收藏"会一直以独立展厅的形式展出，不会与原艺术史展陈混在一起。这对于艺术爱好者来说无疑是个福音，省去了奔波的麻烦。当然，这也进一步增加了苏黎世美术馆的吸引力。

圣母大教堂（Kloster Fraumünster）

这座教堂又被称为"妇女大教堂"，是一座12世纪建造的哥特式教堂，这里最吸引人的是俄裔犹太艺术家夏加尔于1970年专门设计的圣坛彩色花窗玻璃。夏加尔的绘画色彩通透艳丽、斑斓梦幻，非常适合做成花窗玻璃作品，千万不要错过。另外，这个教堂的管风琴也是苏黎世州最大的一个，教堂内经常举办音乐会。

除此之外，苏黎世还有介绍瑞士历史的瑞士国家博物馆（Schweizerisches Landesmuseum），就在火车站旁边。苏黎世艺术博物馆（Kunsthalle Zürich）、国际足联世界足球博物馆（FIFA World Football Museum）、苏黎世有轨电车博物馆（Zurich Tram Museum）等也各具特色。位于班霍夫大街上的贝耶钟表博物馆（Clock and Watch Museum Beyer），展出了各个时期的瑞士钟表，彰显了瑞士悠久、精良的制表工艺。

贝耶钟表博物馆的机器人钟表

班霍夫大街（Bahnhofstrasse）、林登霍夫山（Lindenhof）与苏黎世湖（Zurichsee）

苏黎世城市虽然不大，但拥有比肩纽约第五大道、巴黎香榭丽舍大街的商业街——班霍夫大街。这条全长1.4千米的商业街上，银行林立，餐饮云集，销售黄金、珠宝、钟表、时装和其他奢侈品的知名品牌汇聚于此。

从火车站沿利马特河向苏黎世湖方向走，不远处就是林登霍夫山，说是山其实也没多高，但山上公园的小广场是视角极佳的瞭望台，可以俯瞰利马特河以及对岸的苏黎世大教堂、联邦理工学院、苏黎世大学等老城建筑。

苏黎世湖在地质学上属于冰蚀湖，水色深蓝，是苏黎世又一放松身心的好去处，可以乘巡游船（可用瑞士通票）观赏两岸的建筑、葡萄园等风光，也可以在岸边闲逛、喂鸟，或者欣赏肥皂泡艺人的表演。

必须承认，瑞士最让人难忘的还是它安静优美的自然风光——净透的空气、清朗的阳光、碧绿的草甸、湛蓝的湖水、银白的雪山、叮当的牛铃……在瑞士旅行，与其他欧洲国家感觉非常不同，很容易让人达到一种均衡的节奏，愉悦且轻松。

在苏黎世湖上回看苏黎世城（左侧第二个尖顶为圣母大教堂，右侧的双塔楼为苏黎世大教堂）

老吴私享

除了苏黎世，大多数瑞士城市在入住酒店后，都会赠送一张公交卡，公交卡覆盖从入住日到退房日，也就是基本上不用花钱了；而有些小镇，则小到根本就没有公交车。当然，如果你买了瑞士通票，就更省事了。

几乎所有的瑞士城市都很小，都很适合以漫步的形式游览，这种漫步本身就容易让旅行慢下来，抛掉高频次打卡景点的焦虑，让人放松心情去体会和感受。

音乐之声:
维也纳、萨尔茨堡

音乐、美术、茜茜公主

众所周知，奥地利是个音乐的国度。作为世界音乐之都，维也纳有着最高水平的乐团、合唱团和演出场所，也是海顿、莫扎特、贝多芬、勃拉姆斯、施特劳斯家族、马勒、勋伯格等大音乐家的主要创作地。因为同处德语文化圈，音乐传统一致，奥地利也与德国音乐不分彼此，被称为"德奥音乐"，是整个古典音乐的根系。随着电视媒体的普及，维也纳新年音乐会通过视频信号走向世界，成为全世界一年一度的音乐盛宴。到了音乐剧时代，维也纳也出品了《伊丽莎白》《莫扎特》这种广受欢迎的德奥系音乐剧，在英语、法语音乐剧之外，又呈现了另一种样貌。

如果说音乐是维也纳的右手，那么美术便是维也纳的左手，两只手的均衡带给维也纳人更为丰富的文艺生活。维也纳的艺术收藏处于世界一线位置，其艺术史博物馆在古代大师绘画的收藏上可以与卢浮宫、普拉多、乌菲齐等大博物馆比肩；而阿尔贝蒂娜博物馆，更是以对古代大师的素描、版画收藏，形成了绝无仅有、独树一帜的特色。19世纪末诞生的维也纳分离派，缔造和催生了克里姆特、埃贡·席勒、柯克西卡这几位现代艺术大师，也成就了本土艺术家的国际影响力。值得一提的是，闻名世界的维也纳心理学家弗洛伊德，其思想也多多少少影响了维也纳画家们的艺术风格。

作为曾经的神圣罗马帝国、奥匈帝国首都，这里自然也是宫廷剧的上演之地，美泉宫、霍夫堡、美景宫，这些以往华丽的王室宫殿，目前仍以原状陈列或者博物馆展览的形式保持着华丽、尊崇的地位。而史上最知名的皇后之一——伊丽莎白皇后（茜茜公主），则一直作为维也纳的女主人，为这个城市的旅游产业贡献着巨大的吸金能力。

低调的宝库

维也纳在奥地利的最东端，与斯洛伐克首都布拉迪斯拉发非常近。相比于过于闻名的音乐，维也纳的艺术博物馆很容易被低估，甚至被忽视。但实际上，这里的艺术类博物馆无论是在规模、数量还是馆藏质量上，都是一流的。如果说它们是低调的宝库，那也是相比于音乐的被迫低调。

📍 维也纳艺术史博物馆（Kunsthistorisches Museum Wien）

毫无疑问，这是一座世界级美术馆，得益于神圣罗马帝国皇帝鲁道夫二世的早期大规模收藏，这里的古代大师之全、代表作之多，足以与其他任何一座欧洲大博物馆相媲美。其中的老彼得·勃鲁盖尔展厅，收藏包括《通天塔》《儿童游戏》《农民的婚礼》《冬季猎人》《基督背着十字架》

等 12 幅油画代表作，几乎占了他油画作品总数的三分之一。老彼得·勃鲁盖尔的绘画贴近生活、细节丰富、思想深邃，画风自然诙谐、人物生动鲜活、情节妙趣横生，是我最喜欢的古代大师之一，这个展厅也被我戏称为"最想在里面睡一晚上的博物馆展厅"。

维也纳艺术史博物馆

此外，馆内还有拉斐尔的《草地上的圣母》、乔尔乔内的《三哲人》、提香的《圣母与圣婴》、柯勒乔的《朱庇特与伊俄》、帕尔米贾尼诺的《丘比特制弓》、维米尔的《绘画的艺术》、伦勃朗的《自画像》、委拉斯开兹的《穿蓝色衣服的玛格丽特公主像》，以及博斯、老克拉纳赫、丢勒、小荷尔拜因、阿尔钦博托、卡拉瓦乔、鲁本斯、凡·戴克的多幅精彩画作。另外有一件工艺品——意大利金匠本韦努托·切利尼的《金盐盒》，是这座博物馆的镇馆之宝。

艺术史博物馆楼梯两侧的装饰壁画是克里姆特的作品。馆内的咖啡厅设在巨大的中庭内，装饰华美，是参观中途休息的好地方。

艺术史博物馆面对面的"双胞胎"建筑，是维也纳自然史博物馆（Naturhistorische Museum Wien），镇馆之宝是奥地利女大公玛丽亚·特蕾西亚送给丈夫的宝石花束，它用 1500 颗钻石和 1200 颗宝石制作而成；以及被认为是人类最早艺术品的的《维伦多夫的维纳斯像》，距今已有 25 000 年的历史。

金盐盒

雕像《维伦多夫的维纳斯》

利奥波德博物馆
（Leopold Museum）

利奥波德博物馆

该馆位于与上面两个博物馆一路之隔的"博物馆区"之内。馆内收藏的主要是奥地利19世纪末到20世纪上半叶的美术作品，其中最主要的馆藏包括克里姆特的《死与生》、依据资料恢复的《医学》《法学》《哲学》（原作已毁），以及柯克西卡的《自画像》。当然最核心、最重要的是埃贡·席勒在各个时期创作的220余件各种题材的作品，包括他的《男性裸体（自画像）》《月牙岛房子II》《与灯笼草的自画像》《落日》《沃莉肖像》《先知（双重自画像）》等。与悦目的克里姆特相比，我更喜欢黑暗、拧巴的席勒，我喜欢他那直白坦率的自我解剖和表达。作为埃贡·席勒作品的收藏中心，利奥波德是艺术爱好者必看的博物馆。

在"博物馆区"内，与利奥波德相对应的位置还有一座路德维希基金会现代艺术博物馆（Museum Moderner Kunst Stiftung Ludwig Wien），这座馆是中欧地区最大的现当代艺术博物馆。

美景宫（Schloss Belvedere）

此处原为哈布斯堡王朝欧根亲王的宅邸，分上美景宫和下美景宫两座宫殿，现均为博物馆，两座宫殿之间是一个长长的花园。其中上美景宫是克里姆特的主场，他是最受欢迎的奥地利画家。其画作充满了欲望，具有装饰性美感。这里收藏的克里姆特代表作《吻》，应该是世界上最知名的奥地利绘画作品，在维也纳享受如《蒙娜丽莎》般的打卡待遇，他的《犹滴》《拿扇子的女人》等也都在此收藏。这里还展出了埃贡·席勒的《拥抱》《死神与少女》《家》等杰作，还有柯克西卡及其他法国印象派画家的作品。另外，这里还收藏有法国画家雅克－路易·大卫的名画《跨越阿尔卑斯山圣伯纳隘口的拿破仑》的一个大尺幅版本。

上美景宫　　　　　　　　　　　　　　　　　　　　　　　　　下美景宫

📍 阿尔贝蒂娜博物馆（Albertina Museum）

这是一座比较特别的博物馆，除了收藏有莫奈、夏加尔、马格利特、毕加索、马蒂斯等的近现代艺术作品以外，更是世界上最好的素描和版画博物馆，几乎可以说没有"之一"。其收藏包括丢勒的《野兔》《祈祷之手》《书房里的圣哲罗姆》、达·芬奇的《使徒》、博斯的《树人》、老彼得·勃鲁盖尔的《大鱼吃小鱼》《画家与赞助人》、鲁本斯为儿子和女儿画的三幅肖像，以及米开朗琪罗、拉斐尔、伦勃朗、布歇等画家的素描和版画。

📍 维也纳分离派展览馆（Wiener Secessionsgebäude）

这座建筑本身与分离派密切相关，是 1897 年由奥地利建筑师约瑟夫·马里亚·奥布里希（Joseph Maria Olbrich）设计，专门为参与新艺术运动的维也纳分离派建造的，后来又几经维修。展览馆现在的大多数展厅用于特展，而在地下一层的壁画《贝多芬横饰带》正是克里姆特为这座展览馆专门创作的。

帝国的遗产

📍 美泉宫（Schönbrunn Palace）

美泉宫位于维也纳的西郊，是世界最著名的宫殿建筑群之一，与凡尔赛宫、马德里王宫并称欧洲三大宫殿。整个景区除了宫殿主体建筑外，还包含了橘园、宫廷剧院、马车博物馆、花园、海神泉、凯旋门、迷宫、动物园等多个景点，买票时可以按照自己的安排购买不同组合的套票。宫殿最知名的主人是匈牙利和波希米亚女王、奥地利女大公玛丽亚·特蕾西亚，莫扎特 7 岁时就曾在此为特蕾西亚演奏，并获赐礼服。宫殿南侧的花园每年会露天举办与新年音乐会齐名的美泉宫夏夜音乐会，很多没有场地票的人就坐在海神泉后的山坡上来欣赏音乐，据说音乐会现场的听众最多可达 12 万人。通过山坡最高处的凯旋门，可以登上顶部的平台，此处拥有欣赏宫殿、花园以及城市地平线的极佳视角。

📍 霍夫堡（Hofburg）以及茜茜公主博物馆（Sisi Museum）

如果说美泉宫相当于"夏宫"，那么霍夫堡就是"冬宫"了。霍夫堡宫位于维也纳市中心的艺术史博物馆附近，建筑体量庞大，前面提到的阿尔贝蒂娜博物馆其实也是占用了霍夫堡的一个小局部。霍夫堡内最受欢迎的景点应该是茜茜公主博物馆（其中包括皇室寝宫和银器馆），在其中我们能够看到茜茜公主曾经的"健身房"和瘦身器材，据说她对自己的身材管理十分严格，但也由此产生了不少健康问题。在茜茜公主博物馆的旁边，还有一处西班牙宫廷马术学校，这是世界上唯一一处练习古典马术的场所，定期举办马术表演，适合对此有兴趣的游客。

📍 金色大厅（Wiener Musikverein）与歌剧院（Wiener Staatsoper）

金色大厅是维也纳音乐之友协会大楼中最大的一个演出场所，因其优美的声音效果，加上高水平的维也纳爱乐乐团的驻场，以及每年元旦向全球直播的新年音乐会，它成为古典乐迷心中的圣地。不过要注意的是，乐团一般按照乐季来安排演出，两个乐季之间会有一个较长的空闲期，一般在 6—8 月，这期间多半是各地举办音乐节的时候，维也纳爱乐乐团此时会

金色大厅

去参加各大音乐节的巡演。所以，要想听到维也纳爱乐乐团在金色大厅的驻场演出，应该选择乐季期间来维也纳旅行。

歌剧院主要上演歌剧和芭蕾舞，有意思的是，院内其中几层末排座位的后面设立了站席，票价非常便宜。另外，欣赏歌剧时如果选择池座，应当注意穿着，如果是高层座位，则可以穿得休闲舒适些，但过于随便还是不妥的，穿短裤则要被拒之门外。

老吴私享

在两个乐季（演出季）之间，金色大厅、歌剧院以及很多其他剧院的演出多为面向游客的表演性质音乐会或小型演出，这种演出经常是在剧院门口摆张桌子卖票，卖票的人和演奏的人都穿着莫扎特时代的服装，戴着假发，但演出水平不高，只是为了给游客打卡之用。一般来说，这种演出常年都有，只是在暑假期间会更多。在一些声响效果比较好的教堂，也会有小型音乐会，这种音乐会反倒可能更靠谱。

📍 中央公墓（Wiener Zentral-friedhof）

同其他欧洲城市的公墓一样，这里也具有很高的参观价值。在维也纳长眠的文化名人，自然是音乐家居多。在公墓的 32A 区（根据门口的地图很容易就能找到这个区域），埋葬着贝多芬、舒伯特、勃拉姆斯、施特劳斯家族，而并没有埋在这里的莫扎特，也有一座雕像在此与其他音乐家相伴。

前为莫扎特纪念碑，后为贝多芬墓

📍 百水公寓（Hundertwasserhaus Wien）

这是奥地利画家"百水先生"参与设计的公寓楼，是以自然主义的思路建造和装饰的。不过，如果你去过巴塞罗那，你也许会想：这会不会太像高迪了呢？热爱曲线、造型仿自然界生命体、色彩绚丽丰富、如童话一般的造型……当然，两位大师的风格还是有些区别的，百水的建筑颜色更大胆、更梦幻些，但总的来说，相似度仍是极高的。

百水公寓

　　关于维也纳，有一部林克莱特导演、伊桑·霍克与朱莉·德尔佩主演的电影《爱在黎明破晓前》值得一看，讲述的就是在维也纳邂逅的一对男女，他们游走在大街小巷、火车站、美术馆、教堂、酒吧、唱片店、有轨电车……走一路、聊一路，彼此产生好感，但也在这里告别。这是一部非常文艺范儿的片子，也是维也纳艺术气息与爱情主题的完美契合。在这部电影拍摄9年后，导演又在巴黎拍摄了续集《爱在日落黄昏时》，讲述他们重逢，并且决定在一起。又过了9年，导演和两位主演在希腊拍了第三部《爱在午夜降临前》，两位主人公结婚生子，出入琐碎的婚后生活……电影真实又浪漫地呈现了爱情的不同阶段，是非常有意思的三部曲。

多瑙河不太蓝

　　多瑙河是欧洲第二大河流，它从德国发源，流经奥地利、斯洛伐克、匈牙利等 9 个国家，最后注入黑海，是世界上干流流经国家最多的河流。多瑙河的知名最主要是源于小约翰·施特劳斯的《蓝色多瑙河》，这首曲子作为维也纳新年音乐会必演曲目，常在倒数第二位演奏（压轴曲目为老约翰·施特劳斯的《拉德茨基进行曲》）。

　　不过，无论是在布达佩斯，还是在维也纳和瓦豪河谷，我看到的多瑙河都不是蓝色的。我在朋友圈询问其他看过多瑙河的人，得到的回应也大多是觉得不太蓝，只有个别人说看到过蓝色。我想，也许在合适的季节、合适的气候条件以及良好的天气加持下，多瑙河的一些河段是有可能呈现偏蓝色的。

　　要想实实在在体会多瑙河的美丽，一是乘坐内河游轮，感受更为深刻；二是乘坐火车或巴士，前往维也纳西部的瓦豪河谷（Wachau），再乘坐一段游船，欣赏多瑙河最美丽的河谷。

　　瓦豪河谷是梅尔克（Melk）到克雷姆斯（Krems）之间的河谷，顺流和逆流浏览都可以，中途经过施皮茨（Spitz）和迪恩施泰因（Dürnstein）两个小镇，这些小镇都有美丽的沿河景观——城堡、修道院、教堂、民居、葡萄田……2000 年，这段河谷被列入世界文化遗产。所以，即使没有遇上让河水看起来比较蓝的天气，也不会因此错失美好的风景，不妨在游船的吧台买一杯啤酒，坐在露天甲板上，度过一个轻松惬意的下午。

瓦豪河谷岸边的风景

在梅尔克有一座非常宏大的历史建筑——梅尔克修道院。这座建于 18 世纪上半叶的黄色建筑是典型的巴洛克风格，被称为世界最美修道院。法国国王路易十六的王后安托瓦内特在出嫁前往法国的途中，曾在此住过一夜。修道院内的图书馆非常漂亮，除了有四面满墙的书架，二层还有增加书籍收纳的图书回廊，馆内收藏有 1200 余本中世纪的珍贵手稿。修道院的教堂内外都是华丽的装饰，中庭顶部还有湿壁画，可惜的是内部禁止拍照，游客只能在修道院尽头的平台上回望它精美的外立面，这里也是欣赏梅尔克河（多瑙河支流）的好地方。

仙乐飘飘

"Salz"的德语意思为盐，所以萨尔茨堡（Salzburg）意译的名称为"盐堡"，可以简单直白地理解为"盐矿"与"城堡"，1996 年入选世界文化遗产。对于来自世界各地的游客来说，盐也好，堡也罢，似乎都远不如"音乐神童"莫扎特、"指挥皇帝"卡拉扬和著名电影《音乐之声》的知名度高。

萨尔茨堡是个小城市，整个老城可以视为一个完整的景区，各景点之间基本上不需要公共交

萨尔茨堡洗马池（《音乐之声》取景地之一）

通，步行即可。由于游客基数大且景点集中，实地感受会有些过于旅游化的喧闹。

相比起制霸萨尔茨堡的音乐资源，这里的美术资源乏善可陈，甚至可以忽略不计。不过，它有个富有的邻居。萨尔茨堡距离德国的慕尼黑比距离自己的首都维也纳要近得多，因此在设计行程时，这两个城市可以做一个组合。喜欢绘画艺术的朋友，完全可以安排个慕尼黑一日游，用慕尼黑丰富的艺术馆藏，来弥补萨尔茨堡这方面的短板。

萨尔茨堡音乐节（Salzburger Festspiele）

2020 年，萨尔茨堡音乐节迎来 100 周年庆典，世界知名旅游指南丛书《孤独星球》由此将萨尔茨堡列为 2020 年度世界最佳旅游城市之首。萨尔茨堡音乐节是世界上水平最高、最负盛名的音乐节，卡拉扬曾领导并指挥音乐节超过 30 年，是一年一度的古典音乐盛筵。

乐团演出季（以下简称"乐季"）就是正规乐团每年的正式演出规划季，相当于乐迷的日常"口粮"；而音乐节一般都是在两个乐季之间的休整期（多为暑假期间），大多数乐团会利用这个时间参与各大音乐节。因为音乐节可以在短时间内汇聚多支一流乐团和多位名家，所以对于乐迷来说，比起乐季演出，参加音乐节有一种吃大餐的感觉。

2019 年夏天，我在出发前往奥地利旅行时发现，把去萨尔茨堡的时间提前一天，就能赶上萨尔茨堡音乐节的闭幕演出，但由于行程总时间都已经安排好，只能忍痛将维也纳的行程减掉一天。那次的闭幕演出是 90 岁的海廷克指挥维也纳爱乐乐团演奏布鲁克纳的《第七交响曲》，那是大师退休前的倒数第三场音乐会，接下来他在参加完逍遥音乐节和琉森音乐节后，就彻底告别乐坛了（写此文时，老爷子已经去世）。同时，我也弥补了未能在金色大厅听到维也纳爱乐乐团演出的遗憾。

莫扎特出生地（Mozarts Geburtshaus）及故居（Mozarts Wohnhaus）

理论上这两个地方同属于一家莫扎特博物馆，莫扎特出生地位于萨尔察赫河南岸（大教堂、城堡一侧）的粮食胡同，这里也是老城区的核心商业街，而故居位于北岸（米拉贝尔宫一侧）。

其中，出生地的房间为确切的旧址，故居的原建筑则在"二战"中被炸毁，现在的建筑是重修的。博物馆内原样陈列的家具也不是莫扎特实际使用的，而是找来同一时代的家具用来展示当时的生活场景。

萨尔茨堡要塞（Festung Hohensalzburg）

这座中世纪城堡非常古老，有近千年的历史。城堡位于老城区山顶，是区域制高点，有着绝佳的观景平台。萨尔茨堡在高处看是非常美的，萨尔茨堡大教堂、弯曲的萨尔察赫河以及远处的山峰尽收眼底。城堡内的博物馆展示了要塞的历史、中世纪兵器等内容，甚至还有个木偶博物馆。可以购买含登山小火车的套票，帮助节省时间和体力。

萨尔茨堡城堡

米拉贝尔宫和米拉贝尔花园（Schloss Mirabell & Mirabellgarten）

这里是从火车站出发前往老城区的必经之路。米拉贝尔宫中的一部分现为市政厅办公场所，宫内的大理石厅是著名的婚礼举办场所，莫扎特和他的父亲也曾在此创作和表演，现在这里也经常举办音乐会。米拉贝尔花园中的喷泉和台阶，是电影《音乐之声》中著名歌曲 Do-Re-Mi 的外景地之一。

海尔布伦宫和戏水园（Hellbrunn & Wasserspiele）

海尔布伦宫位于萨尔茨堡郊区，是主教的夏季休憩之地，其内部的戏水园是景区的灵魂，设有多个戏水机关，游客在导游的引领、讲解以及捉弄下，感受意外被喷水的快乐。当然，这些戏水项目也只在夏季开放。

另外，从萨尔茨堡出发，可一日往返的著名风景区还有哈尔施塔特（Hallstatt）、圣沃尔夫冈（Sankt Wolfgang，沙夫山景区）、德国境内的国王湖（Königssee）等，都是湖光山色的代表。哈尔施塔特除了美丽的湖边小镇，还有盐矿这样的特色景点。不过，这里因为太知名而引来大批游客，对一些不以旅游为业的普通居民造成了很大的困扰，当地曾计划从 2020 年起对游客大巴进行限流，但因新冠疫情而搁浅。

奥地利

哈尔施塔特

　　从萨尔茨堡再向西，还有一座古老的城市——因斯布鲁克。如果时间充裕，也可以加入行程之中。这里曾经是神圣罗马帝国皇帝、哈布斯堡王朝的统治者马克西米利安一世的驻地。由于其处于阿尔卑斯山谷中，是极佳的滑雪胜地，因此这里曾经举办过 1964 年、1976 年两届冬奥会。

　　在奥地利的最西部与瑞士交界的地方，还有一个微型国家——列支敦士登。其面积只有 160 平方千米，大约相当于半个北京丰台区，人口还不到 4 万人。在首都瓦杜兹有邮票博物馆（这里的支柱产业是邮票）、艺术博物馆等可以参观。列支敦士登虽然很小，但其王室的收藏数量和质量是极其惊人的，曾经来中国办过展览，其中鲁本斯为女儿画的《克拉拉·赛琳娜·鲁本斯》，是一幅非常精彩的肖像名作，这个展览也是我讲解西方艺术的开端。不过，王室的艺术品大多并不在瓦杜兹，而是在位于维也纳的列支敦士登城市宫殿、花园宫殿两座宫殿内收藏，由于知之者不多，很少开放参观。

也剽悍，也浪漫：
莫斯科、圣彼得堡

熟悉的陌生人

我出生在黑龙江省边境地区，距离国界黑龙江还有几十公里，但舅舅家恰好在黑龙江的岸边，小时候去他家探亲，从后窗就能看到对岸的俄罗斯（当时还是苏联），所以俄罗斯是我最早看到的外国，按照相识的时间本该对其熟悉。不过，由于当时中苏关系交恶，口岸封闭，对于这个邻居知之甚少，基本上算是陌生人，仅存的一点记忆，其实也不算太好。

20 世纪 70 年代末的某一年（具体年份记不太清），边境地区情势陡然紧张，大人们做了一些以往只能在小人书中看到的"战争准备"。我记得父母不知道在哪里买了一些塑料篷布，说是准备在"逃"的时候把收音机、缝纫机这些"财产"埋入地下。而最紧张的一次，传闻是挨着黑龙江的逊克县城里所有汽车整夜不熄火，随时准备"撤退"……后来，紧张局势缓解了，家里的财产也并没有成为地下宝藏，但与战争最接近的这一刻，给我童年留下了深刻的印痕，也由此一直缺乏了解这个国家文化的动力。后来，两国关系改善，边境开放贸易，我所在的大学里也有不少俄罗斯留学生……但因为始终没有交集，陌生感一直持续了很久。

到北京工作生活后才发现，这里不仅有莫斯科餐厅（"老莫"），还有相当多上了岁数的"俄迷"——主要是迷恋俄罗斯的芭蕾、音乐、文学和美术。在那个时代的很多人眼中，俄罗斯的艺术就是西方的艺术，这种认知具有鲜明的时代印记。毕竟，中央美术学院的油画教育，就是来自苏联美术教育体系。直到改革开放后，我们才发现，这个观念可能存在一定程度的偏差。在以西方美术体系为主导的艺术史书中，很少提及俄罗斯艺术；欧美一些大型艺术博物馆中，也少有俄罗斯的绘画作品收藏、展出；而夏加尔、马列维奇、康定斯基等几位现当代大师，因其风格与欧洲艺术的传承关系，也多半不被写入俄罗斯艺术的篇章。

我们熟悉的俄罗斯美术是西方美术与民族美术的一种结合，它虽以西方学院美术为根基，但更加注重民族性，到了前苏联时期，又增加了意识形态的色彩，因此有个性化的体系和特色。尤其是 19 世纪下半叶巡回展览画派的现实主义绘画，用俄罗斯特有的表达方式来绘制俄罗斯特有的主题，这一流派的绘画思想，一直延续到了苏联时期，并深刻地影响了我国的美术教育和创作。另外，还有一个非常值得关注的俄罗斯早期宗教艺术——东正教的圣像画，这也是俄罗斯艺术的重要组成部分。当然，俄罗斯也有更为国际化的画家，比如康定斯基等现当代艺术大家，但他们毕竟也是这块土地上成长起来的。

我是在去过多个欧美国家之后，才回过头去拜访俄罗斯这个"熟悉的陌生人"的。踏上了莫斯科和圣彼得堡的土地，发现它与以往的感知和想象是如此不同。中俄两国关系早已随着历史发生了很大的变化，而中国人对他们"战斗民族"的认知也并不十分精准。广袤的土地、漫长的冬季、悲情的历史以及横跨欧亚大陆的地理位置，缔造了俄罗斯文化苍凉伤感、浪漫壮美、大气而又剽悍的复杂气质。

战斗着，文艺着

要说世界上哪个城市的人民生活最文艺，莫斯科是绝对能排进前几位的。他们的文艺生活不同于纽约和伦敦的繁华热闹、活色生香，而是更加偏重于古典艺术，颇有一些老派贵气的优雅。莫斯科人的文艺生活主战场是剧场和音乐厅，每到演出季的夜晚，莫斯科大剧院的几座剧场轮番上演着《鲍里斯·戈都诺夫》《天鹅湖》《胡桃夹子》等冠绝世界的歌剧、

莫斯科大剧院

芭蕾舞剧，以及柴可夫斯基、拉赫玛尼诺夫、肖斯塔科维奇、"强力五人团"等大家经典交响乐；各大剧院也常年上演普希金、果戈理、契诃夫等大文豪的经典作品；戏剧家斯坦尼斯拉夫斯基更是建立了世界三大表演体系之一。近些年音乐剧盛行，音乐、舞蹈、文学、戏剧等积淀都很深厚的俄罗斯哪里肯居于下风，《安娜·卡列尼娜》《基督山伯爵》等音乐剧也以优良的制作赢得了广泛赞誉，成为市民文艺生活的又一新形式。当然，莫斯科在绘画、雕塑收藏方面也一样底蕴深厚。

📍 普希金造型艺术博物馆（Pushkin State Museum of Fine Arts）和19—20世纪欧美艺术画廊（Gallery of 19th and 20th Century European and American Art）

普希金造型艺术博物馆（注意不要与普希金文学博物馆、普希金故居搞混，可用英文名称搜索），是莫斯科最大、以收藏欧洲艺术为主的博物馆，其中主馆收藏有波提切利、提香、老克拉纳赫、布隆奇诺、鲁本斯等大师的原作，也有米开朗琪罗多座雕塑名作的复制品。

当然，更具吸引力的是位于主馆旁边的19—20世纪欧美艺术画廊（两个馆需分别买票），这里收藏有印象派之后的现当代艺术杰作，包括梵·高生前唯一售出的《阿尔勒的红色葡萄园》、塞尚的《狂欢节（皮埃罗与丑角）》《圣维克多山》、高更的《什么！你嫉妒吗？》、毕加索的《站在球上的杂技演员》、莫奈的《草地上的午餐》、亨利·卢梭的《被美洲豹攻击的马》、康定斯基的《即兴：第20号》、马蒂斯的《金鱼》……其中，塞尚和高更的画作量多质好，大多来自

普希金造型艺术博物馆

19—20世纪欧美艺术画廊

俄罗斯两位收藏大家——希楚金和莫洛佐夫。他俩收藏的毕加索和马蒂斯的作品，目前则主要收藏于圣彼得堡埃尔米塔什博物馆。特别有意思的是，我在这里看到的一幅高更画的《夜间咖啡馆》，觉得特别眼熟，直觉是跟梵·高画的《阿尔勒的午夜咖啡馆》是同一个地方，只是角度不同，后来一查作画时间，果然是他在阿尔勒与梵·高共同创作时期而作。从直觉发现到最终印证，有一种破了案的快感，很有意思。

📍 特列季亚科夫美术馆（Tretyakov Gallery）

特列季亚科夫（也常被译为"特列恰科夫"）是俄罗斯本土艺术的收藏大家，他几乎是以一己之力，赞助了 19 世纪最杰出的俄罗斯本土绘画艺术群体——巡回展览画派。因此，特列季亚科夫美术馆是最大的俄罗斯绘画殿堂，几乎每一位巡回展览画派的画家均有多幅代表作收藏于此，如克拉姆斯柯依的《无名女郎》《荒野中的基督》、列宾的《伊凡雷帝杀子》《库尔斯克省的宗教游行》、希施金的《松林的早晨》、苏里科夫的《女贵族莫洛佐娃》、列维坦的《金秋》、谢洛夫的《少女与桃》、弗鲁贝尔的《坐着的天魔》等，这些画作显示了画家们扎实的学院功底，以及对土地、人民的深情。馆内还收藏有卢布廖夫的国宝级圣像画《三位一体》、巡回展览派之前的伊凡诺夫的《基督显圣》。

这里想再一次感慨看绘画原作的美好感受。之前多次在书中和网络上看过谢洛夫的《少女与桃》，说实话没什么感觉。但看到原作时，才真的感受到了它的美，尤其是少女的衣服与脸上泛出的粉红色光泽，健康、青春，这美感完全无法在印刷品和数码图片上呈现他在《米卡·莫洛佐夫》里画的小女孩也非常生动、纯真。

说到这里，还要提到莫斯科远郊的一个地方——阿布拉姆采沃庄园，这是俄罗斯铁路大亨马蒙托夫的私人庄园，马蒙托夫酷爱艺术，经常邀请列宾等巡回展览画派的画家们、果戈理等文学家们来这里创作和度假。《少女与桃》就是在这里画的，房间至今依然保持着画中的原样。前往金环小镇谢尔盖耶夫的火车会有很少的车次在这里停留，交通不是太方便，自由行的话需要做详细计划，若时间宽裕可以去看看。

谢洛夫《少女与桃》

另外，在莫斯科河的南岸，矗立着一座高 98 米的彼得大帝雕像，还有一座规模比较大的分馆——新特列季亚科夫美术馆（New Tretyakov Gallery）。这里主要藏有俄罗斯 20 世纪以后的现当代艺术作品，其中包括广为人知的康定斯基和马列维奇的多幅作品。而深受莫斯科市民喜爱的高尔基公园，就与新特列季亚科夫美术馆一路之隔，是旅途中休闲放松的好去处。

📍 采列捷利博物馆（Zurab Tsereteli Art Gallery）

前面提到的 98 米的彼得大帝雕像，无论是从审美上，还是从政治意涵上，都备受争议。它的创作者是俄罗斯艺术科学院院长、画家、雕塑家祖拉布·采列捷利，是目前在世的最受俄罗斯官方认可的艺术大师之一，也是原莫斯科市长卢日科夫的好友。采列捷利是莫斯科奥运会的美术总监，还曾在苏联解体后，为保住俄罗斯艺术科学院（原"苏联艺术科学院"）做出了巨大贡献。他创作过一个柔道选手的雕塑，任何人都能一眼看出，雕的是普京。他的艺术风格有些许的夸张、偏装饰性，而且非常高产，如果对他的艺术风格好奇，不妨去这里看看。

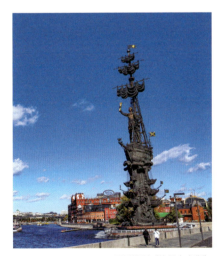

采列捷利《彼得大帝像》

📍 托尔斯泰故居博物馆（Leo Tolstoy Estate Museum）

莫斯科有很多文化名人的故居可以参观，我选了大文豪列夫·托尔斯泰在莫斯科市内的居所。这是一栋别墅式的建筑，托翁曾在此居住了将近十年的时间，《复活》就是在这里创作的。当时托尔斯泰已是莫斯科文化界的核心人物，这里也经常高朋满座，列宾、契诃夫等人都是常客，音乐家里姆斯基-柯萨科夫、斯克里亚宾、拉赫玛尼诺夫等人也曾在二楼大厅聚会、演奏。有趣的是，托尔斯泰还很注意锻炼身体，这里保存着他骑过的自行车，以及锻炼用的哑铃等。住宅后面有个很大的庭院，托翁也经常在庭院里劳作。

托尔斯泰故居博物馆

托尔斯泰人生的最后几年常住在距离莫斯科200千米、隶属于图拉州的雅斯纳亚·波良纳庄园（Yasnaya Polyana）。身为贵族后裔，这个继承来的巨大庄园也是他居住时间最长的地方——他出生于此，在此写下了《战争与和平》《安娜·卡列尼娜》等不朽之作，也在这里去世、下葬。很多文学爱好者都会选择这里，专程前来参观。

托尔斯泰用品

📍 新圣女公墓（Novodevichy Cemetery）

这里是很多名人的墓地所在，其中有果戈理、契诃夫、奥斯特洛夫斯基、马雅可夫斯基、普罗科菲耶夫、肖斯塔科维奇以及芭蕾女王乌兰诺娃等文化、艺术界人士，还有赫鲁晓夫、叶利钦、王明等政治人物。

肖斯塔科维奇墓

五彩洋葱

俄罗斯虽然大部分领土在亚洲，但它是个欧洲国家。说它是欧洲国家，文化上却又有鲜明的民族色彩，主要信奉的东正教也与占西方主导地位的天主教、新教有明显区别（当然，来源于东罗马帝国的东正教认为自己才是正统）。俄罗斯文化正如其国徽上的双头鹰，一面朝东，一面向西，具有两面性。莫斯科建筑就展现出这点，一方面确实有不少欧式巴洛克、古典主义风格的建筑，其中有一些是苏联斯大林时期建造的，比如以莫斯科大学主楼、列宁格勒饭店为代表的"莫斯科七姐妹"（七栋风格接近的大楼），兼具哥特式的高塔、巴洛克式的装饰、古典主义的均衡和红色意识形态的恢宏等多种美学，这些建筑风格也影响了中华人民共和国成立初期的一批公共建筑，比如军事博物馆、北京展览馆、上海展览中心等。但另一方面，更多的则是东正教建筑和俄罗斯民族风格建筑，其中最具特色的是大大小小、五颜六色的"洋葱头"教堂，这些"洋葱头"几乎成了俄罗斯文化的代表。（我国的哈尔滨就曾因聚居着数量甚众的俄侨，而留下了不少俄式建筑，尤其以索菲亚大教堂的洋葱头最为典型，哈尔滨也由此有了"东方莫斯科"的美誉。）因此，在莫斯科旅行，建筑、装饰艺术是很重要的一个主题。

莫斯科大学主楼

📍 克里姆林宫和红场（Kremlin and Red Square, Moscow）

这里是莫斯科的中心地标，也是充满政治意涵和历史故事的地方。克里姆林宫曾经是沙皇的皇宫，红墙之内一部分开放参观，而不开放的区域包含作为总统府和政府办公机构的大克里姆林宫。开放区有圣母升天主教座堂、圣母领报大教堂、天使长主教座堂等东正教"洋葱头"教堂。这里还有整个区域内的最高点——伊凡大帝钟楼，我们在莫斯科河对岸看向这里时，那个戴着金色洋葱头的白色高塔便是。因此处参观限时、限人数，且需要单独买票，最好在售票处提前购买包含这里的套票，并在指定时间进入。

伊凡大帝钟楼

另一个需单独购票的是军械库，虽名为"军械库"，但实际上是沙皇的珍宝馆，展示王室的王座、王冠、礼服、马车以及包括法贝热彩蛋在内的大量珍宝，值得推荐。

红墙之外，有点燃着长明火的无名烈士墓，靠近红场一侧的墙外则有列宁墓。

克里姆林宫北侧的长方形广场便是赫赫有名的红场，这里因每年5月9日和11月7日举办的两次阅兵仪式而为全世界所熟知。5月9日是卫国战争胜利日，11月7日则是纪念"二战"期间那次特殊的阅兵，1941年的11月7日，受阅官兵在从红场走过后奔赴战场。

从左至右依次为：克里姆林宫、古姆百货商场、圣瓦西里升天大教堂

红场北侧的古姆百货商场（GUM），是欧洲最大的百货商场之一。其建筑是古典宫殿风格，内部是回廊式的商店街，商场内的冰激凌很受欢迎，店内漂亮的喷泉也经常是人们约会见面的地方。红场西侧有1812战争博物馆、喀山大教堂和国家历史博物馆。其中国家历史博物馆是紧邻红场的建筑，红墙白顶，看起来如童话里的城堡一般，美得有一种不真实感，馆内主要介绍从石器时代到沙皇时期的历史。这里也是红场阅兵的起点。而在红场东侧，与国家历史博物馆相对的，就是大名鼎鼎的圣瓦西里升天大教堂。

📍 圣瓦西里升天大教堂（St Basil's Cathedral）

圣瓦西里升天大教堂也译作"圣瓦西里主教座堂"，或被称为"巴克罗夫大教堂"，建于16世纪中叶，是首位沙皇伊凡（也就是"伊凡雷帝"，又称"恐怖者伊凡"）时期，为了庆贺征服喀山而建造的。建筑中央为主塔，周围则是9个洋葱头塔楼，每个洋葱头的造型细节、配色、大小、标高和构成方式都不一样，有的像松果，有的像菠萝，有的像糖球，总之这座教堂的外观充满了童趣，拥有非一般的想象力，说是最漂亮的建筑之一也毫无争议。传说，教堂建造完成后，伊凡雷帝派人刺瞎了设计师的双眼，目的是让他们没有机会再建一座更美的建筑，想不到这么美丽的建筑背后，竟然还有这么残酷的故事。

东正教的教堂内部多半有些阴暗，空间也都不是很大，总体上给人一种宗教的威严感。但它们往往拥有活泼、生动、梦幻的外观，内外气质差异很大。东正教很喜欢用象征着光明、具有神圣感的金色，圣像画也是金色打底，很多教堂的洋葱头也采用金色涂装。

圣瓦西里升天大教堂

📍 莫斯科地铁（Moscow Metro）

莫斯科的地铁基本上都是苏联时期建造的，而且由于兼做军事人防工程，地铁建得很深，进出地铁站完全离不开自动扶梯，而自动扶梯几乎看不到尽头。莫斯科地铁运行速度很快，老式车厢有点颠簸，人不容易站稳，再加上夏天主要靠开窗通风来散热，乘车时有一种呼啸前行的飒爽之感。

莫斯科地铁站内

莫斯科地铁号称是世界最美地铁，很多地铁站美得如同地下宫殿或者艺术博物馆，装饰着雕塑、壁画、天顶画、花窗玻璃、吊灯……每个站也都有相应的艺术主题，比如共青团站、马雅可夫斯基站、基辅站、白俄罗斯站、新村庄站、革命广场站、电子厂站等。很多站我们在旅行的行程中会自然经过，可以停留下来细细欣赏，也可以参加专门的地铁站旅行团，这个旅行主题恐怕在世界范围内也难再找到第二家了。

📍 卡洛明斯科娅庄园（Kolomenskoye）

卡洛明斯科娅庄园位于莫斯科南郊河畔，彼得大帝在此度过了童年时代。虽然位置有点远，但地铁可以直达。庄园面积非常大，要有充分的时间安排（大半天甚至一天）和体力储备。因为在园内主要靠走路，我记得我那一整天走了 3 万 5 千多步，走到脚起泡，创了个人旅行史上的行走纪录。

升天大教堂

庄园内部有一座 16 世纪上半叶为庆贺伊凡雷帝出生而建的升天大教堂，它被称为"白色石柱"，是第一座"帐篷顶式"建筑，由此入选世界文化遗产；还有一座装饰着金色星星和蓝色洋葱头的喀山圣母教堂。在庄园的最南端，曾经有一座号称"世界第八大奇迹"的大木宫，这组纯木制宫殿群因年久失修在叶卡捷琳娜二世时期被拆除了。现在看到的大木宫是近些年按照文献记载进行复建的，从外观来看是非常美、非常特别的一组建筑。

📍 伟大的卫国战争博物馆（Museum of the Great Patriotic War）

这是一座非常苏联的博物馆，用来纪念 1941—1945 年发生的卫国战争。博物馆前有巨大的广场、高耸的纪念碑和告祭英雄的长明火，我就曾看到一群学生来这里参观，拍摄纪念照。据说俄罗斯人结婚也会来这里或者到无名烈士墓献花，这是战斗民族独特的婚俗。博物馆南侧还有个室外展区，展示"二战"时期的军车、大炮、战壕等军事装备和设施。

博物馆内有表达纪念的雕塑、战争文物、几个战争关键战役的实景画（比如攻克柏林）等，光荣大厅的墙壁上镌刻着一万多名苏联红军英雄的名字，而穹顶上镶嵌着本次战争的最高荣誉——胜利勋章。巧合的是，我在这里还看到了一场以穹顶和内墙为银幕的光影秀，非常精彩，但这个项目并没有在任何资料中介绍，也没有发现定期播放的时刻表，我也许只是沾了一个学生参观团的光。

光荣大厅

俄罗斯

📍 金环小镇

在莫斯科周边，有一条比较经典的旅游环线，串起了谢尔盖耶夫、佩列斯拉夫尔-扎列斯基、大罗斯托夫、雅罗斯拉夫尔、科斯特罗马、伊万诺沃、苏兹达尔、弗拉基米尔八座小镇，这条环形线路被称为"金环"。如果无法自驾，或者时间没那么宽裕，可以去距离莫斯科较近的谢尔盖耶夫（Sergiyev Posad）或者苏兹达尔（Suzdal）进行一日往返，都是不错的选择。

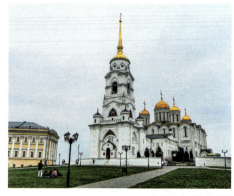

的圣母升天主教座堂

我去的是苏兹达尔，需要乘火车在弗拉基米尔（Vladimir）转乘汽车，所以回程时还可以顺路在弗拉基米尔逗留一下，看看那里的金门和圣母升天主教座堂，算是去了两个金环小镇，这两个小镇也都列入了世界文化遗产。

苏兹达尔是"金环"上的明珠。小镇古迹众多，有蓝色洋葱头的"苏兹达尔克里姆林"，有定时表演钟琴的圣欧蒂米奥救世主修道院（Monastery of Saint Euthymius），有包含木教堂的木建筑博物馆，以及典型的俄罗斯乡村民居，但更让人陶醉的是蜿蜒的小河和安宁舒适的田园风光，很适合闲散漫步。如果不急着赶路，在这个童话小镇找一家客栈住一两晚，可能会有更好的体验。

女皇的宝库

历史上，圣彼得堡曾经当了两百年的俄罗斯首都，直到苏联成立，才将首都迁回莫斯科。在圣彼得堡时期，俄罗斯先后拥有两位雄才大略的大帝——彼得一世和叶卡捷琳娜二世。彼得一世是圣彼得堡的缔造者，他不仅是迁都的决策者，而且是圣彼得堡的总设计师，在此创建俄罗斯海军部队，让这里成为俄罗斯面向欧洲的窗口，成为学习西方、变革维新的最前沿。虽然叶卡捷琳娜二世是通过宫廷政变上台，但其治国有方，开疆拓土，成就了前无古人的帝国伟业，尽管身为女性，却拥有与彼得一世同样的"大帝"之称。

📍 埃尔米塔什博物馆（Hermitage Museum）

埃尔米塔什博物馆是世界四大博物馆之一，我们常以"冬宫"（Winter Palace）简称它，其主体包含冬宫、小埃尔米塔什、老埃尔米塔什、新埃尔米塔什、埃尔米塔什剧院这组彼此连接的宫殿群（以下简称为"冬宫一侧"），以及冬宫广场对面的总参谋部大楼东翼，另外在市内还有几处专题类的分馆。当然，作为参观者只需要记得冬宫一侧与总参谋部大楼一侧就可以了。

埃尔米塔什博物馆的收藏主要是在叶卡捷琳娜二世时期积累下来的，收藏内容包括古埃及、古希腊、古罗马、东方艺术（包含中国敦煌艺术）、珍宝、中世纪艺术以及极为精彩的欧洲绘画艺术，可以认为是女皇的艺术宝库。女皇将这些收藏命名为"埃尔米塔什"（Hermitage），意为"幽静之地"，这也是博物馆名字的由来。由于展区面积大、藏品丰富，即使是脚步匆匆，一整天也未必能够逛完，因此艺术爱好者安排两次以上的参观是很有必要的。我自己就因为行程原因，只去了一天，不得已舍弃了一部分非绘画展厅，非常遗憾。

冬宫一侧是埃尔米塔什博物馆的主体，这座18世纪沿河而建的宫殿本身就是新古典主义建筑的典范。这一侧收藏的绘画杰作包括达·芬奇的《拈花圣母》和《哺乳圣母》、米开朗琪罗的《蜷缩的男孩》（雕塑）、乔尔乔内的《犹滴》、提香的《达那厄》、卡拉瓦乔的《弹琴者》、弗拉戈纳尔的《偷吻》、庚斯博罗的《穿蓝衣的女人》以及老克拉纳赫、格列柯、鲁本斯、凡戴克、委拉斯开兹等大师作品。当然这里最著名、最精彩的收藏当数伦勃朗的画，数量高达36幅，而且品质极佳，尤其是肖像画中对人物精神的刻画非常深邃，其中《浪子回头》是冬宫的镇馆之宝，而《红衣老人》《圣家族》则是我非常喜欢的伦勃朗作品，《达那厄》《弗洛拉（花神）》等也都是其代表作品。另外，这一侧的小埃尔米塔什部分还有广受游客喜爱的孔雀钟。

总参谋部大楼一侧是艺术爱好者万万不可错过的，其中收藏有新古典主义、浪漫主义、现实主义、象征主义直至印象派、野兽派、立体主义等欧洲近现代绘画，包括大卫、弗里德里希、热罗姆、莫奈、毕沙罗、高更、梵·高的多件作品，德加的《协和广场》、雷诺阿的《拿皮鞭的孩子》、塞尚的《圣维克多山》等名作均收藏于此。这里收藏的毕加索、马蒂斯的作品，尤其是马蒂斯的《舞蹈》《音乐》《谈话》《红色房间》等代表作均在这里，让人惊喜连连。

冬宫

俄罗斯博物馆（Russian Museum）

这是一座与国家同名的博物馆，靠近滴血大教堂，建筑本身是曾经的米哈伊洛夫斯基宫，现主要收藏东正教圣像画以及俄罗斯本国艺术家的作品。其中谢洛夫的《伊达·鲁宾斯坦肖像》、弗鲁贝尔的《飞翔的天魔》、夏加尔的《散步》以

俄罗斯博物馆

及库茵芝、列维坦的风景画，康定斯基、马列维奇的抽象绘画作品都非常精彩，康斯坦丁·马科夫斯基的《圣彼得堡的谢肉节》也让我印象深刻。当然，这里最著名的作品来自巡回展览画派灵魂人物——列宾，他的名作《查波罗什人写信给土耳其苏丹王》、巨幅群像《1901年5月7日国务会议成立100周年纪念仪式》以及最为中国人熟悉的俄罗斯名画《伏尔加河上的纤夫》均藏在这里。

说到列宾，不得不提到圣彼得堡的列宾美术学院，它是世界四大美术学院之一，对中国美术教育影响最大。学校内有美术馆，不定期举办画展。

另外，在圣彼得堡西北方向约45千米的芬兰湾岸边，有一个列宾诺小镇（Repino），列宾人生的后三十年长居于此，也在这里安葬。有段很特别的历史：列宾定居于这里时，这个地方属于俄罗斯帝国下辖的芬兰大公国，十月革命发生后，芬兰成为独立共和国，列宾坐在家里什么都没做就变成了"芬兰人"，成了"旅居国外的游子"。前苏联曾经写信邀请他"回国"，但列宾年事已高，未能如愿。1940年苏芬战争后，国境线重新划定，这里又重新归属苏联，已经去世的列宾和他的故居一起又在零移动的情况下回归了祖国。这位俄罗斯艺术界的骄傲，终究还是属于他的民族。

法贝热博物馆（Fabergé Museum）

这是一座规模不大、但主题非常特别的私人博物馆，它的核心展品是9枚由著名工匠法贝热为俄国皇室制作的"复活节彩蛋"——由黄金、钻石、翡翠等制作的仿彩蛋工艺品。这些彩蛋不只是材料奢华、装饰精美、设计别致，更重要的是内部还有复杂的机关，形成巧妙的嵌套式结构，可以说是人见人爱。此外，馆内还有大量精美的珠宝、金银器、装饰品。

📍 马林斯基剧院（Mariinsky Theatre）

　　这座规模庞大的剧院由历史舞台、新舞台和音乐厅三部分组成，其中历史舞台（也就是老剧院）最早建于 18 世纪末的叶卡捷琳娜大帝时期，新舞台和音乐厅则都是 21 世纪的新建筑。

马林斯基剧院

老吴私享

　　马林斯基剧院与莫斯科大剧院是俄罗斯芭蕾舞艺术的圣殿，虽说两家实力不相上下，但因为由大师彼季帕编舞、柴可夫斯基作曲的三大经典芭蕾舞剧《天鹅湖》《睡美人》《胡桃夹子》均首演于马林斯基，所以也让它在双子星对决中略胜一筹。马林斯基交响乐团是俄罗斯最高水平的乐团，也是柴可夫斯基、拉赫玛尼诺夫、肖斯塔科维奇等俄罗斯音乐大师作品的最佳诠释者之一，现任音乐总监捷杰耶夫经常带团来中国演出（中国乐迷以他名字的谐音给其取了一个亲切的绰号"姐夫"）。如果是演出季来圣彼得堡，还是非常推荐看一场演出，芭蕾舞和音乐会都不存在语言障碍，放松心情、沉浸欣赏就好。剧目方面，除了柴可夫斯基的几部剧，还非常推荐《吉赛尔》，十分适合新手，一看便会爱上。朋友推荐给我，我觉得很好再推荐给大家。

　　另外，圣彼得堡的艾夫曼芭蕾舞团也是一个非常棒的团体，它不同于以上两个这种偏重古典剧目的剧团，而是主打艾夫曼自己的原创剧目，编舞和舞台有更多的创新，更注重挖掘人的内心，表达深刻的情感，被称作"心理芭蕾"。其代表作《安娜·卡列尼娜》《罗丹》《卡拉马佐夫兄弟》都有很强的感染力。当然，有些保守派舞迷可能并不买账。

深蓝色的涅瓦河

相比起"一半欧洲、一半俄罗斯"的莫斯科，圣彼得堡的"含欧量"则要高得多，毕竟这座城市就是彼得大帝为了"欧化"而建的。圣彼得堡的建筑基本上都是古典主义、巴洛克艺术等风格，只是在配色上更像俄罗斯，常使用黄色、绿色、蓝色等与白色、金色搭配（黄白配色尤其多），给人的感觉明快、洁净、生动，也抵消了古典主义建筑过于厚重的感觉。可能也有冬季过长的原因吧，彩色的建筑确实能在寒冷的日子里带给人愉悦的视觉体验。在我国哈尔滨市内以及横穿黑龙江的"中东铁路"（中国东方铁路的简称）沿线的火车站附近，就有很多大大小小的俄式建筑，黄白配色的房子很常见。

圣彼得堡最美的建筑大多沿河而建，与漂亮建筑相应和的，是深蓝色的涅瓦河水——这蓝色太美了，有一种沉静、庄严、古典的美感。涅瓦河的若干支流分布在城区之内，便捷的水道让圣彼得堡成为彼得大帝所期待的"北方威尼斯"式的水城。如果让我就欧洲最美城市做一个排行，圣彼得堡绝对会名列前茅。

📍 彼得保罗要塞（Peter & Paul Fortress）

彼得保罗要塞位于涅瓦河中心的小岛上，这个岛也是圣彼得堡城市起步的原点——兔子岛，因此岛上会有一些兔子的雕塑。要塞内的最主要建筑是彼得保罗大教堂，大教堂也是黄白金三色，有一个高耸的尖塔，教堂内部有包括彼得大帝在内的历代沙皇石棺。1998 年，被枪决的末代沙皇尼古拉二世及其家人的遗骸被移入这里，并被教会封为殉教圣徒；2008 年，末代沙皇一家被俄罗斯最高法院正式平反。

深蓝色的涅瓦河水

彼得保罗大教堂

要塞内还有一座五边形监狱，关押过无政府主义者克鲁泡特金、列宁的哥哥亚历山大·乌里扬诺夫、作家高尔基等人。岛上的司令部旧址现在开辟为博物馆，介绍圣彼得堡的发展历史。另外，还有一座航天博物馆，介绍俄罗斯的航天成就。彼得保罗要塞的景点多、建筑美、历史积淀深厚，语音导览非常详细，如果要一一游览，需要大半天甚至一天的时间。

📍 圣以撒大教堂（St. Isaac's Cathedral）与海军部大楼（Admiralty Building）

圣彼得堡圣以撒大教堂与罗马圣彼得大教堂、伦敦圣保罗大教堂、佛罗伦萨圣母百花大教堂一起并称"世界四大教堂"。这座教堂外观没有采用俄罗斯常见的洋葱头风格，而是更接近欧洲大陆的新古典主义风格，穹顶则是比较有俄罗斯味道的金色。教堂顶部钟楼的观景台对外开放，是欣赏北侧海军部大楼和南侧广场的好位置。

圣以撒大教堂钟楼南面的景观

俄罗斯

215

圣以撒大教堂斜对面就是海军部大楼，也是一座建在涅瓦河畔、黄白金配色的、带有高高尖塔的古典主义建筑。虽然无法入内参观，但建筑的外观已经是十分亮眼，也是游客们拍照留念的地方。海军部旁边的十二月党人广场内，还有一座彼得大帝青铜骑士像，是叶卡捷琳娜大帝献给彼得大帝的纪念雕塑。

📍 喀山大教堂（Kazan Cathedral）与滴血救世主大教堂（Church of Saviour on the Spilled Blood）

喀山大教堂面向街道的一面采用了"张开双臂"样式的弧形围廊，这是模仿了罗马圣彼得大教堂的风格，而且有意思的是，这个教堂内部的前后布局是与外观相反的，也就是说这个"张开的双臂"长在了教堂的"后背"上。教堂虽然仿的是天主教建筑，但内部仍然为东正教风格，供奉着被誉为"俄罗斯最灵验的喀山圣母像"。它"面对"（其实是背对）的涅瓦大街，是圣彼得堡最为繁华的商业街，因此需要注意这附近的治安，如有陌生人讲中文搭讪，不要理睬。

喀山大教堂

滴血救世主大教堂内部壁画

从喀山大教堂穿过涅瓦大街，只需沿着窄窄的小河道走五六百米，就到了著名的滴血救世主大教堂。这是圣彼得堡市内为数不多的具有传统东正教风格（洋葱头）的建筑，它的外观借鉴了莫斯科的圣瓦西里刀入大教堂，不过建造历史非常短，从建成到现在也只有一百年多一点的时间，为了纪念 1881 年遇刺的改革派沙皇"解放者"亚历山大二世而建。这座教堂命运多舛，十月革命后遭到过破坏，卫国战争时期曾经充当市民的食品库，甚至作为停尸间，建筑也严重受损。

其实它的建造也存在争议，有人觉得这个洋葱头破坏了圣彼得堡的欧洲味，但它依然成为最受游客欢迎的景点，谁能拒绝色彩斑斓的童话感呢？甚为遗憾的是，我去的时候赶上建筑外立面维修，未能一睹它的美丽容颜。教堂内部也是美轮美奂，与很多东正教教堂狭窄、压抑的内部空间相比，它要开阔很多，而且由于屋顶很高，教堂大厅显得特别敞亮。教堂内壁、柱子和天花板上装饰着以金色和蓝色为主色的马赛克镶嵌画，可能是因为建造时代不那么古老的原因吧，我觉得这些镶嵌画竟然有一种现代感，配色也有几分优雅和明快，视觉效果极佳。

另外，圣彼得堡东部还有一座美丽的斯莫尔尼大教堂（Smolny Cathedral），是一座用天蓝色与白色搭配的巴洛克式建筑。这里原为东正教修女院，现在不再作为教堂使用，而是作为音乐厅，与教堂相连的斯莫尔尼宫则成了政府办公楼。

📍 夏宫（Peterhof Palace）与叶卡捷琳娜宫（Catherine Palace）

夏宫的正式名称为"彼得霍夫宫"，其性质相当于中国的颐和园或者避暑山庄。这里最知名的是宫殿前面庞大的阶梯式喷泉，每年的 5—10 月会有精彩的喷泉表演，其中 11 点的表演是规模最大的。有时候，夜间还配有灯光秀，行前需要查询确认。喷泉所在的下花园各处还有很多不同类型的喷泉。可以在海军部大楼北侧码头乘船前往夏宫，正好可以感受一下涅瓦河和芬兰湾的美丽，下船便是夏宫的下花园。个人觉得参观下花园喷泉和宫殿后再乘船返回已经足够了，如果选择付费区之外的上花园，恐怕会因为无法返回而要改乘公交转地铁回城。

叶卡捷琳娜宫（又称"沙皇村"）也是一处非常受欢迎的宫殿，位于圣彼得堡南部的远郊。它是在女皇叶卡捷琳娜一世时期修建的庄园，后来由伊丽莎白女皇改建为巴洛克式宫殿，而在叶卡捷琳娜二世时，又根据当时的古典主义审美，进行了大规模的翻修、扩建和装饰。宫殿内的大厅是圣彼得堡区域内最大的，墙面上安装了镜面，使其与巴黎凡尔赛宫的镜厅有着相同的炫目光彩。宫内最为传奇的，是一间面积不大的"琥珀屋"（也是唯一不能拍照的房间），它是 18 世纪初普鲁士国王送给彼得大帝的礼物，墙面全部由天然琥珀镶嵌装饰，总量达到 6 吨，这种奢华在全世界也是独一无二的。"二战"期间，这间琥珀屋被纳粹拆走后下落不明。后来，政府决定重建琥珀屋，这个项目也获得了德国方面的资助，并于圣彼得堡建城 300 周年之际（2003 年）完工。

叶卡捷琳娜宫

叶卡捷琳娜宫的花园也非常美，花园内还有一座小的"埃尔米塔什"，用于存放和展示女皇的部分艺术收藏。在宫殿一角的卡梅隆柱廊里，有一座叶卡捷琳娜二世的雕塑，女皇的石榴裙下还雕了不少男性形象，据说都是她的情人，这座雕塑也是导游们讲八卦的最佳实物教具。这里对旅行团比较友好，散客比较少，所以限定在中午 12 点入场，前往游览时，还需进一步确认一下。

　　真正去过俄罗斯才发现，它与小时候的印象，与凭借文艺作品产生的想象，都非常的不同。在艺术和建筑上，它是功力深厚又独具特色的，是被西方主流话语权或有意或无意"低估"的；在芭蕾、音乐和文学上，它是睥睨天下、傲视群雄的；在自然风光上，它是苍茫寥阔、荒寒静谧的；在历史上，它是波诡云谲、风高浪急的……俄罗斯人又剽悍又浪漫，又粗犷又深情，既是战斗民族，又是文艺贵族。这看起来的矛盾性和复杂性，让俄罗斯有一种谜一样的特殊魅力。

夏宫

新大陆：
芝加哥、费城、
波士顿

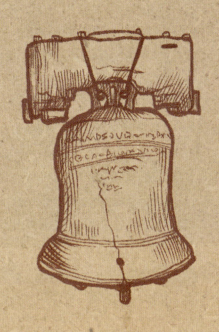

历史枝蔓上的常春藤

与欧洲旅行不同，美国地域广袤，旅行目的地点与点之间相距较远，因此很多人选择自驾游的方式。美国有丰富、壮丽的地貌景观，以国家公园为主的自然风光（比如著名的黄石、约塞米蒂、大峡谷），就成了与历史人文并行的另一大旅行主题，且更加契合驾车旅行的方式，似乎比人文主题更受欢迎。

我不开车，旅行主题又是以艺术人文为主，因此主要是以分区的方式来制定行程———个是以美国东北部城市群为主的东海岸，另一个是以西南部加州城市群为主的西海岸，这两个城市群拥有着美国最好的博物馆、美术馆和演艺场所，涵盖了美国独立战争时期重要的历史脉络，也包含了比较有美国文化特色的旅游资源——如电影工业、主题乐园、知名高校等。

众所周知，美国是一个很新的国家，1776 年才建国，到现在也只有不到 250 年的历史。作为世界头号强国，美国哪里最强呢？军事、经济、科技、文化……可能都对，但要我看，它最强的是以"常春藤联盟"为代表的高等教育。无论哪个世界大学排行榜，前十名中都有一半以上是美国高校。我去过的每一座美国城市，几乎都有几所声名显赫的高校。正是因为培养出大量的顶尖人才，美国才会在多个领域中取得领先世界的优势。中国虽然在多个领域也取得了飞速的发展，但就高等教育而言，可以进步的空间还很大。钱学森先生曾经提了一个著名的问题：为什么我们的学校总是培养不出杰出人才？还需要教育界持续地思考与探索。

疫情之前，国内非常流行中小学游学团，把美国名校当作很重要的参观地，主要目的就是激发孩子们的学习热情。因个人游没有导游的讲解，如果没有在当地的朋友，去高校则主要是感受气氛。另外，很多高校都有非常好的博物馆、美术馆，其中不乏顶级的艺术作品和历史收藏。

在美国旅行，长途问题不大，都是坐飞机，但中长距离就相对麻烦，因为美国没有高铁，只有普速铁路，速度不一定快，还比长途汽车（例如灰狗巴士）贵。我是从芝加哥往返，因此在东海岸的行程设计是：芝加哥—华盛顿—费城—纽约—波士顿—芝加哥，其中芝加哥到华盛顿、波士顿到芝加哥是乘飞机，华盛顿到费城是坐火车，费城到纽约、纽约到波士顿都是坐灰狗巴士，也算是被动地把主要的公共交通方式全都体验了一番。我是轨道交通爱好者，如非迫不得已不会乘坐长途汽车。当然，两段乘坐的体验都还可以，并没遇到什么意外事件。

在本篇中，我先聊聊芝加哥、费城和波士顿这三个文博资源相对而言少一点的城市，纽约和华盛顿放在下一篇里细说。

蓝色风城

芝加哥是一座非常具有美国味的城市。因为地处五大湖区的密歇根湖南部，从北部吹来的风长驱直入，让这里一年四季刮风不断，夏天很凉快，冬天很寒冷，所以芝加哥有"风城"的别号。

另外，由于美国不限制个人持枪，"枪击案"一直是美国社会的顽疾。而芝加哥治安状况不佳，又是美国枪击犯罪最严重的城市，所以还有"枪击之城""犯罪之城"的坏名声（音乐剧《芝加哥》里就能窥见

芝加哥的天际线就是摩天大楼

一斑）。当然，从新闻报道可知，犯罪和枪击案主要发生在某些社区内；从旅行的真实感受来看，市中心以及公共场所还是比较安全的，不至于不敢前往，多多小心就是了——不招摇，不露富，晚上早回酒店休息。

芝加哥还是摩天大厦的故乡，芝加哥建筑学派是美国现代建筑的奠基者，高 42 米的芝加哥家庭生命保险大厦就是世界第一栋钢铁结构的多层建筑。另外，曾在德国包豪斯学校担任校长的密斯·凡·德·罗以及老师莫霍利-纳吉，也将芝加哥的伊利诺伊理工大学建筑学院推到了同行业的一线位置。如今的芝加哥高楼林立，就摩天大厦的数量来看，在美国仅有纽约可以与之比肩。在芝加哥河上，还有一个专门用来欣赏和讲解沿河高层建筑的游船线路。

说到高校，芝加哥大学、西北大学、伊利诺伊大学芝加哥分校等都是很棒的学校。我们熟悉的获得沃尔夫数学奖的陈省身，以及获得诺贝尔物理学奖的杨振宁、李政道、崔琦等几位大师，也都是芝大毕业的。对了，美国前总统奥巴马曾经在芝大法学院当了 12 年老师。

除了摩天大楼，芝加哥的公共艺术也是它的一大特色——城市雕塑、街头涂鸦，毕加索、夏加尔等名家之作，也会在不经意之间跳入你的视野之中。

当然，对于大多数人来说，最熟悉的可能是 20 世纪 90 年代的芝加哥公牛队，在乔丹的带领下公牛队曾先后两次获得 NBA 三连冠。快餐品牌麦当劳的第一家店也诞生在芝加哥。

📍 芝加哥艺术博物馆（Art Institute of Chicago）

我更喜欢叫它另一个译名"芝加哥艺术学院美术馆"，这个名字更能体现它的教育和学术属性，

美国

夏加尔《美国之窗》

尽管它比一般的高校美术馆要大得多——它是美国第二大艺术博物馆,仅次于纽约大都会博物馆。沃尔特·迪士尼、画家欧姬芙都是芝加哥艺术学院毕业的,另外大家可能不知道的是,闻一多先生也曾在芝加哥艺术学院学习油画。这座博物馆建筑被铁路分隔成东、西两个部分,中间由一个通道式的展厅连接,这个下面可以跑火车的展厅,在美术馆里也算是绝无仅有的了。

芝加哥艺术博物馆有非常好的绘画收藏,印象派与后印象派大师的画作数量应该是欧洲境外之最,其中修拉的《大碗岛的星期天下午》、卡耶博特的《雨中的巴黎街道》都是画家的代表作。毕沙罗、莫奈、梵·高、塞尚、雷诺阿、德加、西涅克都有多幅名作在此,其中梵·高的《阿尔勒的卧室》为大众所熟知;莫奈的《干草垛》有6幅,放在一个展厅内对比欣赏,基本上不用讲解也明白它们妙在何处了;夏加尔的花窗玻璃作品《美国之窗》,精妙绝伦,与设置在教堂的花窗玻璃不同之处在于,这里的花窗无须仰视,你可以与它们面对面;还有马格利特的名作《被刺穿的时间》。

美国艺术也是这里最重要的收藏品类,格兰特·伍德的《美国哥特式》、卡萨特的《洗澡》、欧姬芙的《云上天空四号》以及惠斯勒、萨金特、霍默等美国画家的作品……当然,最重要的是爱德华·霍珀的代表作《夜鹰》,霍珀是我最喜欢的画家。我在以东北部城市为主的行程中硬加了个中部的芝加哥,基本上就是为了这座博物馆、这幅画而来的。而事实上,这座博物馆给了我更多的惊喜,精彩超乎想象,是我最喜欢的美国博物馆之一。

在芝加哥商业街"华丽一英里"的北端,还有一座芝加哥当代艺术博物馆(Museum of Contemporary Art),规模很大。不过这里给我的印象是藏品轮换展出,另外会做主题特展和交流展,因此没有固定陈列。

此外,菲尔德自然史博物馆(Field Museum of Natural History)、科学和工业博物馆(Museum of Science and Industry)、阿德勒天文馆(Adler Planetarium & Astronomy Museum)、谢德水族馆(Shedd Aquarium)都是广受欢迎的知识类博物馆。

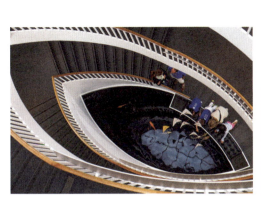

| 芝加哥当代艺术博物馆的楼梯 | 芝加哥艺术学院大门前戴着黑鹰队头盔的狮子 |

老吴私享

　　芝加哥艺术博物馆门口有两座狮子雕像，博物馆的工作人员经常打扮它们。记得我当时看到的是戴了头盔的狮子，后向官方微博的小编留言询问，对方答复说这是为了给马上要比赛的当地冰球队芝加哥黑鹰队加油助威。当然，这两个狮子雕像也会根据赛期戴上不同的帽子或者其他装饰，给棒球队、篮球队、美式橄榄球队鼓劲儿。这四种运动在美国都是职业化水平很高的项目，都有高度商业化的大联盟，看体育比赛是美国人最重要的娱乐活动之一。

📍 千禧公园（Millennium Park）

　　千禧公园位于巨大的格兰特公园的西北角，与芝加哥艺术博物馆相邻，是各很受市民和游客欢迎的景点。而说它是景点，主要是因为公园内有个杰·普利兹克露天音乐厅（Jay Pritzker Pavilion）。它由建筑大师弗兰克·盖里设计，是举办一年一度的古典音乐节——芝加哥格兰特公园音乐节（Grand Park Music Festival）的主场。当然，作为蓝调的故乡，这里也会举办蓝调音乐节、爵士音乐节，这些音乐节全都是免费的，真是乐迷的福音。另外，由大师穆蒂指挥的芝加哥交响乐团是世界一流的古典天团之一。

　　公园内还有多个公共艺术品，其中最著名的有阿尼什·卡普尔做的巨大的不锈钢镜面雕塑《云门》（Cloud Gate），现在已经成为代表芝加哥的地标，因为形状像个豆子，所以更多人叫它"the Bean"。公众总是喜欢给地标起一个更广受认同的外号，中国

云门

美国

皇冠喷泉

人、外国人都一样。旁边还有一个互动式公共艺术品皇冠喷泉（Crown Fountain），喷泉两侧的方塔上各有一块15米高的LED屏幕，上面轮播着1000个芝加哥市民的笑脸，每隔5分钟，LED屏幕的笑脸的嘴里会喷出水来，被戏称为"芝加哥口水浴"，孩子们非常喜欢在两塔中间的空场里玩水，当然大人也喜欢，这个喷泉被认为是最佳互动艺术装置。

另外，千禧公园所在的格兰特公园非常大，在湖边还有世界最大的照明喷泉——白金汉喷泉。而密歇根湖看不到尽头，倒是更像海。沿湖向北走能到达海军码头，这里基本上是人们休闲娱乐的地方。在湖边回头看市中心的高楼大厦，视觉上颇为壮观。

蓝调音乐（Blues）

蓝调又音译为布鲁斯。由亚德里安·布洛迪和碧昂丝主演的电影《蓝调传奇》，就讲述了芝加哥蓝调音乐的一段往事，看了这部电影就会想在芝加哥听一场蓝调演出。芝加哥除了每年夏天在千禧公园举办的蓝调音乐节，还有不少蓝调酒吧，比较知名的有Kingston Mines、Blue Chicago、Buddy Guy's Legends、B.L.U.E.S.等。顾客大多可在吃吃喝喝的同时欣赏演出，听高兴

Buddy Guy's Legends蓝调酒吧

了站起来跳也可以。我选择离酒店近的Buddy Guy's Legends，这家店正是被称为"布鲁斯之王"的巴迪·盖伊（Buddy Guy）经营的，入场要检查护照以证明年龄达标。当然，由于前面说过的芝加哥治安问题，不建议玩得太晚，如果酒店不近的话，最好乘出租车回去。

威利斯大厦观景台（Willis Tower Observation Deck）与66号公路（Route 66）

前面说过芝加哥是摩天大楼之都，自然会有很多高楼观景台，包括川普大厦。芝加哥最高的楼是442.3米的威利斯大厦，它于1974年建成，保持世界第一高楼的纪录长达24年之久。对于看惯了奇奇怪怪高楼的现代人来说，它的外形没什么特别之处，但顶楼观景台视野极佳，据说白天可以看到临近的几个州，不过我是晚上去的，主要是欣赏夜景。另外，它加装了延伸出去的玻璃地板阳台，比较刺激，上去体验是要排队的。

美国是一个汽车上的国家，因此公路与每个人息息相关，甚至还产生了一个特殊的电影类型——公路电影。从芝加哥出发一路向西南方的66号公路，穿过8个州，跨过3个时区，全长3939千米，代表了拓荒西部的探险精神。普利策文学奖获奖作品《愤怒的葡萄》中，就将66号公路称为"母亲路"；动画片《汽车总动员》的故事也是发生在这条公路上。在芝加哥街头就能看到66号公路的路牌，如果你也爱自驾，不妨走走这条最能体现美国汽车文化的公路，当然还可住进那些在电影里经常发生各种传奇故事的汽车旅馆。

芝加哥的美国66号公路路牌

美利坚的源头

费城是美国的历史名城。大陆会议在这里召开，《独立宣言》在这里发表，《美利坚合众国宪法》在这里制订，在华盛顿特区建成前，这里是美国的首都。可以说，费城就是美国的诞生地，是美国作为一个独立国家的历史源头。

费城大致位于华盛顿与纽约的中间点，人口规模排名美国第五，不过由于景点集中在一片不大的老城区，访客并不会觉得这个城市很大。

费城的唐人街

另外，费城的唐人街紧邻国家独立历史公园，因此是游客最容易到达的一个唐人街，如果对海外华人的生活状态感兴趣，或者想吃中餐了，不妨过去转转。其实，那些没来过中国的外国人大多并不了解现在的中国是什么样的，他们对中国的了解或想象，可能就是唐人街这样子。

📍 费城艺术博物馆（Philadelphia Museum of Art）

这是一座拥有将近150年历史的宏大建筑，建筑建在一个高高的基座之上，采用了古希腊神庙式的风格。馆内收藏丰富也颇有特色，除了欧美绘画以及文物外，亚洲文物也非常精彩。我印象最深的是它在展厅内等比例复原了一个带茶室的日本庭园，还有一个等比例复原的北京理郡王

原样复原的北京理郡王府中堂   费城艺术博物馆

府的中堂（都是原物复建）、一间中国文人书房，以及一个以中国多地佛教文物"拼"成的寺庙殿堂，其中天花上是北京智化寺藻井原件，非常精美（智化寺另有一件藻井也流失到了美国，目前在堪萨斯州的纳尔逊－阿特金斯艺术博物馆）。另外，这里收藏了徐渭的《十六花卉图卷》。费城艺术博物馆很喜欢以复原场景的形式陈列藏品，比如印度神庙、法国中世纪花园、意大利中世纪教堂等，这对于观众来说，更有利于从整体和环境来感受各国文化。

欧美艺术方面，印象派及其之后的绘画作品是费城艺术博物馆的优势，其中又以塞尚和杜尚的作品占优。塞尚用八年时间创作的最大尺幅油画《大浴女》（210 厘米 ×251 厘米）、杜尚的代表作《下楼梯的裸女》均收藏于此，此外也有梵·高《向日葵》的一个版本。

📍 罗丹博物馆（Rodin Museum）

从费城艺术博物馆大门前的大路往前走不远，就是罗丹博物馆。它看起来是一个独立的博物馆，其实隶属于费城艺术博物馆，是法国之外收藏罗丹雕塑作品最全的博物馆，收藏作品有《地狱之门》《加莱义民》《吻》《思想者》等。据我猜测，美国收藏家应该是买了很多罗丹的雕塑（雕塑是翻模制作的，只要是一个模子里出来的就都是"原作"，因此一个雕塑可以有多件"原作"），在每个城市的大博物馆中，都有他的雕塑作品展出，一路参观下来甚至有些审美疲劳，这时候可以欣赏它们不同的展陈方式。费城是以单独成馆的方式展出，还是比较有利于集中欣赏的。

📍 巴恩斯基金会画廊（The Barnes Foundation Gallery）

这是一家我差点错过的美术馆，因为手头的旅行指南上没有介绍，是在步行前往费城艺术博物馆的路上，看到路边的美术馆展览海报才发现这个艺术宝库的。这里也是主打印象派及其之后画家的画作，其中塞尚的收藏作品种类丰富、品质优良。还有马奈、德加、梵·高、雷诺阿、马蒂斯、莫迪里阿尼等多位画家的杰作，艺术爱好者绝不能错过。因为是偶然间遇到的优质美术馆，颇有捡到宝的惊喜感。

📍 宾夕法尼亚大学博物馆（Penn Museum）

我在中国国家博物馆当志愿者讲解《古代中国》时，每次讲到唐代的"昭陵六骏"复制品，都会跟观众说："这六骏是唐太宗骑过的六匹马（雕塑），有四骏原件在西安碑林博物馆，另外两骏在民国初期被盗后，由文物贩子卢芹斋卖到海外，现在收藏于宾夕法尼亚大学博物馆。"所以，我在费城之旅中专程到这儿来看这两匹骏马——飒露紫、拳毛騧。除此之外，这里还收藏有慈禧太后的水晶球、河北易县辽三彩罗汉像一尊（有 11 尊散布在美、英、法、日等国的多家博物馆内）、山西广胜寺前

巴恩斯基金会画廊

殿东西两壁的壁画《炽盛光佛佛会图》《药师佛佛会图》（现分别藏于纳尔逊 - 阿特金斯艺术博物馆和美国大都会艺术博物馆），这组画也是由卢芹斋卖出去的中国文物。古董圈里有个说法：流失海外的文物有一半都是经卢芹斋之手。所以看到这些艺术瑰宝，有欣喜，更有痛惜，是欣赏，更是探望。

除了中国文物，博物馆还收藏了古埃及拉美西斯二世的雕像，以及来自两河流域、非洲、美洲等世界各地的珍贵考古"成果"。

昭陵六骏之飒露紫、拳毛騧

宾夕法尼亚大学是常春藤八校之一，是中国建筑学家梁思成、林徽因的母校，"股神"沃伦·巴菲特、特斯拉 CEO 伊隆·马斯克以及美国前总统特朗普也都曾在此就读。除了是这些名人的毕业院校外，学校本身也值得四处逛逛。

📍 国家独立历史公园（Independence National Historical Park）

公园位于市中心的一大片区域，若干个景点的内容都与美国独立相关联，也是费城的必游之地。在这里经常能看到老师带着学生，在公园内各个历史景点之间穿梭，应该是在进行爱国主义教育。

公园内的自由钟（Liberty Bell）为曾经在发表《独立宣言》时敲响的大钟，是美国诞生的标志性文物，不过这口钟上的裂痕并非敲出来的，而是后来自然形成的，估计是铸造的工艺问题。独立纪念馆（Independence Hall）是起草《独立宣言》、制订《美国宪法》的地方，需要在游客中心现场预约免费门票，按照时段跟随讲解员参观。美国开国元勋之一、创办宾大并发明避雷针的本杰明·富兰克林的富兰克林故居遗址（Fragments of Franklin Court）也在园内。贝茜·罗斯故居（Betsy Ross House），则是美国第一面星条旗的缝制（设计）者罗斯太太的家。当时美国只有13个州，所以星条旗上的白色星星呈圆形分布。还可以去转转艾尔弗兰斯小巷（Elfreth's Alley），这里完整保持着美国建国时的建筑和小街风貌，原是当时殖民者的住宅区，现在也有居民在此居住，充满着历史感和烟火气，很值得去体会一下。此外，独立历史公园内还有举办第一次大陆会议的木匠厅、铸币厂等历史建筑；距离公园不远的地方还有1901年建成的市政厅，建筑非常漂亮，其观景台对外开放的塔楼高167米，落成时是世界最高的可居住建筑。

贝茜·罗斯制作的第一面美国国旗

艾尔弗兰斯小巷

自由钟以及不远处的独立纪念馆

美国的古典音乐水平很高，费城交响乐团就是其中的佼佼者，而且这支乐团还与中国有着很深厚的情谊。1973年，他们就曾经访华演出，是中美文化交流的"破冰之旅"，此后多次来华巡演；近些年还与中国国家大剧院、上海东方艺术中心建立长期合作关系。费城的柯蒂斯音乐学院是世界最著名的音乐学院之一，中国钢琴家郎朗、王羽佳、张昊辰都毕业于此。

享誉世界的美国古典音乐团体还有芝加哥交响乐团、波士顿交响乐团、纽约爱乐乐团、洛杉矶爱乐乐团、克利夫兰管弦乐团……到这些城市旅行时，如果遇上喜欢的演出曲目，不妨去听听现场。

最旧的"新大陆"

波士顿是马萨诸塞州（通常被简称为"麻省"）的首府，麻省及其周边的 5 个州，因为历史上与英国的关系密切，被称为"新英格兰地区"，所以相比其他美国城市，波士顿倒更有欧洲味。翻阅波士顿历史会发现，这里历史名城的称号名副其实：1620 年，从英国驶来的"五月花号"帆船将第一批清教徒运送到北美，就在麻省登陆；1773 年，波士顿发生倾茶事件；1775 年，独立战争第一枪"莱克星顿的枪声"就在波士顿近郊打响。

常春藤联盟成员之一的哈佛大学是美国第一所高等学府，而麻省理工学院则是连续多年在 QS 世界大学排名中稳居榜首，哈佛和麻省理工所在的地区叫"剑桥"，当年就是对标英国的剑桥。此外，波士顿大学和东北大学也都是一线的高校，贝尔就是在波士顿大学的实验室里发明了电话，并在波士顿和纽约之间架设了人类第一条电话线路。由于某些知名歌星就读的缘故，位于波士顿、以流行音乐为特色的伯克利音乐学院也越来越为国人所熟悉。

波士顿还是篮球运动的发源地，拥有北美大陆的第一条地铁线路……毫无疑问，波士顿作为美国的一座"老城"，兼具了"旧大陆"的传统和"新大陆"的活力。

波士顿美术博物馆（Museum of Fine Arts）

波士顿美术博物馆同样是一线美术馆，其规模与藏品质量在美国也是名列前茅。它以绘画艺术作品和几个文明古国的文物为主要收藏，一个很大特色的是东亚艺术和文物收藏。其中，洛阳"八里台"西汉墓壁画、唐阎立本的《历代帝王图》、唐张萱的《捣练图》、五代董源的《平林霁色图》、北宋赵佶的《五色鹦鹉图》、南宋周季常的《五百罗汉图》等，均为中国绘画珍品；此外，还有北周到隋代的石雕观音立像等多件佛造像。令人惊讶的是，这里有一个专门的中国明清家具馆，这在我去过的欧美博物馆中是较为罕见的。这里还是日本境外最大的日本艺术和文物收藏馆，其浮世绘的收藏数量在全世界数一数二，我在这里就第一次看到了葛饰北斋全套的《富岳三十六景》。

欧美绘画方面，这里跟其他美国美术馆差不多，印象派、后印象派是它的优势。其实印象派兴起时，在法国并没有太受重视，反倒是美国藏家的大量购入，使得法国国内重新审视印象派的价值，这也是大量印象派作品入藏美国的原因。名家方面，格列柯、伦勃朗、透纳、米勒、雷诺阿、莫奈、德加、塞尚、梵·高、卡萨特、毕加索等均有作品展出，其中最知名的是高更的《我们从哪里来？我们是谁？我们到哪里去？》、莫奈的《鲁昂大教堂》系列以及《穿和服的卡密尔》。美洲艺术方面，则有卡萨特、温斯洛·霍默、弗里达等画家的作品，其中我最喜欢的一幅是萨金特的《波依特的四个女儿》。

📍 加德纳博物馆（Isabella Stewart Gardner Museum）

伊莎贝拉·斯图尔特·加德纳（Isabella Stewart Gardner）是富商杰克·加德纳的夫人，因早年丧子得了抑郁症，在通过旅行治愈心灵的同时爱上了艺术收藏，最后创办了这座私人博物馆。加德纳博物馆距离波士顿美术博物馆很近，建在意大利风格的宅邸中，保留了房间的大部分家具陈设——大多是来自意大利的古董。画作在墙上更像是装饰，而不是专业的展示，参观的过程如同去别人家里看画，比起那些正式的美术馆要来得轻松，也是一种比较独特的参观体验。宅邸建筑本身就非常漂亮，中庭是拥有玻璃穹顶的漂亮花园，这里是博物馆内唯一可以拍照的地方。

虽是私人博物馆，但这里的绘画收藏相当强，有米开朗琪罗、拉斐尔、波提切利、乔凡尼·贝利尼、提香、凡·戴克、维米尔、伦勃朗这些古代大师的作品，也有马奈、马蒂斯这样的近现代大师的绘画收藏。特别推荐的是萨金特的代表作品《欢呼》，萨金特甚至为女收藏家本人也画过多幅肖像。

不过最具传奇性的似乎还不是加德纳夫人和她的收藏，而是1990年这里发生的一起史上最大盗窃案（准确地说应该是抢劫案），包括伦勃朗的作品《在加利利海上遇到风暴的基督》、维米尔的《音乐会》在内的13件艺术杰作被假冒警察的贼盗走了，到现在仍然不知所踪。那些被割走画布的空画框依然在博物馆内悬挂着，一方面是期待着那些作品能够完璧归赵，另一方面我想也是一种自我警示吧。

📍 哈佛艺术博物馆（Harvard Art Museums）

哈佛大学旗下有一系列的博物馆，其中与艺术相关的有三座，分别是福格博物馆（Fogg

Museum）、莱辛格博物馆（Busch-Reisinger Museum）和赛克勒博物馆（Arthur M. Sackler Museum）。扩建后，哈佛艺术博物馆现在是三座博物馆的合体。其主要特点是学术性和研究性，当然也有很不错的艺术品收藏。有鲁本斯、普桑、拉斐尔前派、印象派等名家作品，英年早逝的印象派画家巴齐耶的代表作《夏日场景》，安格尔的重要作品《拉斐尔和弗纳利娜》等。当然，最能引起中国参观者情感波动的，要数哈佛大学福格博物馆里由华尔纳考古队从敦煌莫高窟墙壁上剥离的11块壁画，以及凿下来的唐代彩塑观音像。显然，这是个历史污点，不能以学术或者考古作为遮羞布。

除了艺术博物馆，哈佛大学的自然历史博物馆也是非常精彩的，堪称一个包罗万象的大百科。

哈佛大学和麻省理工学院都位于剑桥，这里是不折不扣的大学城。可以在两所学校的校园里以及旁边的查尔斯河畔转一转、看一看，感受一下排名世界第三和第一的两所学府。当然，别忘了也去摸摸"哈佛先生"雕塑的"金色左脚"。

老吴私享

　　漫步于查尔斯河岸边，会经常看到沿河跑步的人。这里有着悠久的马拉松传统，世界六大马拉松赛之一的波士顿马拉松，是世界上最古老的马拉松比赛，也被认为是最棒的马拉松赛，是"跑马者"的梦想之赛。著名作家村上春树就多次参加"波马"，他的散文集《当我谈跑步时我谈些什么》里经常提到他在马萨诸塞州剑桥跑步的经历。

哈佛艺术博物馆中庭

哈佛大学纪念堂

📍 自由之路（Freedom Trail）

　　除了博物馆，波士顿的旅行有一条特别简单和明晰的线路——"自由之路"。它是一条用红砖砌出标识的 4 千米长的步行线路，沿着路面标识便可以到访 16 个与美国独立相关的历史文化景点。行程起点是位于波士顿公园的游客中心，终点是邦克山纪念碑。其中我印象深刻的有：国王礼拜堂（King's Chapel），一座基督教一位论派（Unitarian）教堂，一位论与我们平时听到的基督教教义不大一样，它否定"三位一体"，否定耶稣的神性。教堂也很特殊，座席被隔成一个一个的小隔间，有些小隔间似乎专属于某个家庭，被装饰成了与众不同的风格；昆西市场（Quincy Market）是一栋古罗马风格的建筑，与周围的商店建筑一起，构成一个商业街区，市场主建筑中有很多美食档口，是快速解决一餐的好地方；保罗·里维尔故居（The Paul Revere House）的主人保罗·里维尔本职为银匠，是莱克星顿战役中单骑夜奔的"传讯者"，是美国独立战争的一位英雄，这间房子同时也呈现了二百多年前美国民居的样貌；老北教堂（Old North Church），保罗·里维尔根据这个教堂钟楼上灯光的数量获取英军偷袭美国民兵的信息（事先约定含义），并把消息传递出去；位于线路终点的邦克山纪念碑（Bunker Hill Monument）用以纪念著名的邦克山战役，英军虽然战胜了美国民兵，但战死的士兵人数是对方的十倍，可谓"惨胜"，这场战役也成了独立战争的一个转折……这些地方显然对于喜欢历史的人来说是很具吸引力的。

老吴私享

　　在波士顿，我遇到了境外旅行过程中唯一一次"疑似"种族歧视的行为。我上了绿线地铁后（这是美国的第一条地铁，车厢更像是在地下跑的有轨电车），看到有个空位便坐了下来，但是刚坐定，里侧的白人老头放意向外挤戒，我一时间有些错愕，但囿于自己游客的身份，不想与之产生冲突，便另找了一个座位。这是我第一次在不知缘由的情况下受到排挤，除了"种族歧视"外，想不出什么原因来。虽然美国大多数老百姓简单淳朴，也比较乐于助人，但也应保持必要的警觉，不能忽略社会的阴暗面。

新大陆：
华盛顿、纽约

"纸牌屋"与"欲望都市"

我们小时候最早知道的美国城市，大概就是华盛顿和纽约了。知道华盛顿是因为要背诵各个国家的首都，后来才知道，美国西海岸还有个华盛顿州（西雅图所在州），再查会发现整个美国还有若干个叫华盛顿的地方。因此首都更准确的叫法应该是"华盛顿哥伦比亚特区"（Washington D.C.），一般简称为"D.C."。

提起纽约，大家都很熟悉。我是 20 世纪 90 年代上的大学，当时一本叫《曼哈顿的中国女人》的自传小说极其畅销，紧接着就是电视剧《北京人在纽约》的火爆，讲的都是中国移民的"美国梦"，陈丹青、阿城等一批文化人也是那个时代去了纽约。那时候说"美国梦"似乎就是指"纽约梦"，繁华、富有、成功、纸醉金迷是它的关键词。作为联合国总部所在地，纽约也是世界上最为国际化的城市。现如今，"美国梦"还存在，但已经不那么吸引人了。2001 年 9 月 11 日，纽约最高的两栋摩天大厦世贸中心双子塔就那么生生地在众人眼前瞬间崩塌成一片废墟，9·11 事件多多少少改变了纽约的气质，让它从此拥有了另一个关键词——悲情。（注：《纸牌屋》是一部以华盛顿为背景的政治题材美剧；《欲望都市》是一部以纽约为背景的爱情题材美剧）

宏大叙事

华盛顿是美国首都，是美国的政治中心，也是一座完全按照功能需要规划出来的城市。尽管人口并不是很多，城市规模中等，但目光所及之处处处显得很"大"，有着鲜明的"国家气场"——巨大的国家广场、众多的博物馆、高耸的纪念碑、巍峨的国会山……就连华盛顿地铁站都是又宽又高，它要用强大、庄严和有历史感的宏大叙事以及象征性表达，来体现国家主题。

华盛顿有一个半官方性质的博物馆机构——史密森尼学会，其旗下有近 20 座博物馆和 1 座动物园。博物馆从艺术、科技、历史、自然到产业，主题丰富，规模庞大，它们不仅多为"国字头"（名称冠以"National"），而且基本免费开放，这在整个世界范围内都是绝无仅有的，对艺术和博物馆爱好者来说犹如天堂一般。

📍 国家美术馆（National Gallery of Art）

与华盛顿的绝大多数"国字头"博物馆不同，国家美术馆不属于史密森尼学会，但相同的地方是它们都免费。华盛顿国家美术馆的知名度远不及纽约大都会艺术博物馆那么高，也不像芝加哥艺术博物馆那样因为大量收藏印象派作品而极具特色，而且它相对年轻，1941 年才正式建馆。

但实际上，它的收藏不仅不弱，还有一些独家的藏品，比如达·芬奇的《吉内薇拉·班琪》，它不只是唯一一幅在欧洲之外收藏的达·芬奇油画，还是一幅可以看到背面的作品（背面有一幅装饰图案）。还有格列柯的《拉奥孔》、雅克-路易·大卫的《书房里的拿破仑》、惠斯勒的《白色交响曲第1号》、莫奈的《撑阳伞的女人》、塞尚的《穿红马甲的少年》、

国家美术馆

霍默的《起风了》、毕加索的《马戏演员之家》，都是艺术史书上常见的画作。另外，国家美术馆竟然有四幅维米尔的作品，可以说家底儿很厚了。

除了有基本陈列的西馆，国家美术馆在马路对面还有一座东馆，两馆通过地下廊道连在一起。东馆主要是陈列雕塑以及举办临时展、特展之用。值得一提的是，东馆是由华裔建筑大师贝聿铭设计的，这座建筑比巴黎卢浮宫的玻璃金字塔还要早。

📍 菲利普收藏馆（The Phillips Collection）

这是一家私人博物馆，当然也不在史密森尼学会旗下，而且要收费，但是因为收藏有很多名家之作，还是要列入行程的。其最著名的藏品要数塞尚的《圣维克多山》系列中最好的一幅；还有雷诺阿的《游艇上的午餐》，这是与《煎饼磨坊的舞会》齐名的大尺幅作品；另外，梵·高的《养路工》、马奈的《西班牙芭蕾舞团》、德加的《把杆旁的舞者》都是非常棒的绘画杰作。

除了上面这两家，接下来介绍的，就全都是史密森尼学会旗下的博物馆了。

📍 美国艺术博物馆（American Art Museum）与国家肖像美术馆（National Portrait Gallery）

这两家美术馆设在同一栋楼中，西边是美国艺术博物馆，东边是肖像美术馆。由于两馆是完全开放的，如果你习惯按照楼层来参观，将在两个馆之间交替穿行。

美国艺术博物馆不应理解为"美国"的"艺术博物馆"，而应该理解为"美国艺术"的"博物馆"，也就是收藏美国艺术家作品的博物馆。美国艺术跟这个国家一样非常年轻。19世纪的哈德逊画派基本上都是以模仿欧洲的方式在创作，后来的惠斯勒、卡萨特、萨金特等画家也基本上都是在欧洲学习、创作、成名，直到20世纪初的垃圾箱画派之后，美国艺术才从绘画题材、表现方式、应用媒介等方面逐渐走出了属于美国自己的道路，并孕育出了抽象表现主义、波普、涂鸦等新的

美国

老布什的雕塑和克林顿的肖像画　　　　凯瑟琳·赫本的肖像画与她获得的四座奥斯卡奖杯

艺术流派或形式。

　　相比起"美国艺术"，肖像美术馆的藏品似乎更贴近生活，很多画中人都是政治、文化界的名流，参观者对他们都比较熟悉。这里收藏了从华盛顿以来每一任美国总统的肖像画，也有一些好莱坞明星的肖像。让我印象最深的是凯瑟琳·赫本，她向肖像美术馆捐赠了她获得的四座奥斯卡最佳女主角奖杯，美术馆便把这四座奖杯放在她的肖像画前进行展示。

🔵 国家亚洲艺术博物馆（National Museum of Asian Art）

　　国家亚洲艺术博物馆就是我们常说的弗瑞尔美术馆（Freer Gallery of Art）与赛克勒美术馆（Arthur M. Sackler Gallery）的合体。

　　它们位于国家广场南侧，与史密森尼学会总部美术馆彼此相邻，两栋建筑的地下层相连，且收藏的主题基本一致，都以亚洲艺术和文物为主要收藏，但这里也有一大批惠斯勒的作品。收藏家弗瑞尔（Charles Lang Freer）是惠斯勒的好朋友，他在收藏惠斯勒画作的时候，受他的影响爱上并大量收藏亚洲艺术作品。赛克勒（Arthur M. Sackler）除了在华盛顿的史密森尼学会，还在纽约大都会博物馆、普林斯顿大学博物馆捐赠展厅，在哈佛大学捐赠了博物馆（现为哈佛艺术博物馆的一部分），他的后继者又在北京大学资助了一家博物馆，并

人面龙纹盉

孔雀屋（局部）

继续在英国多家文博机构进行捐赠。

　　国家亚洲艺术博物馆收藏的中国艺术品中，最引人注目的是书画，特别是包括北宋郭熙的《溪山秋霁图》、元赵孟頫《二羊图》等在内的宋元绘画，这既得益于创始人弗瑞尔的早期收藏（不少藏品来自大收藏家庞莱臣），又有后来的中国艺术部门主任、著名汉学家高居翰的持续经营。可惜的是，古代书画都不会长期展出，所以能看到什么画存在很大的不确定性。这里的青铜器也很好，有造型非常独特的青铜觥、卣，尤其是人面龙纹盉，上面的一个长着"瓶形角"的形象，很可能启发了怪物史莱克的设计。此外，国家亚洲艺术博物馆还收藏了很多佛造像、玉器、瓷器等。

　　这里还有一个较为特殊的收藏——孔雀屋，就是一间房屋，房屋的陈设和壁画是由惠斯勒根据自己对中国的想象设计和装饰的。这间房屋原本属于伦敦的一个富商，后被弗瑞尔收购，整体搬迁到美国。

📍 国家自然历史博物馆（National Museum of Natural History）与国家航空航天博物馆（National Air and Space Museum）

　　国家自然历史博物馆在国家广场北侧，与国家美术馆相邻，是一座非常受欢迎的博物馆，是《博物馆奇妙夜2》中的博物馆原型。在二楼矿石独立展厅中展出的45.52克拉的希望蓝钻石（Hope Blue Diamond）是这座馆的镇馆之宝。不过拥有过这颗钻石的人大多经历了厄运，轻者遭遇伤病、破产，重者甚至离奇死亡（包括被大革命处死的法王路易十六和他的王后），所以这颗钻石又被称为"厄运之钻"，直到进入史密森尼学会成为"公共财物"，它的魔咒传奇才终止。这里有大量的生物标本和化石，就像是一部包罗万象的实物版百科全书。另外，这里的餐厅比较像食堂，物美价廉，即使是去隔壁的国家美术馆，也可以在这里解决吃饭问题。

国家自然历史博物馆大厅

希望蓝钻石

国家航空航天博物馆在华盛顿的分馆位于国家广场南侧，其在弗吉尼亚州的尚蒂利（Chantilly）还有另一个分馆，就在华盛顿杜勒斯国际机场南侧。这里是展示航空和航天的装备、介绍航空航天知识、体验飞行和宇航的地方。馆内展出了莱特兄弟最早发明的飞机、"二战"时的战机，以及导弹、火箭、卫星、飞船等。其中最酷的展品是阿波罗 11 号登月指挥舱"哥伦比亚"，以及从月球上带回的石头，可供观众触摸。

测试登月舱LM-2

在国家广场周边，史密森尼学会所属的还有美国国家历史博物馆（National Museum of American History）、美国印第安人国家博物馆（National Museum of the American Indian）以及 2016 年建成的非裔美国人历史文化国家博物馆（National Museum of African American History and Culture）等大型博物馆。

📍 国家广场（National Mall）

国家广场并不是我们常见的那种平地式广场，而是一大片以绿地为主的开放式公园。除了众多的博物馆，华盛顿的国家标志性建筑和纪念地等，也大部分聚集在国家广场附近，它们出现在好莱坞电影和美剧中，电视新闻和纪录片中也常有它们的身影，因此自然是游客观光打卡的地方。其中最主要的包括位于长条形国家广场最东端的国会山（US Capitol，即国会大厦），立法作为美国三权分立体制的重要一方，可以说国会大厦是为国家代言的建筑。建筑包括参众两院和国会图书馆，入内参观需要通过游客中心免费预约。在媒体不够发达的时代，国会大厦因为也是白色的建筑，总是被误认作"白宫"。与国会山遥遥相对的是林肯纪念堂（Lincoln Memorial），位于国家广场的最西端，是一座白色古希腊神庙式建筑，纪念堂内是高高的林肯坐像。在林肯纪念堂前有一个长条形的水池，叫"反思池"（曾出现在电影《阿甘正传》中），北侧是越南战争纪念碑，南侧是朝鲜战争纪念碑，东侧是"二战"纪念碑，由此可见这几场战争对美国所产生的深远影响。华盛顿纪念碑（Washington Monument）则位于国会山与林肯纪念堂形成的"轴线"上，高达 169 米的纪念碑是"空心"的，内有电梯可以登顶观景。

白宫（White House），也就是美国总统的住所和办公室，在华盛顿纪念碑的正北方，一栋不算大的三层白色小楼，被铁栅栏围成一个封闭的院子。因为不能参观，游客们只能在北侧大门和南侧围墙处拍照留念。潮汐湖（Tidal Basin），位于国家广场的西南角，是一片面积很大的湖，湖边种植着几千棵从日本引进的樱花，每到春天这里便成了享誉世界的赏樱名所。在湖的南侧，还有一座白色的古罗马万神殿式纪念堂建筑——托马斯·杰斐逊纪念堂（Thomas Jefferson Memorial），纪念的是《独立宣言》的主要起草者、美国第三任总统杰斐逊。

林肯纪念堂

反思池与华盛顿纪念碑

白宫（北侧大门）

美国

241

在与国家广场一水之隔的波托马克河西岸，是阿灵顿国家公墓，埋葬着美军的阵亡将士，这里也是好莱坞电影中经常看到的外景。其中有一座依据硫磺岛战役新闻图片创作的雕塑，是美国海军陆战队的纪念碑。尽管这个竖立旗帜的场景很有感染力，但实际上，它并非发生在战斗中……关于这个新闻图片的相关故事，电影《父辈的旗帜》讲得很清楚，推荐观看。

海军陆战队纪念碑

熔炉

与华盛顿不同，纽约有着完全不同的气质。纽约，是资本主义的样本，是摩天大楼和霓虹灯，同时也是自由女神像、百老汇、华尔街，是文化熔炉、花花世界。纽约，还是菲茨杰拉德笔下的"爵士时代"，是格什温用钢琴弹奏的《蓝色狂想曲》，是爱德华·霍珀画中夜幕下的街角咖啡厅，是伍迪·艾伦絮絮叨叨的电影对白。它丰富多元、活力时尚、忙碌繁华、犀利现代、多元包容，虽说它的辉煌已经开始式微，但依旧散发着特有的魅力。

20世纪后，纽约逐渐取代巴黎，成为新的艺术之都，霍珀、波洛克、德·库宁、罗斯科、欧姬芙、安迪·沃霍尔、利希滕斯坦等新一代大师均崛起于纽约。不得不承认，艺术的繁盛总是与财富相伴。纽约为艺术家们提供了秀场和交易展示平台，同时也成就了收藏界的新贵。大都会博物馆现今位列世界四大博物馆，MoMA则是收藏现当代艺术最好的博物馆之一，世界最大的私立连锁博物馆古根海姆的总部也在纽约。以艺术为主题在美国旅行，纽约是绕不开的最重要一站。

📍 大都会艺术博物馆（Metropolitan Museum of Art）

作为世界最顶级的博物馆，大都会的价值其实不必多说，唯一需要考虑的是参观的次数、时长、内容以及体力是否支持。大都会不只是收藏绘画雕塑等艺术品，还有来自古埃及、古希腊、古罗马、玛雅文明、印加文明的藏品，涉及亚洲艺术、非洲艺术、大洋洲艺术以及伊斯兰风格等。陈丹青主持的文化节目《局部（第二季）》，绝大部分内容是介绍大都会的著名艺术收藏，很适合作为行前功课。当然，每个参观者都会有自己的心头好。

我个人比较推荐的大都会绘画收藏有老彼得·勃鲁盖尔的《收割》、卡拉瓦乔的《音乐家》、安格尔的《布罗格利公主》、杜米埃的《三

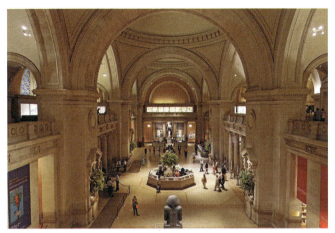

大都会艺术博物馆内景

等车厢》、库尔贝的《女人与鹦鹉》、勃克林的《死之岛》、勒帕热的《圣女贞德》、毕加索的《格特鲁德·斯坦因像》、萨金特的《X夫人》、霍珀的《有两盏灯的灯塔》以及数量相当可观的伦勃朗、维米尔的作品。埃玛纽埃尔·洛伊茨的大尺幅画作《华盛顿横渡特拉华河》，因其题材和艺术感染力，被视为大都会的镇馆之宝。

大都会在亚洲艺术方面的收藏非常强，珍贵的中国书画有韩干的《照夜白图》、郭熙的《树色平远图》、黄庭坚的书法《廉颇蔺相如传》、宋徽宗的《竹禽图》、钱选的《王羲之观鹅图》、倪瓒的《虞山林壑图》等，还收藏有广胜寺后殿东壁的《药师佛佛会图》、唐代的干漆夹苎佛像、河北易县的辽三彩罗汉等都是极为精彩的中国佛教艺术作品。另外，在大都会内部还有一处苏州园林"明轩"，是参照苏州网师园的殿春簃设计，并由中国的工匠使用中国的材料建造而成，其书房内陈设了雅致的明式家具，因其浓浓的中国韵味，深受参观者的喜爱。大都会的日本艺术收藏也不少，包括尾形光琳的《八桥图》以及铃木春信、葛饰北斋等人的浮世绘作品。

大都会博物馆在曼哈顿北部靠近哈德逊河岸的地方，还有一座修道院分馆，主要展出中世纪的罗马式、哥特式艺术，其中来自尼德兰的《天使报喜祭坛三联画》、挂毯《寻获独角兽》都是艺术杰作。

🔴 纽约现代艺术博物馆（Museum of Modern Art）

大家更熟悉它的名字是 MoMA。梵·高的《星夜》收藏于此，仅凭这一幅画都值得专门前去，更何况这里还收藏有毕加索的《亚维农的少女》、达利的《记忆的永恒》、夏加尔的《我与村庄》、塞尚的《浴者》、莫奈的《睡莲》（大尺幅）、亨利·卢梭的《睡着的吉普赛人》、马蒂斯的《红

色画室》、康定斯基的《有弓箭手的画》、巴尔蒂斯的《街道》、怀斯的《克里斯蒂娜的世界》……大多是画家的代表作，甚至是影响艺术史的巨作，真是让喜欢现代艺术的人看得目眩神迷、心旌荡漾、惊喜连连，我对这里的热爱要超过大都会。

MoMA

古根海姆博物馆（Guggenheim Museum）

这家位于大都会附近的古根海姆博物馆，是遍布世界的古根海姆博物馆中的首家，也是这个博物馆基金会的总部，另外比较知名的有西班牙毕尔巴鄂的古根海姆博物馆和意大利威尼斯的佩吉·古根海姆收藏馆，还有不少在建的博物馆项目。纽约的古根海姆博物馆是收藏康定斯基画作最多的机构，还收藏有梵·高、高更、塞尚、夏加尔、毕加索、保罗·克利、亨利·卢梭等现当代大师的作品。

从古根海姆向北走两个街区，便是库珀·休伊特设计博物馆（Cooper Hewitt, Smithsonian Design Museum），它隶属于华盛顿的史密森尼学会，如同其他史密森尼学会的博物馆一样是免费的，经常举办设计类主题的特展，有兴趣的也可以去看看。

古根海姆博物馆

惠特尼美国艺术博物馆（Whitney Museum of American Art）

该馆于 2015 年迁入距离大都会较远的哈德逊河畔的新馆址，是纽约收藏美国艺术最多的博物馆。新馆建筑由伦佐·皮亚诺设计，其展厅的大玻璃窗和错落的阳台是欣赏哈德逊河景和纽约城市天际线的好地方，这样的观景台也吸引更多的人走进美术馆。特别值得一提的是，这里是收藏我最喜欢的画家爱德华·霍珀画作最多的机构，我参观时正赶上新馆开馆，举办"开幕大展"，大展追求丰富性，反倒因此减少了霍珀画作的展出，甚憾。"惠特尼双年展"也是世界最著名的艺术双年展之一。

老吴私享

在惠特尼美国艺术博物馆的旁边，是纽约非常具有文艺气息的高线公园（High Line）的南端终点。这里原来是一段约2.4千米长的废弃高架铁路，在废弃三十多年后被改建为空中漫步的绿地，沿途可欣赏哈德逊河景，开放后非常受欢迎，也带动了沿线的商业和开发，可以说是旧建筑改造的一个成功典范。

惠特尼美国艺术博物馆

📍 美国自然历史博物馆（American Museum of Natural History）

美国自然历史博物馆已经有超过 150 年的历史，是世界最大和最受喜爱的自然历史博物馆，是电影《博物馆奇妙夜 1》的取景地。

这里的明星展品众多，最令人难忘的是蓝鲸模型，悬挂在一个巨大展厅的上方。蓝鲸作为地球上最大的生物，体量令人难以想象（长达 29 米），甚至超过了恐龙。实际上，馆内的这个并非蓝鲸的实物标本，而是使用聚酯纤维和聚氨酯等轻型材料制作的模型，即便是这样，也有 9.5 吨重，而真正的蓝鲸要达到 150~180 吨重。另外，还有复活节岛的摩艾石像、1400 多年树龄的红杉树断面，以及带有六道星芒、重 563 克拉的星光蓝宝石"印度之星"等。

蓝鲸模型

星光蓝宝石"印度之星"

📍 无畏号海洋航空航天博物馆（Intrepid Sea, Air & Space Museum）

整座博物馆就是"无畏号"航空母舰本身，位于哈德逊河的 86 号码头。经历过太平洋战争和越南战争，退役后开辟为博物馆，以原状展示的方式介绍航空母舰的各个甲板布局、舰载机以及作战方式、经典战役等内容。航空母舰上还开辟了一块区域安放同样退役的"企业号"航天飞机，于是

"无畏号"航空母舰

这里就变成了兼具"海军航空"和"航天"两个主题的博物馆。

📍 "9·11"国家纪念博物馆（National 9/11 Memorial & Museum）

"9·11"恐怖袭击事件十周年的时候，在倒塌的世贸中心双子大厦基座原位置，建成了两个分段式的水池，水向不可见底的深渊流下去，这深渊的"深"与原来的摩天大厦的"高"形成强烈对比，以此纪念"9·11"事件中的遇难者。同时，还以原世贸大厦残留的一部分地下室为基础，建造了博物馆，其中还保留了一段当时有数百人成功逃出的"生还者楼梯"，展览区用实物、图片和影像资料讲述着"9·11"事件中每一个动人的故事，向拯救生命的英雄们致敬。2014 年，新的世贸中心建成并投入使用；2016 年，西班牙建筑师圣地亚哥·卡拉特拉瓦设计的纽约世贸中心交通枢纽站建成；2018 年，因"9·11"事件被毁的世贸中心科特兰地铁站 (WTC Cortlandt) 也重建完成并开放使用。伤疤似乎渐渐愈合了，但悲情的记忆将永远不会被遗忘。"9·11"事件改变了纽约，改变了美国，改变了世界，而且这种改变仍然处于进行时。

曼哈顿与新世贸中心

蓝色狂想曲

前面提到过《蓝色狂想曲》（*Rhapsody in Blue*），这部作品由美国作曲家格什温创作，后被改编为钢琴协奏曲，首演于纽约。这首由交响乐团演奏的曲子，却有着明显的爵士乐味道，是非常美国化的"古典音乐"，后来这种音乐类型被称为"交响爵士乐"。由于同类型的音乐常在好莱坞电影中出现，所以我们在看电影中潜移默化地对这种音乐非常熟悉，以至于一听就感觉到了美国、到了纽约。伍迪·艾伦的电影《曼哈顿》则直接使用了《蓝色狂想曲》。确实，纽约跟这首曲子一样，文化的交融造就了这个城市千变万化、多姿多彩的形象。

纽约的繁华当然离不开热闹丰富的夜生活，除了电影和各种体育比赛外，各种演艺活动当然是不可或缺的。纽约的卡内基音乐厅和林肯中心（内有大都会歌剧院等多个剧场、音乐厅），是古典音乐、爵士乐和歌剧的主战场。纽约爱乐乐团是享誉世界的交响乐团之一。设在林肯中心的茱莉亚音乐学院则是世界顶尖的音乐学院，被誉为音乐界的哈佛大学，知名校友包括为《星球大战》《侏罗纪公园》《辛德勒的名单》等电影配乐的大师约翰·威廉姆斯、大提琴家马友友、小提琴家帕尔曼、爵士大师迈尔斯·戴维斯……纽约还有两支一线芭蕾舞团——美国芭蕾舞团和纽约城市芭蕾舞团。纽约拥有最顶尖的林肯中心爵士乐团，还有很多更具烟火气的音乐俱乐部，比如著名的 Blue Note，在此表演的经常是格莱美奖获得者，现在 Blue Note 已经在世界多地开了分店，北京和上海各有一家。

📍 百老汇（Broadway）与音乐剧

前面说的演艺行业再热闹，恐怕也不及百老汇的音乐剧更能代表纽约。百老汇也被中国的剧粉们昵称为"宽街"（Broadway 的意译）。宽街是一条南北向的大道，那些剧场并不在宽街上，而是在宽街附近的若干东西向街道上，一般是指 44 街—53 街，剧场比较大，也比较正式，演出的多为经千锤百炼、商业化运作成功的经典音乐剧和话剧。而在百老汇外圈的一些中等剧院，被称为"外百老汇"，以低成本、小制作的实验性、先锋性剧目为主。外百老汇之外还有更加小、更不正式的"外外百老汇"，等等。

在伦敦篇中，我们介绍了另一个音乐剧重地"伦敦西区"和一些经典剧目，其实《剧院魅影》《悲惨世界》《狮子王》《妈妈咪呀》这些剧目大多也在百老汇同时上演。因为是商业化运营，同一个剧目在两地演出除了演员阵容不同外，几乎没有差别。我再多推荐几部美国味浓一点的音乐剧：讲述四季合唱团故事的点唱机音乐剧《泽西男孩》，曾改编为电影并拿下奥斯卡最佳影片的爵士音乐剧《芝加哥》（我最喜欢的音乐剧），讲述美国开国元勋人生故事的嘻哈音乐剧《汉密尔顿》，讲述纽约卖报员抗议传媒大亨的罢工故事的《报童传奇》，由格什温同名音乐改编的《一个美国人在巴黎》，讲述"9·11"事件的《来自远方》等。

与伦敦西区相比，百老汇的运营更加商业化，比如有免费场刊 *Playbill*，票价也要贵一些，中场休息时还有卖零食和饮料的小贩，十分接地气。百老汇还设有堪称"舞台版奥斯卡"的"托尼奖"（Tony Award），虽说是戏剧与音乐剧都评选，但还是音乐剧的奖项更引人注目。

不必因为害怕看不懂而放弃看现场演出，可以先在网上找到剧目视频或者改编电影熟悉剧情，若实在没时间可以搜索一下剧情梗概，然后去现场听音乐，看舞蹈，感受气氛。如果你问我：视频我都看完了，为什么还要去看现场？我的回答是：现场的吸引力是视频无法比拟的！

📍 自由女神像（Statue of Liberty）和华尔街铜牛像（Charging Bull）

这两个可供打卡的雕塑，一个务虚，一个务实，一个负责意识形态，一个掌管真金白银，正好体现了纽约的两面性。

自由女神像位于海港的自由岛上，如果打算登岛，还可以预约从女神像内部登上顶部的王冠

自由女神像

观景台。我没有充足的时间专门前往，只是坐着纽约通票项目中包含的游船在女神像脚下看了一眼。自由女神像是由法国雕塑家弗雷德里克·奥古斯特·巴托尔迪依照他母亲的形象设计的，内部支撑结构则是由著名的埃菲尔完成的——对，就是埃菲尔铁塔的设计者。

至于华尔街铜牛雕塑，它的历史其实并不悠久，1989年才伫立此处，但因为满足了人们对于财富增长的朴素愿望（"牛市"），而广受股票投资者的欢迎，甚至已经不再完全与股票挂钩，而单纯成为财富的象征。当然，大多数公共铜像似乎都不能免俗，它们被赋予了摸某一个位置就可以交好运的传言，只是这头牛被传言的"幸运位置"，有点恶趣味。

华尔街铜牛

📍 中央公园（Central Park）以及摩天大楼

在寸土寸金的曼哈顿，能有这么一大片免费绿地公园实属难得，而纽约带给人的压迫感和紧张感，可以在这里完全得到释放。公园西侧之外有美国自然历史博物馆，大都会艺术博物馆则位于公园内部东侧的一隅。公园内部的步道则是长跑爱好者的圣地，我在那里还曾经跑过一圈。

在摩天大楼洛克菲勒中心（Rockefeller Center）的顶部观景台巨石之巅上远眺（Top of the Rock Observation Deck），向北可以将整个中央公园尽收眼底，向南则可以看

雨夜在帝国大厦观景台

到包括帝国大厦在内的、高楼林立的曼哈顿。尽管它高度远不及新的世贸中心，但由于位置极佳，仍是最受欢迎的摩天大楼观景台。美国全国广播公司 NBC 的总部就位于洛克菲勒中心，一楼的纪念品商店出售 NBC 著名情景喜剧《老友记》的周边，剧迷可以顺路去看看。另外，MoMA 也距离洛克菲勒中心几步之遥，可以一并安排参观。

帝国大厦（Empire State Building）在 1931 年成为世界第一高楼，并保持纪录长达 41 年之久，因此成为出现在电影和美剧中最多的一栋摩天大楼，比如《金刚》《西雅图未眠夜》《黑客帝国》以及情景喜剧《成长的烦恼》，也属于打卡性质的景观。

其他地标或景区还有联合国总部大厦、中央车站、布鲁克林大桥、埃利斯岛（移民博物馆），以及位于布鲁克林区南端、面朝大西洋的科尼岛……都是很有特色的地方。

当然，比起世界其他大城市，纽约也有不少不如人意的地方。市容有些脏乱，地铁虽四通八达，但车厢和车站都比较陈旧，林立的高楼和逼仄的街道给人巨大的压迫感。那我们就把它当作漫威电影里的哥谭市好了。

新大陆：洛杉矶、圣迭戈、旧金山

太平洋的风

走过了历史相对悠久的美国东北部，接下来便来到曾经淘金拓荒的西部，更具体地说，是经济、文化和科技都十分发达的加利福尼亚州。加州 GDP 在美国排名第一，作为一个独立经济体单独核算的话，在整个世界也可以超过英国、法国，排名第五。加州的硅谷聚集了世界最重要的科技公司和互联网巨头，还拥有雄霸世界的电影工业。另外，加州的农业也是全美第一，盛产坚果、红提、车厘子、橙子以及葡萄酒等，真是富足丰饶的地方，如同天选之地一般。不过，加州也有一些天选的瑕疵，比如地震，因处于环太平洋地震带上，这里的地震较多。1906 年，旧金山发生了里氏 8 级左右的大地震，大半个城市被地震和次生火灾毁掉，洛杉矶也曾发生过大级别的地震。最近几年，加州更是屡屡因为同一个自然灾害——山火而登上新闻榜，由于气候变化、高温干旱，再通过风的加持，加州每年都会"火"上几个月。

作为暴发户中的暴发户，加州聚集了大量的财富，自然也就有了大批的艺术品收藏家，因此这里有很多水平极高的私人博物馆，还有不少仅把艺术品作为投资品或者财富的不公开收藏。而且，也有不少当代艺术家把洛杉矶作为常住地，比如著名的大卫·霍克尼。

另外，好莱坞的兴起也成就了新的艺术形式——电影，洛杉矶每年一度的奥斯卡颁奖盛典，更是全世界瞩目。与电影相配套或者相呼应的，还有主题乐园。世界上最著名的两大主题乐园——迪士尼和环球影城，全都起步于加州。此外，这里还有圣迭戈海洋世界、来自丹麦的乐高乐园、过山车王国六旗魔术山乐园以及世界最早的主题乐园诺氏百乐坊乐园等。如同当年那些在西部成长起来的城市一样，主题乐园也是凭空建起来的，而且还创造了一个日进斗金的全新行业。

加州的高等教育也与东部地区不分伯仲，这里有斯坦福大学、加州理工学院这种排名世界前几的明星高校，加州大学旗下的伯克利分校、洛杉矶分校、圣迭戈分校、旧金山分校等均在世界大学排名中位居前列。这些高校为硅谷的科技公司培养了无数顶尖人才。我们不得不佩服，加州不只拥有地理和资源上的优势，更拥有源源不断的创造力。

你的名字

洛杉矶市隶属于洛杉矶县（也译作"洛杉矶郡"），是仅次于纽约的美国第二大城市。与其他城市不太一样，洛杉矶虽面积大，但人口并不集中。打个不一定恰当的比方，我们常说一个城市的布局像"摊大饼"，洛杉矶就是那种很薄的大饼。由于这个特点，生活在这里基本要靠私家车解决出行问题，这也使得公共交通不够发达——地铁线路比较少，公交车线路倒是不少，但车次很少，经常需等候半个小时。如果没有选择自驾游，那就需要有足够的耐心。

洛杉矶及其周边有不少美术馆，其中很多都是以人名来命名——盖蒂、亨廷顿、诺顿·西蒙、布洛德、哈默……这些名字就是一个个企业巨头，他们把收藏的艺术品办成美术馆，与社会分享他们的艺术财富，以此留名人间。

📍 盖蒂中心（Getty Center）与盖蒂别墅（Getty Villa Museum）

这两个博物馆都是20世纪60年代的世界首富、石油大亨保罗·盖蒂（Paul Getty）所设立的。盖蒂中心的收藏以中世纪以来的欧洲绘画、雕塑和装饰艺术作品为主。盖蒂别墅是仿古罗马赫库兰尼姆城中的帕比里别墅而建，收藏是以古希腊、古罗马和伊特鲁利亚艺术为主。

盖蒂中心是我最喜欢的美术馆之一，但对它的喜欢并不是因为收藏的艺术品，而是因为它的建筑、花园以及舒适的参观动线和体验。盖蒂中心由"白色派"建筑大师理查德·迈耶设计，建在圣塔莫尼卡山的一座小丘之上，并设有一列专门的登山电车（当然慢慢步行上山也不需要太久）。博物馆由一组建筑组成，建筑之间通过廊道连接，围合在一起成为一个整体，连接建筑的廊道上多设有阳台，供参观者在欣赏艺术的中途休息；

整组建筑的最南端还特别设计了一个延伸出去的观景台，可以欣赏洛杉矶的城市风景；在整组博物馆建筑之外，还有一座面积很大的花园，有几百种植物和美丽的水景……以我粗浅的博物馆参观经验来看，这些设计都是极其人性化和科学的，可以有效避免"博物馆综合征"。

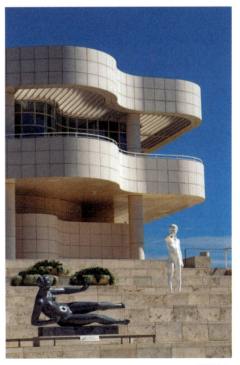

盖蒂中心的镇馆之宝是梵·高的《鸢尾花》，我比较喜欢的还有伦勃朗的自画像《大笑的伦勃朗》（尺幅很小）、赫诺普夫的《珍妮·可菲尔肖像》、雷诺阿的《散步》等。

这两座盖蒂博物馆的另一个让人欣慰喜欢的地方是——门票免费（但需预约）。盖蒂中心上山的电车同样免费，我想它即便不是最大的私人博物馆，也有可能是最大的免费私人博物馆。唯一收费的是停车场，但如果你在同一天参观两家博物馆，则只需缴纳一次停车费。

盖蒂中心

　　电影《金钱世界》（*All the Money in the World*）就是关于保罗·盖蒂的故事，不过这部片子与收藏艺术关系不大，讲的是他的孙子被绑架，但他不愿意支付赎金，导致孙子的耳朵被割下的真实故事。关于这个故事，解读的方向很多，如果仅仅看到吝啬则会失之浅薄。盖蒂把自己的收藏免费向公众开放，又怎么会是单纯的吝啬？毫无疑问，盖蒂的金钱观极为复杂，我想也可以引起观者的思考。主角盖蒂由在《音乐之声》中扮演上校的克里斯托弗·普卢默扮演，替换曝出丑闻的凯文·史派西，以9天的时间紧急补拍完成，造就好莱坞历史上的一个奇迹。电影很好看，对于理解盖蒂其人也很有帮助，我个人觉得更适合在参观完盖蒂博物馆之后放赏。

亨廷顿图书馆、美术馆与植物园（The Huntington Library, Art Museum, and Botanical Gardens）

　　亨廷顿相关的景点位于洛杉矶远郊的帕萨迪纳小镇。创始人亨利·E·亨廷顿（Henry Edwards Huntington）是铁路大亨，他在运营南太平洋铁路的同时，建造整合了南加州的电气化铁路。1903 年，他买下了现在这块地，于 1919 年把自己的收藏和财产成立为公共信托，1928 年向公众开放。

　　正如其全名所列，这个巨大的博物馆，包括图书、艺术和植物三大部分。其最重要的部分是图书馆，拥有 800 万份手稿、45 万本珍本，包括乔叟的《坎特伯雷故事集》手稿、世界最早的批量印刷图书《古登堡圣经》（存世仅有 12 本）、莎士比亚的《第一对开本》等，是世界上最大的独立研究型图书馆之一，其图书收藏也公开展出。

流芳园

　　亨廷顿美术馆的收藏也非常精彩，主要分为欧洲艺术和美国艺术两个馆。欧洲艺术中英国绘画的收藏是它的特色，其中有英国皇家艺术学院院长托马斯·劳伦斯的《小拇指》、透纳的《大运河》，以及我最喜欢的肖像画之一——庚斯博罗的《蓝衣男孩》。此外，还有意大利文艺复兴画家吉兰达约的《男子肖像》。美国艺术的精彩收藏包括印象派女画家卡萨特的《床上的早餐》、霍珀的《长航程》等。

除此之外，就是植物园部分了，园中包含近 20 个不同主题的花园。其中让我印象最为深刻的有中国花园流芳园，该园由苏州的工匠设计建造，风格十分地道，是我去过欧美国家的中式园林中面积最大、味道最正的一个；另一个是沙漠花园，是世界最大、最早的多肉植物园之一，种植了 2000 多种多肉植物，很有意思。亨廷顿面积大、内容多，行程时间紧的话需要做些取舍。

📍 诺顿·西蒙博物馆（Norton Simon Museum）

企业家诺顿·西蒙（Norton Simon）经营了包括食品、出版、化妆品等多项产业，我们相对熟悉的大概就是安飞士（Avis）租车公司。同在帕萨迪纳的诺顿·西蒙博物馆与起其他美术馆相比有些低调。他在 20 世纪 50 年代才开始收藏，但一发而不可收。馆内展示的重要藏品有拉斐尔的《拿着书的圣母与圣子》、深受欢迎的伦勃朗《男孩肖像》和自画像、毕加索《读书的女子》、梵·高《母亲肖像》《农民肖像》、莫迪里阿尼《珍妮·赫布特尼（画家妻子）肖像》以及马奈、塞尚、马蒂斯、康定斯基等多位名家的杰作，甚至拥有 100 多件德加的作品。在美术馆的门外和庭院花园里，还陈列有罗丹、马约尔、亨利·摩尔的雕塑作品，总之这是一座非常精彩的美术馆。

诺顿·西蒙博物馆的花园

老吴私享

从洛杉矶市中心可以乘地铁"金线"前往帕萨迪纳，去亨廷顿还需换乘当地的公交车。

帕萨迪纳也是世界著名工科学府加州理工学院的所在地，"中国导弹之父"钱学森就毕业于此，美国知名情景喜剧《生活大爆炸》中的几位宅男都是这里的"科学家"。从亨廷顿乘公交前往诺顿·西蒙博物馆时会路过这所大学。

📍 布洛德博物馆（Broad Museum）

这家博物馆在市中心，与迪士尼音乐厅、当代美术馆毗邻，这座漂亮的建筑由扩建过 MoMA 项目的迪勒·斯卡菲狄欧与伦佛建筑事务所（Diller Scofidio + Renfro）设计，馆内收藏包括杰夫·昆斯的《气球狗》、罗伯特·塞里恩的《桌下》、草间弥生的《镜屋》等雕塑或装置艺术作品，以及利希滕斯坦、安迪·沃霍尔、村上隆等广受大众欢迎的当代艺术家的作品。博物馆由富豪兼慈善家伊莱·布洛德（Eli Broad）创办，常设展免门票，但需预约。由于这里在 2015 年才开放，很多旅游指南书上还没有收录，我是从附近经过时才发现了这个现当代艺术的宝藏博物馆。

美国

📍 哈默博物馆（Hammer Museum）

该馆创办人阿曼·哈默（Armand Hammer）是一位石油大亨。这座私人收藏馆于 1992 年转给毗邻的加州大学洛杉矶分校（UCLA）来管理和运营，所以现在这家博物馆已经属于 UCLA 的艺术与建筑学院。哈默博物馆规模不算太大，而且大多数展厅用于当代艺术临展，其固定陈列所占比例较小。即便如此，它还是拥有古斯塔夫·莫罗的《莎乐美》、伦勃朗的《朱诺》、梵·高的《圣雷米医院》、高更的《早安，高更先生》、萨金特的《波奇医生》等非常棒的绘画作品。

另外，UCLA 的校园也很漂亮，时间方便的话不妨和哈默博物馆一起安排。

哈默博物馆

老吴私享

在加州，很容易看到一家中式快餐店——熊猫快餐（PANDA EXPRESS），虽然在美国多地都有分店，但洛杉矶是熊猫快餐的发源地，因此在这里更为常见。熊猫快餐是美式中餐，针对美国人在口味上做了改良，不过对于出游久了想吃中餐的人而言，还是可以接受的。特别有意思的是，他们卖的炒面就叫 "Chow Mein"——反向音译。《生活大爆炸》里，谢尔顿吃的"陈皮鸡"也挺美味，只是在中国似乎没听说过。另外，作为餐后甜点的"幸运饼干"（里面塞了一张写着鸡汤文的字条），就完全是一个发明出来的"中国特色"了。

📍 洛杉矶县立艺术博物馆（Los Angeles County Museum of Art）与洛杉矶当代艺术博物馆（The Museum of Contemporary Art）

洛杉矶县立艺术博物馆是洛杉矶最大的公立美术馆，由多栋楼组成，收藏有印象派、野兽派、立体主义、表现主义等画派大师的作品，马格利特的《图像的背叛》（即《这不是一支烟斗》）就在这里；博物馆中还有一栋建筑是日本馆，专门展出日本文化和艺术。博物馆入口处有由一组由 202 个古早路灯杆组成的大型艺术装置《城市之光》，知名度较高。我在这里还遇上了大卫·霍克尼的特展，这位英国籍画家因为热爱加州的阳光和泳池，选择在这里生活和创作。这座馆对面

还有一家彼得森汽车博物馆，车迷可以一并参观。

洛杉矶当代博物馆有两处馆址，其中主馆位于市中心的格兰德大道（Grand Avenue），馆内展览以不同主题的当代艺术策划展为主。

非视觉艺术的博物馆还有加州科学中心（California Science Center）、洛杉矶

洛杉矶县立艺术博物馆

县立自然历史博物馆（Natural History Museum of Los Angeles County）、衣阿华战列舰博物馆（Battleship USS Iowa Museum）等。

娱乐之城

洛杉矶最具世界影响力的是娱乐产业，每年这里都会举办"奥斯卡奖""格莱美奖""艾美奖"等举世瞩目的娱乐奖项的颁奖典礼。以洛杉矶为故事发生地的电影《爱乐之城》中，女主是演员，男主则是爵士乐手，十分符合洛杉矶的娱乐产业生态。

📍 好莱坞（Hollywood）

这里游人如织，来好莱坞当然要看镶嵌着明星名字和星形手印地砖的"星光大道"，有举办奥斯卡颁奖礼的杜比剧院及原颁奖举办地中国剧院，好莱坞博物馆、蜡像馆及远处山顶上的"好莱坞"标志，还有经常出现在电影画面中的格里菲斯天文台等。在人多的地方自然要提防小偷和骗子，对搭讪的人一律不予理睬。

洛杉矶还有个著名的景区——比弗利山庄（Beverly Hills）。说它是景区不太确切，因为这里都是富人们的住宅。当地开发了住宅区游览项目，游客坐着车听导游讲解哪个房子里住着哪位明星，以及明星们的八卦逸事。

美国

街头涂鸦墙壁 "You are the star"

"好莱坞"标志

奥斯卡奖杯纪念品

📍 好莱坞环球影城（Universal Studios Hollywood）

由于北京的环球影城已经开业，想参观复原的哈利·波特城堡和侏罗纪公园就不用再去那么远了。不过作为首家环球影城，好莱坞的环影味道醇正，且有着别无分号的独家特色——摄影棚之旅（studio tour），游客坐在车上就可以感受飙车，体验地震、洪水等特效，也可以看到曾经拍过《绝望主妇》《惊魂记》等影视剧的真实外景地。《行尸走肉》的鬼屋、木乃伊等也是挺有意思的体验项目。

另外，洛杉矶的主要电影公司均有参观电影拍摄地的游览项目，分别是派拉蒙（Paramount Studio Tour）、索尼（Sony Pictures Studio Tour）和华纳（Warner Bros Studio）。其中华纳的参观项目包括了《老友记》《生活大爆炸》的摄影棚，非常受欢迎；索尼则可以欣赏《绿野仙踪》《蜘蛛侠》的拍摄现场。不过，电影公司分散在洛杉矶的不同地方，参观花费时间也不少，需要做好安排。

📍 迪士尼乐园（Disneyland Park）和诺氏百乐坊（Knott's Berry Farm）

第一家迪士尼乐园于 1955 年在洛杉矶开业，后来又扩建出了迪士尼加州探险乐园（Disney

California Adventure Park），形成了两个园区的规模。其中，迪士尼乐园童话梦幻，迪士尼加州探险乐园则惊险刺激，更适合成年人游玩。

离迪士尼不远，还有一家世界最早的主题乐园——1940年开园的诺氏百乐坊，它是由原本的草莓田和鸡肉餐馆拓展而来，现在这里的鸡肉晚餐仍然很受欢迎。而"鬼镇""史努比营地"都是热门区域，其中万圣节的"猛鬼出笼"活动非常有特色。这里虽然不如迪士尼和环球影城那样为中国游客所熟知，但是也非常好玩，并且很有自己的特色。

📍 沃尔特·迪士尼音乐厅（Walt Disney Concert Hall）

位于市中心的迪士尼音乐厅是洛杉矶爱乐乐团的驻演场地，这座抽象且魔幻的建筑由普利兹克奖得主弗兰克·盖里设计，外表是覆盖金属表皮的几何形体，凌厉而酷炫，内部装饰则主打温暖的木质，尤其是管风琴的部分像是方形木管搭建的森林一般。此外，它还拥有极佳的声音效果，真是一座又好看、又好听的音乐圣地。如遇到不错的演出，建议现场感受一次。

沃尔特·迪士尼音乐厅

📍 圣塔莫尼卡海滩（Santa Monica Beach）

圣塔莫尼卡海滩是"66号公路"的终点，这里有着宽阔的沙滩，以及一座带游乐场的码头，附近也有商业街和很多美食店，包括著名的"阿甘虾"（Bubba Gump Shrimp），是旅途中放松身心的好去处。因为风景优美，也经常作为电影外景地，甚至是电脑游戏的原型地。另外，这里还有一个优势，就是有地铁直达，交通非常方便。

66号公路终点

拉丁范儿

一百七十多年前，整个加州是墨西哥的领土，而圣迭戈位于加州的最南端，与墨西哥直接接壤，有着更为浓郁的拉丁范儿。这里能看到更多的拉丁裔面孔，吃到地道的墨西哥菜，看到墨西

圣迭戈美术馆插花与绘画特展　　　　　　　　　　　　　　　　　　　　　　铁路模型博物馆

哥风情的歌舞，甚至电车报站都会有单独的西班牙语（墨西哥官方语言）；而且跟很多边境城市一样，这里也有免签证的跨境一日游，可以去墨西哥的蒂华纳（Tijuana）打个卡。"圣迭戈"（San Diego）这个名字本身就是来自西班牙语，也常被译作"圣地亚哥"，与智利首都（Santiago）是同一个中文译名，至今两个译名也经常混用。不过为了明确区分，用"圣迭戈"更为合理。

圣迭戈气候宜人，地貌丰富，自然条件优越，很适合休闲度假，虽然艺术收藏相比洛杉矶和旧金山略逊一筹，但总体的旅游资源还是非常丰富的。位于圣迭戈的美国海军基地，也给这里带来了与军事有关的观光主题。

📍 巴尔博亚公园（Balboa Park）

这里是美国面积最大的城市文化公园，我们可以将这里视作圣迭戈的"中央公园"，不同之处在于巴尔博亚公园更大，内部的公共文化机构更多——15家博物馆和一家圣迭戈动物园。如果在圣迭戈只能去一个地方，那毫无疑问就是这里了。接下来我就介绍几个公园内的博物馆。

圣迭戈美术馆（San Diego Museum of Art）位于巴尔博亚公园的中心区，布格罗的《年轻的牧羊女》是这里最受欢迎的绘画，还收藏有凡·戴克、戈雅、安格尔、萨金特、伊肯斯、马格利特、欧姬芙等画家的作品。另外这里也收藏不少亚洲艺术，包括来自印度的细密画。我在这里还遇到了一个非常特别的展览——插花艺术家根据自己对某些绘画的理解制作插花，并把插花摆在对应的原作前面，很有意思。

推荐一个公园内有些特别的博物馆——铁路模型博物馆（San Diego Model Railroad Museum）。我是从纪录片中获知才前往参观的，馆内有大大小小的铁路模型，其中不少都是微缩的实景，当然火车模型都是可以跑的，不只是推荐给孩子们，火车迷或者交通主题爱好者都不要错过。

此外，巴尔博亚公园内的亭肯美术馆（Timken Museum of Art）、圣迭戈人类学博物馆（San Diego Museum of Man）、航空航天博物馆（San Diego Air & Space Museum）、汽车博物馆（San Diego Automotive Museum）、自然历史博物馆（San Diego Natural History Museum）等博物馆也都非常受欢迎。

📍 中途岛号航空母舰博物馆（USS Midway Museum）

"中途岛号"航空母舰

退役航母"中途岛号"就停泊在圣迭戈湾的海边，是中途岛级航母的首舰。特别要说的是，"中途岛号"航母并没有参加著名的中途岛海战，而是在日本投降后才开始服役的，经历过越南战争、海湾战争，比纽约展出的"无畏号"要大很多，参观下来要花很长时间。

旁边的码头上有座巨大的《胜利之吻》雕塑，就是根据那幅水兵与护士亲吻的新闻照片制作的。在"中途岛号"上，也正好可以看到对面科罗纳多岛上的海军基地，那里停泊着正在服役的几艘美军航母。

《胜利之吻》雕塑

📍 科罗纳多岛（Coronado Island）及科罗纳多酒店（Hotel del Coronado）

圣迭戈并不直面太平洋，而是被科罗纳多岛隔开了。前面说过，科罗纳多岛有一部分

美国

是海军基地，另外一部分则是民用。在科罗纳多岛的西侧就是面向太平洋的海滩了，非常适合休闲度假，也是冲浪爱好者与海浪嬉戏的地方。科罗纳多酒店就在南端，这家巨大的酒店是一座非常漂亮的全木建筑，最早安装使用了电灯，并且电灯是由发明大王爱迪生亲自设计并参与安装的。即便不住在这里，也可以逛一逛酒店内部的服饰店和礼品店，欣赏一下内部的装饰。

这里接待过非常多的政要、明星，包括近20位美国总统。其中最有名的是"爱美人不爱江山"的英国国王爱德华八世，他就是在这里遇上了"美人"辛普森夫人。

📍 拉霍亚海湾（La Jolla Cove）、圣迭戈老城历史公园（Old Town San Diego State Historic Park）与海洋世界主题乐园（Sea World San Diego）

在圣迭戈北部的拉霍亚，有一片很美的海岸线，放眼望去，太平洋是深蓝色的。海边的礁石和浅滩上有很多野生海豹、海狮以及海鸟，它们近在咫尺但并不害怕人类，游人们也都遵守规则，保持着合适的距离，形成了人与野生动物和谐共存的场景。

大约在拉霍亚与圣迭戈的中间点，还有一处有着悠久历史的老城旧址，现在已经开辟为历史公园，可以理解为美国西部版的古镇，很多房屋的样式很像西部片中看到的那样。具有墨西哥风情的服装、歌舞、餐馆及关于亡灵节的工艺品，则让我想起了皮克斯的动画片《寻梦环游记》。

在距离老城不远处，是大热的圣迭戈海洋世界主题乐园，兼具水族馆、海洋动物表演以及游乐项目。其中的动物明星是虎鲸，非常受欢迎。

拉霍亚海湾

圣迭戈老城

坂道上的大湾区

因为曾经是淘金客的梦想之地，这里被华人称为"金山"，相对于墨尔本这个"新金山"，它更老一点，所以就又成了"旧金山"。实际上它并不旧，甚至在一众科技企业的加持下，它还挺新潮的。也许正是因为旧金山的华人密度最高，它就拥有了这么一个纯中国化名字，正式的音译地名"圣弗朗西斯科"却很少有人提及了（更老派的华裔则叫它"三藩市"）。这里的华人一部分是包括华工在内的早期移民后裔，比如李小龙，一部分是港台地区的移民，另一部分应该是近几十年从大陆来留学，后进入高科技企业的新移民。此外，日裔和韩裔似乎也不少，我住的小酒店就是韩国人开的；更不必说这里有因曾经作为墨西哥领土而遗留下来的墨西哥文化……因此，旧金山在种族、文化、性别等很多方面体现着多元、包容。

旧金山确实是个山城，漫步时经常会走到很陡的坡道，甚至从恶魔岛上回望城市时，就能看到这些"立起来"的街道，如同电影《盗梦空间》里的场景。旧金山还是个"湾"，我们现在都知道"粤港澳大湾区"这个概念，而"旧金山湾区"就是世界三大湾区之一（另外两个是纽约和东京）。旧金山湾区除了半岛上的旧金山外，还包含加州大学伯克利分校所在的奥克兰、斯坦福大学所在的帕洛阿托以及硅谷所在的圣何塞……我们可以将其理解为"大旧金山"，本地人常将这个区域简称为"湾区"。

不只有苹果、谷歌、英特尔等科技企业，李维斯（Levi's）、盖璞（Gap）、乐斯菲斯（The North Face）、维密（Victoria's Secret）以及吉尔德利巧克力、皮爷咖啡、蓝瓶咖啡、VISA信用卡等我们非常熟悉的品牌也都是从旧金山起步。因为文化多元，又有很多知名企业，所以旧金山的艺术行业更偏重于设计、商业、影视领域，这里有着全美最大的艺术院校——旧金山艺术大学。

📍 荣誉军团博物馆（Legion of Honor）与笛洋美术馆（de Young Museum）

这两家博物馆本质上是一家，合体名称就是旧金山艺术博物馆（Fine Arts Museums of San Francisco），买一次票就可以看两家馆。但是两馆因为不在一处，所以我们还是按照习惯各叫各的名字。

荣誉军团博物馆位于旧金山所在半岛西北角的林肯公园内，毗邻金门海峡，环境非常好，是从西侧远眺金门大桥的好地方。馆内收藏的主要是古代艺术和欧洲艺术，展出了鲁本斯、伦勃朗、哈尔斯、弗拉戈纳尔、布格罗、杜米埃、莫奈等画家的作品。其中有两幅乔治·德·拉图尔画的肖像有些让人意外，因为很少看到拉图尔的此类作品，另外还有一幅来自马科夫斯基的大尺幅油

263

画《俄罗斯新娘的盛装》也非常罕见，欧美博物馆很少看到俄罗斯巡回展览画派的作品。特别值得一提的是，馆内有三个展厅展出罗丹的雕塑，尽管在美国很多地方都有罗丹的作品，但是荣誉军团的优势是雕塑的安置充满巧思，布光也很用心，这是我看到的所有罗丹作品展览中，效果最为出彩的一家，光线很好地衬托和呼应了雕塑。

笛洋美术馆的收藏主要是美国艺术、拉丁美洲艺术、非洲艺术和当代艺术作品。较为重要的绘画包括乔治·迦勒·宾汉姆的《密苏里河上的船夫》、弗雷德里克·丘奇的《热带雨季》，当然还包括卡萨特、萨金特、格兰特·伍德、霍珀、迭戈·里维拉、罗斯科等知名画家的作品。美术馆位于巨大的金门公园（旧金山版"中央公园"）内，建筑是由瑞士巴塞尔的赫尔佐格与德梅隆事务所设计。除了美术馆展厅外，还有一座高约 46.7 米的扭转式塔楼，顶部的观景台上可以欣赏美术馆周边的美景。

笛洋美术馆对面是著名的加州科学院（California Academy of Sciences）。其虽名为"科学院"，但实际上是自然历史博物馆，内有水族馆、热带雨林等展区以及众多的体验项目，非常受欢迎。笛洋美术馆西侧是日本茶园（Japanese Tea Garden），占地面积达 30 亩，是美国境内最早、最大的日本庭园。这里的日式庭院必备元素几乎一应俱全——枯山水、石灯笼、鸟居、五重塔（迷你版）、佛像、日本桥、紫藤、燕子花（鸢尾花）、枫叶、樱花、茶室……茶室内自然可以品饮抹茶与"和果子"，整个园子的日本味道很足。我去日本时游览过一些庭园，比较起来，作为非日本本土的日本茶园，这里已经非常优秀了。我觉得，这里完全可以作为旅途中的小憩之地，值得推荐。

荣誉军团博物馆

罗丹雕塑展厅

加州科学院

日本茶园

📍 亚洲艺术博物馆（Asian Art Museum）

这是美国境内最大的一座亚洲艺术博物馆，位于市政厅广场。可能是因为旧金山亚裔人口多，这些亚裔又来自亚洲不同国家，所以这座博物馆的收藏非常丰富。尤其是佛教造像的收藏，来自印度、中国、日本、韩国，以及东南亚地区等不同国家、不同佛教分支，品类非常全面，我从没有看过这么完整和系统的佛教造像收藏。这里的中国文物十分精彩，其中有一件商代青铜器"小臣艅犀尊"，是这里的镇馆之宝。另外，日本文物的收藏也非常不错。

小臣艅犀尊

每个人都喜爱的城市

旧金山是我在美国篇中最后写到的城市，一路写下来，我觉得这里比其他美国城市更加丰富多彩，确实不愧于"每个人都喜爱的城市"之誉。

📍 恶魔岛（Alcatraz Island）

这个在旧金山湾里的岛屿是旧金山最具人气的景点之一，它曾经是一个监狱，因为关押过恶魔级别的黑社会头目，而被称为"恶魔岛"。这座岛虽然距离岸边并不算太远，但由于海水湍急、水温极低，从不担心有人可以通过游泳脱逃，囚犯只能眼睁睁地看着对岸繁华的都市而枉自嗟叹。但是，这座监狱确实发生过一起越狱事件，越狱的方式参见电影《肖申克的救赎》，颇为传奇——我深深怀疑电影情节就是来源于这个真实事件。越狱的三人逃走后完全消失，有人怀疑他们在渡海时死掉了，但这只是猜测。恶魔岛保留了完整的监狱建筑，保留并还原了越狱事件发生的监室，邀请曾在这里当狱警的老人签名售书。总之，这里是个非常有意思的地方，语音导览也讲得清晰明白。前往恶魔岛需要在 33 号码头乘船，为避免现场因为人多买不到票，最好提前在网上预订。

恶魔岛

从恶魔岛看旧金山，大斜坡一目了然

越狱的囚犯挖的洞

📍 九曲花街（Lombard Street）

这里是著名打卡地，一个大斜坡因坡度太陡（40度），被设计成只能从上往下单行的、拥有八个发卡弯的"街"，因其足够奇特而成为一景。

📍 渔人码头（Fisherman's Wharf）

位于旧金山湾的岸边，是吃喝玩乐购的地方，其中39号码头（Pier 39）聚集了很多的商店和餐馆，还能看到晒太阳的海狮，非常热闹。这里还有一家波丁（酸面包）工厂（Boudin Bakery Cafe），可以透过二楼波丁博物馆的窗子看到工坊内的面包制作过程。店内最火的一道菜就是用波丁当作容器的奶油蛤蜊浓汤，可以一边喝汤，一边吃"碗"。需要特别提示的是，这种面包的酸味并不是很适合中国人的胃，肠胃功能不佳的人不建议尝试。

📍 艺术宫（Palace of Fine Arts）

这里距离金门大桥很近，也是一个著名的拍照打卡地，名字听起来像是一个博物馆，但实际上是一个仿古罗马的建筑，包括圆形大厅、柱廊和人工湖，非常美丽。艺术宫是1915年首届巴拿马太平洋万国博览会举办时，仿照古罗马建筑废墟建造的，博览会后这里废弃多年，后在20世纪60年代采用了更好的材料和技术原样重建。

九曲花街

39号码头

波丁+奶油蛤蜊浓汤

艺术宫

📍 金门大桥（Golden Gate Bridge）

这里是旧金山的绝对地标，无须多言。红色的桥身在蓝色海水以及天空的映衬下，非常美丽。这座跨海大桥建于 20 世纪 30 年代，距今已经超过了 80 年，并且保持了世界最长的悬索桥纪录长达 20 年之久。通过作为多部好莱坞电影外景地的加持，这座桥成为最上镜的大桥，是很多人的梦想之地。

📍 电缆车（Cable Car）

电缆车也就是"铛铛车"，并非我们平时所说的"有轨电车"。它本质上是"缆车"，没有电网供电，不是靠发动机驱动，而是靠车底部看不到的地下缆绳牵引，很适合坡道很多的旧金山。市内还有一座免费的电缆车博物馆，详尽介绍电缆车的历史以及运行原理。

电缆车本身也很有特色，车厢是半开放结构，人多时，有些乘客就站在车厢边上，紧紧抓住扶手杆，像是挂在车厢上一般。在联合广场的终点站，还有一处掉头专用轨道，需要几个人合作用人力把车厢调转方向，这个掉头的操作因为比较新奇，也成了一个景点，每次掉头都有很多人围观和拍摄。

📍 硅谷（Silicon Valley）

硅谷的主要部分是圣何塞（旧金山湾的南岸），若要乘坐公共交通从旧金山前往硅谷，可选择城际列车。这里有苹果、谷歌、推特、脸书、英特尔、思科、惠普等 IT 企业总部（微软总部在西雅图），以及著名的斯坦福大学。

苹果总部是圆形的封闭式园区，如同它们封闭的 iOS 系统；位于山景城的谷歌园区则是开放的，如同它们开放的安卓系统。但这些园区无论是开放还是封闭，本质上都没什么可看的，因为如果没有内部人员邀请，这些企业的办公楼都进不去，只是大体感受一下办公环境，在门口的纪念品商店买一些特别供应的相关商品而已。当然，你在这里能看到很多讲着中文的程序员。

苹果公司总部的访客中心

我必须承认，正是因为有了这些 IT 科技，有了智能手机，我才敢在英语不流利的情况下走出国门，开启了自由行。有了智能手机就不用再问路，可以随手拍照、翻译，可以计算汇率、订酒店、买机票、查询信息、无障碍换乘……因此，出于对帮助我看世界的现代信息技术的

谷歌总部

感激，我特意花了一天的时间到硅谷转转、看看，感受一下。

在谷歌总部附近，有一座计算机历史博物馆（Computer History Museum），对于学过计算机相关专业的人来说，这里反倒更有意思。我大学是学信息管理专业的，尽管毕业后就脱离了这个专业，但头脑中还是残存一点点的计算机知识，因此对介绍计算机发展历史的展览看得津津有味，展览中有很多原始的计算机输入、输出设备——你能想象没有键盘或者屏幕的电脑吗？最好玩儿的展品是世界上第一款鼠标，竟然是木制的！

计算机历史博物馆里最早的鼠标

📍 缪尔森林国家纪念地（Muir Woods National Monument）、纳帕山谷（Napa Valley）与约塞米蒂国家公园（Yosemite National Park）

加州有着世界上最高大的红杉树，高度超过 100 米，直径可超过 11 米。不过红杉国家公园距离旧金山比较远，想就近领略红杉风采的话，就可以去缪尔森林，过了金门大桥不远处就是。

纳帕山谷位于旧金山以北，是著名的葡萄酒产地，在这里还运营着葡萄酒列车（Napa Valley Wine Train），可以一边在装饰优雅的火车上品饮红酒、享受美食，一边慢慢行进，欣赏葡萄田园风光，也可以拜访那里的葡萄酒庄，买上几瓶酒。不过，自驾游的朋友一定要控制一下现场品尝的欲望。

约塞米蒂国家公园，我更喜欢"优胜美地国家公园"的译法，希望以后能成为通用译名。这里以山谷、瀑布、溪流、岩石、红杉森林、草甸等优美的自然景观著称，非常适合徒步旅行，也是攀岩者的圣地。户外品牌乐斯菲斯（The North Face）的名字就是源于约塞米蒂的半圆顶（Half Dome）巨石最难爬的北坡。旧金山算是离约塞米蒂较近的大城市了，但开车至少需要 5 小时，所以这里更适合作为整个自驾游的一站。如果是从旧金山开车往返，就太辛苦了；如果是参团一日游，那绝大多数时间都在车上，个人觉得没有必要。

国家公园的旅行实际上是美国旅行的一个非常重要的主题，除了前面提到的红杉、约塞米蒂，广受欢迎的国家公园还有黄石、冰川、大峡谷、大雾山、大提顿等。

除了东北和西南两大板块之外，位于东南角佛罗里达州的奥兰多，有着世界上最多、最大的主题公园群，这里的迪士尼和环球影城都是世界最大的；佛州也是邮轮加勒比航线的出发地。拉斯维加斯不仅以博彩业闻名，更是汇集了各种大型演出秀，是个纯粹的旅游城市，附近还有地貌奇观羚羊峡谷。其他知名城市还有西雅图、盐湖城、亚特兰大、休斯敦、阿拉斯加、夏威夷……

美国是一个大家自认为很熟悉的国度，在电影、美剧以及没完没了的新闻里，我们都曾听到或者看到过。但真实的美国是什么样子的？它可能没有想象中那么好，但也没有传说中的那么糟，"吹捧"或"抹黑"其实都无法给出真实的样貌。

电影《芬奇》中有一段台词说：你可以跟我说，金门大桥上有多少颗铆钉，它使用了多长的缆线，桥有多高。可是要等到你真正站在上面，见识过它的美，聆听过悬架缆绳在风中发出的声音，才叫作体验。

东游西荡：
东京

看展在东京

最后一站，我们简单聊聊离我们最近、出行成本最低、在东方也能看到大量西方名画的艺术旅行胜地——东京。几次东京之行让我深切感受到，这里是艺术展览最多、观展体验最好的亚洲城市，没有之一。

东京有着为数众多的美术馆、博物馆，有国立、公营的，也有不少商业性、私营的，这为举办展览提供了很好的硬件基础。日本的大多数美术馆都配有很好的咖啡馆，有条件的还会配有庭园或观景台，或者就设立在风景名胜之内，这使得逛美术馆不只是欣赏艺术，还是享受闲暇、放松身心的良好方式。

东京的西方艺术展以"企划展"为主（中国一般称为"特展"或"临展"），它们大多与欧美知名博物馆有着长期、深入的合作关系，并拥有非常专业的策展人士，很多展览是提前几年筹备并确定主题和主要展品，经过了非常充分的策划和前期准备，兼顾了展览的学术质量和可看性。我在东京国立西洋美术馆看过一个"北斋与日本主义"的企划展，那个展以《北斋漫画》为例，与法国流行"日本主义"时期的绘画、工艺品进行对比布展，将日本艺术对法国艺术的影响讲得清清楚楚、有理有据，虽说展览并没有所谓"镇馆之宝"，但因为展陈思路清晰、逻辑缜密，很多原本书本上的论述在实物对照之下变得非常好懂，令人印象深刻。看这个展如同看了一本鲜活的艺术史专著，对我后来做艺术导赏的节目产生了很大的影响。这也是企划展的一个优势：不求全面，但求精深。当然，很多西方美术馆一般不会把"镇馆之宝"拿出来做巡展，要是看顶级珍品，还是得去原收藏地。

日本的艺术展还非常注重宣传和服务。很多美术馆的大厅都提供其他美术馆正在进行的展览册页，也有未来计划展览的宣传单。为了配合展览，日本的电视媒体还经常邀请当红演员担任主持人，寻访与这个展览主题相关的地方，制作纪录片，为观众提供很好的背景信息。比如2017年国立新美术馆举办的穆夏展，NHK电视台就邀请演员多部未华子担纲主持，前往巴黎、布拉格探访，拍摄了关于穆夏艺术足迹的纪录片。

另外，绝大多数大型企划展都有日、中、韩语的语音导览，这对于中国参观者来说是非常友好的。从租用的导览设备和使用方式来看，应该是由专门的第三方语言导览公司制作。其中日语的语音导览经常邀请著名影星或者配音演员录制（比如《孤独的美食家》的主演松重丰、《你的名字。》的配音演员神木隆之介）。语音导览的文案大多通俗易懂，很好地满足了大众边听导览边欣赏的需求。

与发达的艺术企划展相匹配，日本产生了不少专门的艺术通识作家（可以称之为"导赏型"作家），比如中野京子、高阶秀尔、宫下规久朗、尾崎彰宏、井出洋一郎等，这些人的不少著作已经翻译成中文版。他们中有艺术史专家、美术馆馆长、策展人、专栏作家，甚至还有资深导游，语言大多平实质朴、生动有趣，不卖弄学识、高高在上，也不过度阐释、添油加醋。

另外，我在很多书店里看到的文艺类杂志中，也会有非常详尽的展讯。这些展讯除了有预热宣传作用外，还经常有非常详细的展品介绍和看点解读，并提供展览日历。可以说只要你爱看展，几乎没有什么信息是你会错过的。

日本企划展的票价大多比较合理，国立新美术馆的企划展近两年的票价多为1700日元，折合人民币大概95元，从"绝对价格"上来看，低于上海的大多数商业展，如果以收入购买力的"相对价格"来看，那就更便宜了。日本在展览文创纪念品的开发上也是相当发达。这一点咱们中国已经基本赶了上来，尤其是这两年中国文旅行业的网红产品"文创雪糕"，具有鲜明的中国特色——拍照发朋友圈然后吃掉，享受美味并产生一种拥有感，真是个天才的创意。

除了对西方美术产生重大影响的浮世绘，日本现当代艺术家也在国际上表现活跃，艺术家村上隆、草间弥生、奈良美智、小野洋子，摄影家杉本博司、荒木经惟、森山大道，建筑家安藤忠雄、妹岛和世与西泽立卫、隈研吾、伊东丰雄、矶崎新，以及网红的teamLab数字艺术等，均是获得广泛认可的大师或者团队。这些大师也为日本本土艺术展提供了丰富的内容资源。

总之，艺术展览在日本既是一个成熟的产业，又是一个成功的产业，它们对观光消费等相关行业的带动作用也是巨大的。

日本有一个"不给人添麻烦"的文化，而艺术展览多，看展的人也多，就更需要观展礼仪。我的总结就是八个字：遵守秩序、保持安静。一是要好好排队，不只是不要加塞，也不要让别人无法判断你是不是在队伍中。遇到那种名作，有时候还有专门的队伍，这种队伍要动起来，若是看得不过瘾就再排一次。对于不让拍照的展览，咱们也都习惯了，应该都会遵守。有的展览大概是出于避免污损画作的考虑，仅允许使用铅笔做笔记，有人可能觉得难以理解，但也务必遵守。二是要保持安静，日本的展厅中较少看到讲解员，有的话也是把声音控制在一个较小的范围内，几乎没见过戴着扩音器的。多人一起看展时，交流探讨也都很克制。

大家对东京旅行比较熟悉，本篇主要介绍与欣赏艺术有关的内容，其他方面在网上的介绍很多，不再赘述了。只多说一句：东京是个适合吃、喝、玩、购的好地方，只看展览也是比较可惜的。

上野与六本木

东京有两个博物馆集中的片区，最人的位于上野公园，那里有东京国立博物馆、国立科学博物馆、国立西洋美术馆、东京都美术馆、上野之森美术馆以及东京艺术大学大学美术馆。此外，这里还有著名的上野动物园和赏樱名所，鲁迅在《藤野先生》中说"上野的樱花烂熳的时节，望去确也像绯红的轻云"，说的就是这里。六本木地区则有"六本木艺术金三角"之誉，汇聚了国立新美术馆、森美术馆、21_21 Design Sight 和三得利美术馆。

📍 国立西洋美术馆（National Museum of Western Art）

这是一家拥有相当不错的西方艺术收藏的博物馆，基础馆藏是日本造船商松方幸次郎的个人收藏，馆内拥有包括鲁本斯、马奈、莫奈、塞尚、雷诺阿、梵·高、哈默修伊、毕加索等大师的杰作，门口和大厅也有罗丹的雕塑代表作《地狱之门》《加莱义民》等。此外，这里也常举办质量非常高

国立西洋美术馆门前的罗丹雕塑《加莱义民》

的企划展，是东京艺术旅行必到之地。美术馆建筑是 1959 年由建筑大师柯布西耶设计的，也因此与大师的其他建筑一起作为一个整体入选世界文化遗产。

📍 东京都美术馆（Tokyo Metropolitan Art Museum）和上野之森美术馆（Ueno Royal Museum）

这两家美术馆都是以做企划展为主。东京都美术馆策划的展览有很高的水准，近几年的"梵·高展""蒙克展""克里姆特展""考陶尔德美术馆展""哈默修伊展"等都是非常好的展览。上野之森前几年展出 9 幅原作的"维米尔大展"，以及与中野京子艺术普及书配套的"'恐怖的画'展"都有不小的影响力。

📍 东京国立博物馆（Tokyo National Museum）

这是家国字号的博物馆，内有多栋建筑，馆内主要展出的作品多涉及东方历史和文化：东洋馆展出亚洲文物，其中绝大多数是中国文物；法隆寺宝物馆展出的是奈良法隆寺的宝物，其中不乏 7 世纪的文物至宝；企划展则多在主馆侧后方的平成馆举办，但西方艺术题材的企划展较少。

东京都美术馆

上野之森美术馆

东京国立博物馆庭园

📍 国立新美术馆（National Art Center Tokyo）

这里举办西方艺术展览的频次可以跟东京都媲美，也有很多日本本土艺术家的大展，比如建筑师安藤忠雄、画家东山魁夷、电影导演新海诚等，好展不断，每次去都不会失望。建筑是由黑川纪章设计的，是一座很有特点的现代建筑，美术馆大厅三楼的咖啡馆还是动画电影《你的名字。》的外景原型地，也因此吸引了很多影迷前来打卡。

📍 森美术馆（Mori Art Museum）

位于六本木新城森大厦的顶层（53层），是日本最高的美术馆，因此又被称为"天空中的美术馆"。由于可以经由美术馆进入52层观景台（观景台也经常举办展览），从非常高的位置欣赏不远处的红色东京塔，展览也以现当代艺术为主，所以深受年轻人和游客的喜爱。另外，观众也可以再购一张不太贵的票登上楼顶露台，完全无障碍、无遮挡地欣赏东京的地平线，非常推荐。

📍 三得利美术馆（Suntory Museum of Art）和21_21 Design Sight

三得利美术馆当然就是饮料巨头三得利创办的了，以收藏日本古代艺术、玻璃工艺品为特色，馆内还有一个茶室玄鸟庵，可在此体验日式茶道，茶室定期开放但限定人数。21_21 Design Sight 紧邻三得利美术馆，是一栋主体位于地下的特色建筑，主要也是做企划展。由于美术馆是由大师安藤忠雄设计的，因此可以在看展的同时欣赏一下建筑本身。

国立新美术馆

森美术馆观景台

物哀、幽玄、侘寂的日本之美

除了上面提到的几大名馆外，还有不少专门介绍日本文化艺术的美术馆、博物馆，我们可以从这些古代文物、浮世绘版画等艺术品中，感受物哀、幽玄、侘寂的日本之美。

📍 江户东京博物馆（Edo-Tokyo Museum）

这座博物馆主要是介绍东京从江户时代一直到昭和时代的历史、风俗和文化，多用实景或缩微景观展现江户庶民的生活日常，很有意思，能让我们这些外国人更加立体地感受和理解日本文化，是一个被低估但非常推荐的博物馆。另外，与此相邻的两国国技馆，是日本国技相扑比赛的场地，有兴趣的话也可以顺便看上一场。

📍 墨田北斋纪念美术馆（Sumida Hokusai Museum）

这里距离江户东京博物馆不远，馆址是葛饰北斋出生的地方，当年属于葛饰郡，后来葛饰郡进一步划分成四个区，这里成了"墨田区"。这就是为什么以出生地为名的葛饰北斋没有生在"葛饰区"（葛饰郡的另一块区域沿袭了"葛饰"这个名字；葛饰区虽不是葛饰北斋的故乡，但是日本系列电影"寅次郎"的故乡）。大概也正是这个原因吧，美术馆名字特意"去葛饰化"，而以"墨田"冠之。这个美术馆由普利兹克奖获得者妹岛和世与西泽立卫设计，馆内有一个小型的基本陈列，其他展厅把葛饰北斋的作品按照不同的主题策划展览，比如我看过的《大江户美食与北斋》，就是把他与美食有关的画集中展示。浮世绘爱好者应该不会错过这里。

江户东京博物馆

两国国技馆

墨田北斋纪念美术馆

📍 浮世绘·太田纪念美术馆（Ukiyoe Ota Memorial Museum of Art）

这座馆位于繁华的表参道地区，是个闹中取静的好地方。馆舍不大，拥有 1.2 万件不同时期的浮世绘作品，藏品虽很多，但没有常设展，而是定期根据不同的主题更换展品。馆内的装饰设计非常日式，有很小规模的枯山水，也有在榻榻米上需要脱鞋才能近距离观看的画作。

📍 根津美术馆（Nezu Museum）

位于距离太田也不算很远的青山，可以步行过去顺便逛逛表参道和青山的现代风格商店建筑。根津美术馆是由著名建筑师隈研吾设计的，建筑风格很好地融合了现代与传统，是一座特别值得称道的博物馆建筑。馆内收藏以东亚地区的文物为主，包含陶瓷、青铜、漆器、刀剑、茶具等文物，其中最为珍贵的是在每年 5 月燕子花（鸢尾花）开放时展出的尾形光琳的《燕子花图屏风》。博物馆里面还有一座面积可观的庭园，庭园内有茶室、寺庙、溪水，非常美丽。当然，庭园里也种着燕子花，供观众每年 5 月赏花、看画。此外，这里也是东京都著名的赏枫场所。

老吴私享

　　每年 11 月底、12 月初的枫叶季，是非常适合去日本旅行的季节，此时的中国北方已经非常寒冷且干燥，但日本的海洋性气候则温暖湿润，非常舒适。而且枫叶季较长，变数也不像樱花季那么大，只是树叶红的程度不同而已，因此基本不会错过。赏枫周期长也不会引起酒店价格的暴涨，所以出行成本并没有增加，我多次选在这个时期前往日本，从未失望过。

根津美术馆

根津美术馆庭园

镰仓随处可见的枫叶

还有，还有……

📍 **三菱一号馆美术馆**（Mitsubishi Ichigokan Museum）

这座馆属于三菱财团，是19世纪末由英国建筑师设计的一栋"安妮女王风格"的西洋红砖老建筑。原建筑已于1968年老化解体，现在的建筑是2010年原地、原样复建的，建成后作为企业美术馆开放，主打近现代美术展览。近几年举办过"华盛顿菲利普收藏馆特展""拉斐尔前派展"等非常不错的艺术展览。馆内的咖啡馆也因为西洋化的装饰而非常受欢迎。

📍 **草间弥生美术馆**（Yayoi Kusama Museum）

"波点女王"草间弥生没有人不知道吧，当代艺术经常不只是艺术，而是潮流。这个不太大的美术馆在2017年才刚刚开放，因为每日要定时参观且限流，所以票需要提前在网上预订门票。另外，文学家夏目漱石的故居"漱石山房纪念馆"就在附近，无须提前购票，可以一并参观。

📍 **东京富士美术馆**（Tokyo Fuji Art Museum）

位于东京都的八王子市，有点远。2018年10月，东京富士美术馆在清华大学艺术博物馆内举办了"西方绘画500年"的特展，因为展出了诸多名家之作，引起了北京艺术爱好者的观展热潮，盛况空前。这个展览充分体现了该馆的特色，收藏的大师比较全，有部分作品属于大师们的典型风格，对于喜欢全面的观众是能够满足的。这里也是日本除国立西洋美术馆之外，又一座有大量西方艺术馆藏的美术馆。

漱石山房纪念馆（书房复原）

草间弥生美术馆

📍 三鹰之森吉卜力美术馆（Ghibli Museum）

这是很多宫崎骏迷的圣地了吧，尽管远在东京都三鹰市，规模不大，票很难买（数量有限，且需在罗森便利店购买下个月的票，或者从网上购票后在罗森取票，淘宝有代购，但会贵一些），但仍然难以阻挡影迷们的脚步。馆内有动画手稿、工作室复原、动画人物模型等。另外，东京附近的川崎市还有哆啦A梦主题的"藤子·F·不二雄博物馆"。

📍 SOMPO 美术馆（Sompo Museum of Art）

其前身为"损保日本东乡青儿美术馆"，2020 年迁到现址并更名。这座美术馆主要展出日本画家东乡青儿的作品，但让它更为出名的珍贵藏品是梵·高的《向日葵》系列中的最后一幅，馆内也收藏有塞尚、雷诺阿的作品。

霓虹的舞台

最后，推荐几处演出场所：

📍 三得利音乐厅（Suntory Hall）

位于六本木地区，1986 年建成。在"指挥皇帝"卡拉扬的建议和帮助下，采用了与柏林爱乐音乐厅相同的葡萄园式设计，也确实达到了非常理想的声音效果，被誉为"声音的宝盒"。此次设计还由此捧红了当时很年轻的音响设计师丰田泰久，他后来几乎包揽了世界最知名音乐厅的声音设计工作（包括洛杉矶迪士尼音乐厅、巴黎爱乐音乐厅、汉堡易北音乐厅）。三得利音乐厅是亚洲最早的专业音乐厅，也因此成就了东京作为亚洲音乐之都的地位。可喜的是，中国也有越来越多高水平的专业音乐厅建成或者在建设中。

📍 四季剧场（Shiki Theatre）和宝冢剧场（Takarazuka Theater）

四季剧团在东京有好几处下属的"四季剧场"，每个剧场驻演不同的剧目，基本上以百老汇剧目的日本版为主，比如《狮子王》《猫》《阿拉丁》等，也有部分原创剧目。宝冢歌舞剧团发源于兵库县，在东京拥有一家剧场，它的特色是演员为"全女班"（有点像中国过去的越剧团），分成"花、月、雪、星、宙"五组，天海佑希就是出自宝冢的明星。它以原创剧目为主，但也有非常成功的"引进版"剧目，比如德语音乐剧《伊丽莎白》。

📍 歌舞伎座（Kabukiza）

位于银座，是日本传统艺术歌舞伎的专门演出场所。歌舞伎是一种最具日本味道的表演形式，其演员与宝冢正好相反，是"全男班"。初次欣赏吋可以购买只能看一幕的票"一幕见席"，这种票只在现场卖，甚至还有站立席。"一幕见席"虽位于四楼，但观演效果并不差；没有中文的导赏，不过入场前会有资料介绍该场戏的剧情，如果赶上《镜狮子》《藤娘》这种以舞蹈为主的剧目，就更没什么欣赏障碍了，只需要沉浸其中，感受它的美。如果愿意提前熟悉一下的话，国内的"新现场"平台引进了一些歌舞伎经典剧目进行剧场放映，效果非常不错。

老吴私享

关于看展，有一个很好的App值得推荐——iMuseum，全名为"每日环球展览"。在这里可以查询全国乃至全球最主要城市的博物馆最新展讯，信息比较全，可以此来做行程安排和看展规划。

另外，制定行程可以使用"穷游行程助手"这个App，能够以地图形式呈现行程，从而优化线路和计划，在网页端还可以输出英文版行程表格用于签证申请，可以说是一举多得。

观看是人认知世界的最复杂的一种感觉。

拿相机镜头做比喻，"视角""视野"决定了我们的"视点"。我们需要"微距镜头"，无限靠近，抓住细节；需要"长焦镜头"，眺望远方，追寻梦想；需要"广角镜头"，把握全局，胸襟开阔；需要"标准镜头"，感知日常，活在当下；需要"无人机"，一飞冲天，拥有上帝视角；还需要"摄像机"，在活动影像中感受角度变化，体会万物的复杂。

地球是圆的，所以旅行没有终点；人生有期限，但是探索没有局限。

去看世界，享受玩乐的愉悦，更享受感官激活后对世界、他人、自己的洞见和观照。这段纸上的艺术之旅暂时进入休整时刻，但对世界充满好奇的心，却如同日本任天堂公司的游戏《塞尔达传说》中的主角少年林克一样，一直在路上，永远在路上。